中国志愿服务制度化研究

以中山市为例

贺志峰◎著

知识产权出版社
全国百佳图书出版单位
—北京—

图书在版编目（CIP）数据

中国志愿服务制度化研究：以中山市为例/贺志峰著．—北京：知识产权出版社，2022.3

ISBN 978－7－5130－8089－7

Ⅰ.①中… Ⅱ.①贺… Ⅲ.①志愿者—社会服务—制度化—研究—中山 Ⅳ.①D669.3

中国版本图书馆 CIP 数据核字（2022）第 042278 号

内容提要

本书研究了我国志愿服务制度环境变迁及其对地方志愿服务场域的作用机制，以及地方志愿服务场域的形成与演进过程。在宏观国家层面，学雷锋活动及雷锋精神是我国志愿服务最直接的文化—认知来源；我国志愿服务政策法规的制定呈现出从部门探索、地方探索到中央顶层设计的变迁特征；我国志愿服务形成了以志愿服务联合会为中心的伞状治理结构；重大事件是形塑我国志愿服务场域的重要机制。在中观地方层面，全国文明城市评比表彰是一种中央激励地方执行志愿服务政策的机制；慈善万人行为中山市留下了丰富的志愿文化遗产；“互联网＋志愿服务”、志愿服务积分入学、社工与志愿者联动是推动志愿服务发展的具体策略。在微观志愿者层面，志愿者接受规范化、专业化的志愿服务管理，有助于保持其持续提供服务。

策划编辑：蔡　虹　　**责任校对：**潘凤越
责任编辑：王海霞　　**责任印制：**孙婷婷
封面设计：回归线（北京）文化传媒有限公司

中国志愿服务制度化研究：以中山市为例
贺志峰　著

出版发行：知识产权出版社有限责任公司	**网　址：**http：//www.ipph.cn
社　址：北京市海淀区气象路 50 号院	**邮　编：**100081
责编电话：010－82000860 转 8790	**责编邮箱：**93760636@qq.com
发行电话：010－82000860 转 8101/8102	**发行传真：**010－82000893/82005070/82000270
印　刷：北京建宏印刷有限公司	**经　销：**新华书店、各大网上书店及相关专业书店
开　本：720mm×1000mm　1/16	**印　张：**15.5
版　次：2022 年 3 月第 1 版	**印　次：**2022 年 3 月第 1 次印刷
字　数：230 千字	**定　价：**69.00 元

ISBN 978－7－5130－8089－7

序

从世界范围来看，志愿服务在福利供给、公众参与、社会治理、道德教化等领域发挥着越来越重要的作用，且影响边界与范围不断扩展，正逐渐成为人们的一种新的生活方式。尤其是在应对重大危机过程中，人们越发深刻地认识到志愿服务的社会价值。在新型冠状病毒感染的肺炎疫情的防控阻击战中，许多普通人就地投入一线志愿服务，负责社区值守、清洁消杀、买药送菜等工作，与医护人员一起守护着社区的安全。根据《抗击新冠肺炎疫情的中国行动》白皮书的不完全统计，在疫情发生的前半年里，中国大陆参与疫情防控的注册志愿者达到 881 万人，志愿服务项目超过 46 万个，记录志愿服务时间超过 2.9 亿小时。

让志愿服务成为公众的一种生活方式和价值追求，并非一蹴而就，而是一个掺杂众多影响因素的复杂发展过程。本书以志愿服务制度化为主题，试图描绘影响中国大陆志愿服务发展的重要因素与机制。贺志峰博士以组织分析的新制度主义为理论视角，运用丰富的定性与定量资料，在宏观上探究志愿服务制度环境的变迁及其特征，在中观上分析志愿服务制度化的作用机制及其特征，在微观上解释人们的志愿服务行动及其特征，同时指出志愿服务制度化过程中存在的内在张力与矛盾。就我个人的角度来讲，本书对于整体认识和理解中国大陆志愿服务发展具有较大的参考价值。

当然，志愿服务制度化是一个涉及广泛的研究主题，可以从文化、历史、政策、组织等不同维度切入。尽管本书力图从新制度主义的组织场域视角讲好志愿服务制度化的故事，然而又不免挂一漏万，有些地方值得进一步探究。我经常对我的博士生讲，博士论文写作只是你学术的起点，而非终点，最好的作品应该在未来。

对台湾地区的读者而言，虽然志愿服务已经是生活中的日常，但系统性的研究依然不足，尤其是在耳闻目睹中国大陆志愿服务发展的重要成就时，极度缺少一个更直接的渠道深入了解中国大陆的经验，而贺志峰博士这本书的出版，恰巧弥补了这个缺憾。书中对中国大陆志愿服务的发展娓娓道来，恰如一部活生生的历史记录，既可从中了解中国大陆经验的可贵之处，也可从中省思彼此的发展理念与方向，值得细细阅读与思索。

所以，读者何其有幸可以阅读这本书，一窥中国大陆志愿服务发展的宝贵经验与知识！我愿在此极力推荐这本书，更预期这本书将对两岸的志愿服务合作产生重要的推动作用。

古允文

台湾大学社会科学院 教授、副院长

台湾社会工作教育学会 理事长

2022 年 3 月于台北

前　言

改革开放后，我国志愿服务事业获得了快速发展，志愿服务已成为社会福利、社会治理、文明道德等领域不可或缺的组成部分。为探究我国志愿服务发展过程中的精彩故事，本书以志愿服务制度化为主题，根据组织场域理论将志愿服务视为由志愿者、志愿组织、其他相关机构与组织构成的、总体上获得认可的制度生活领域，是一种志愿服务场域。志愿服务制度就是为志愿服务提供稳定性，有意义的规制性要素、规范性要素和文化—认知性要素，以及相关活动与资源的制度；志愿服务制度化过程就是志愿服务场域形成与演变的过程。

本书遵循 Alford（1998，2011）提出的多重探究典范，采用三角鉴定的研究策略，使用多种资料来探讨我国志愿服务制度化过程，重点考察国家制度环境变迁及其对地方志愿服务场域的作用机制，以及地方志愿服务场域的形成与演进过程。具体来说，主要探究解释以下问题：①在宏观层面上，我国志愿服务制度环境发生了哪些变迁？其特征是什么？②在中观层面上，国家志愿服务制度如何向地方传导影响？地方又是通过哪些机制与策略来促进志愿服务发展的？其特征是什么？③在微观层面上，志愿者或志愿服务组织在面对制度要求时，会呈现出哪些行为特征？④在志愿服务制度化过程中，是否存在内在张力或矛盾？其表现是什么？

本书的发现主要包括以下四个方面。第一，在宏观国家层面：①中国共产党人发起的学雷锋活动及其塑造的雷锋精神是我国志愿服务最直接的文化—认知来源，“学雷锋志愿服务”正是对两者内在关联的一种建构努力；②我国志愿服务政策法规的制定呈现出从部门探索、地方探索到中央顶层设计的变迁特征；③我国志愿服务形成了以志愿服务联合会为中心的伞状治理结构，发挥中介性、规制性、支持性等作用；④重大事件（诸如汶川地震、北京奥运会等）是一种形塑我国志愿服务场域的重要机制。

第二，在中观地方层面：①全国文明城市评比表彰是一种中央激励地方执行志愿服务政策的机制；②持续 30 多年的慈善万人行为中山市留下了丰富的志愿文化遗产；③“互联网 + 志愿服务”、志愿服务积分入学、社工与志愿者联动是中山市推动志愿服务发展的具体策略。

第三，在微观志愿者层面，志愿者接受规范化、专业化的志愿服务管理，有助于保持其持续提供服务。

第四，虽然我国志愿服务制度框架已基本成形，但是在制度化过程中也产生了一些内在张力与矛盾，要谨防志愿者“雷锋化”、志愿服务官僚化等。

CONTENTS

目　录

第一章　绪　论 …… 1
第一节　研究背景 …… 1
第二节　研究问题与意义 …… 5
第二章　文献探讨 …… 8
第一节　志愿服务与制度化的内涵 …… 8
一、志愿服务的内涵 …… 8
二、制度与制度化的内涵 …… 11
第二节　西方志愿服务研究的理论样貌 …… 13
第三节　志愿服务制度化：组织场域理论 …… 18
一、组织的新制度主义：从制度上思考组织 …… 19
二、组织场域理论：志愿服务的制度环境 …… 24
第四节　我国志愿服务发展的相关研究 …… 30
第三章　研究方法 …… 35
第一节　研究框架：制度—场域—行为 …… 35
第二节　研究场所：广东省中山市的基本情况 …… 37
第三节　研究策略与资料收集 …… 38
一、研究取向与策略 …… 38
二、资料收集方式 …… 41
第四节　资料分析方式 …… 44
第四章　国家志愿服务制度要素的变迁 …… 47
第一节　学雷锋志愿服务：一个松散的观念框架 …… 47
一、跌宕起伏的学雷锋活动 …… 48

二、高歌猛进的志愿服务 …… 61
第二节 志愿服务政策法规：从分散探索到顶层设计 …… 71
一、中央与地方志愿服务相关法规的变化趋势和特征 …… 71
二、中央重要文献中的志愿服务政策变化 …… 76
三、地方志愿服务条例制定情况与变化特征 …… 85
第三节 志愿服务组织化：迈向一种伞状治理结构 …… 96
一、志愿服务组织：志愿服务领域中的组织行动者 …… 96
二、改革开放后社会组织管理制度的变迁 …… 104
三、志愿服务联合会：一种志愿服务伞状治理结构 …… 107
第四节 重大事件：一种志愿服务场域的形塑机制 …… 116
一、重大事件：汶川地震与北京奥运会 …… 116
二、重大事件对志愿服务场域的形塑过程 …… 119
三、重大事件形塑志愿服务场域再分析 …… 127
第五章 地方志愿服务制度化过程：中山市案例 …… 130
第一节 全国文明城市评比表彰：志愿服务政策的传导机制 …… 130
一、评比表彰：全国文明城市创建活动 …… 131
二、志愿服务在全国文明城市评比中的地位 …… 137
三、“六连冠”的中山：不能丢的“金字招牌” …… 142
第二节 中山慈善万人行的志愿服务遗产 …… 144
一、践行博爱理念：中山慈善万人行 …… 144
二、中山市志愿服务发展历程 …… 151
三、中山市志愿服务的组织体系 …… 154
第三节 中山市促进志愿服务制度化的策略 …… 156
一、网络优化策略：“志愿中山”信息平台 …… 156
二、资格竞逐策略：志愿服务积分入学 …… 164
三、专业化策略：社工＋志愿者联动 …… 172
第四节 志愿服务制度化对志愿者保持的效果 …… 178
一、志愿服务制度化对志愿者保持的作用机制 …… 178
二、志愿服务制度化对志愿者保持的实证分析 …… 180
三、合规性—关系性志愿服务管理 …… 189

第六章　研究发现与展望 …… 191
第一节　研究发现与讨论 …… 191
一、研究发现 …… 191
二、进一步的讨论 …… 196
第二节　研究价值与展望 …… 198
一、研究价值与贡献 …… 198
二、研究展望 …… 200
参考文献 …… 201
附　录 …… 218
附录 A　中山市志愿者基本情况调查问卷 …… 218
附录 B　中山市志愿服务组织访谈提纲 …… 225
附录 C　研究访谈对象一览表 …… 226
附录 D　地方志愿服务立法一览表（1999—2021 年） …… 227
附录 E　中山市青年志愿者协会发展历程大事记 …… 230
后　记 …… 232

图目录

图 1－1　民政系统志愿者服务人次与小时数 …… 5
图 2－1　美国医疗保健系统场域中的主要行动者及其功能 …… 26
图 2－2　制度创造与扩散过程 …… 29
图 3－1　志愿服务制度化的分析框架 …… 36
图 3－2　理论在研究过程中的角色 …… 40
图 4－1　《人民日报》历年对雷锋的相关报道的数量 …… 50
图 4－2　《人民日报》不同时期对雷锋报道的总量与年均值 …… 51
图 4－3　雷锋形象及其精神塑造与演变的分析框架 …… 58
图 4－4　《人民日报》历年对志愿服务或志愿者的相关报道 …… 65
图 4－5　《人民日报》在不同时期对志愿服务报道的总量与年均值 …… 66
图 4－6　《人民日报》历年对雷锋与志愿服务报道的比较 …… 69
图 4－7　《人民日报》历年对“雷锋＋志愿”的报道情况 …… 69
图 4－8　学雷锋志愿服务的观念框架 …… 70
图 4－9　中央颁布的志愿服务相关政策法规情况（1985—2020 年） …… 72
图 4－10　地方颁布的志愿服务相关政策法规情况（1985—2020 年） …… 72
图 4－11　中央机构颁布的志愿服务相关政策法规情况 …… 74
图 4－12　中央志愿服务相关政策法规的效力级别 …… 75
图 4－13　地方志愿服务相关政策法规的区域分布 …… 75
图 4－14　地方志愿服务相关政策法规的效力级别 …… 76

图 4－15　志愿服务条例规定的协调机制 …… 88
图 4－16　志愿服务过程管理健全规范情况 …… 92
图 4－17　志愿服务支持保障健全规范情况 …… 94
图 4－18　志愿服务组织化示意图 …… 98
图 4－19　按组织功能划分的志愿服务组织情况 …… 102
图 4－20　按所属区域与机构划分的志愿服务组织情况 …… 103
图 4－21　按是否登记注册划分的志愿服务组织情况 …… 104
图 4－22　北京市志愿服务组织的网络结构 …… 115
图 4－23　北京奥运会志愿者工作协调机制 …… 126
图 5－1　历届全国文明城市评比结果 …… 133
图 5－2　全国文明城市评比基本流程 …… 136
图 5－3　中山市慈善万人行历年募捐金额（1988—2018 年） …… 145
图 5－4　中山慈善万人行徽号 …… 148
图 5－5　“志愿中山”微信小程序界面 …… 157
图 5－6　中山市近十年人口情况（2010—2019 年） …… 164
图 5－7　中山市博爱 100 公益创投活动官网 …… 175

表目录

表 1－1　不同国家居民提供志愿服务情况 …… 4
表 2－1　志愿者过程模型 …… 15
表 2－2　志愿行动的整合性概念框架 …… 17
表 2－3　制度三大基础构成要素的比较 …… 22
表 2－4　制度的传递者 …… 23
表 2－5　FCEs 在场域不同阶段的作用 …… 30
表 2－6　我国志愿服务发展历程的主要论述 …… 32
表 3－1　多重探究典范的操作用语 …… 39
表 4－1　后革命时期雷锋形象与精神的阐释 …… 60
表 4－2　政府工作报告中的志愿服务 …… 84
表 4－3　不同阶段地方制定志愿服务条例的情况 …… 86
表 4－4　不同时期地方志愿服务条例健全规范度的方差分析结果 …… 91
表 4－5　不同时期过程管理与支持保障健全规范情况 …… 92
表 4－6　志愿服务的主要领域 …… 100
表 4－7　志愿服务活动的主要组织者 …… 101
表 4－8　全国性伞状志愿服务组织比较 …… 110
表 4－9　赛事峰会中使用志愿者情况 …… 119
表 4－10　以民间协作方式开展服务的地区性网络 …… 124
表 4－11　重大事件对志愿服务场域的形塑作用 …… 128
表 5－1　历届全国文明城市测评指标的变动 …… 134
表 5－2　全国文明城市创建中的反馈激励类型 …… 136

表 5－3　志愿服务在历届全国文明城市测评体系中的位置……… 139
表 5－4　广东省地级市历届“全国文明城市”称号获得者情况 … 143
表 5－5　中山慈善万人行历年主题……………………………… 146
表 5－6　志愿者寻找志愿服务活动的渠道……………………… 159
表 5－7　中山市历年志愿服务积分标准………………………… 166
表 5－8　中山市南朗镇志愿服务积分入学情况………………… 168
表 5－9　签订志愿服务协议的情况……………………………… 181
表 5－10　购买人身意外伤害保险的情况 ……………………… 181
表 5－11　志愿服务前接受的培训内容 ………………………… 182
表 5－12　志愿者接受社工督导的情况 ………………………… 183
表 5－13　志愿者的物质收益情况 ……………………………… 183
表 5－14　变量描述性统计 ……………………………………… 184
表 5－15　志愿者保持的模型拟合计算结果 …………………… 188

第一章 绪 论

人们表示善意的方式有两种：一种是服务，另一种是送钱。后者比较容易，特别是对于富有的人来说更是如此；但是，前者则更高尚、可贵，更适合坚强而杰出的人。因为虽然两者都要有一种慷慨助人的心意，但一种是提取自己的存款，另一种是付出个人的精力，而财物的付出会使慷慨的源泉枯竭。因此，“慷慨反被慷慨误”：一个人资助的人数越多，他所剩的能资助的财物就越少。但是，如果人们在服务——尽自己的能力，努力为他人提供帮助——方面表现出慷慨和仁慈，则会产生各种各样的好处：第一，他们帮助的人越多，帮助他们行善的人就会越多；第二，由于养成了助人的习惯，他们为公众做起好事来可以做得更加周到、更加熟练。

——（古罗马）马尔库斯·图利乌斯·西塞罗

第一节 研究背景

从世界范围来看，“志愿服务”是一个被赋予多重意涵的历史范畴。在社会福利领域，因应福利国家危机，志愿部门作为福利多元主义的重要构成重获青睐，成为社会福利服务的输送者（古允文，1997；Anheier，et al.，1999；张英阵，2015）。在民主政治领域，公民组织作为公民（政策）参与的重要管道得到倡导，成为社会资本（如信任）的重要来源（托克维尔，1997；罗伯特·帕特南，2011）。在国家治理领域，第三部门与市场、政府共同构成社会治理的“铁三角”，成为发展公－私伙伴关系的重要力量（Shi，2017）。在各国政府与国际组织（如联合国志愿人员组织，UNV）的努力推动下，志愿服务已然成为一种全球运动与国际潮流（陈丽欣等，2007）。

在我国，现代志愿服务事业伴随着改革开放进程而不断发展壮大。20 世纪 80 年代，作为“学雷锋、做好事”活动的创新形式，志愿服务在城市社区建设与青年群体中率先展开，典型做法有 1983 年北京市宣武区大栅栏街道团委发起学雷锋“综合包户”志愿服务活动（本书编委会，2015），1988 年天津市新兴街诞生的“为您服务”志愿者小组（高嵘，2013）等。20 世纪 90 年代，志愿服务以更加组织化的方式开展专项服务活动，在北京、天津、深圳等地经验探索的基础上，中国青年志愿者协会于 1994 年在北京成立，之后陆续在全国推出各种“青年志愿者”专项行动，其中大学生志愿服务“西部计划”最为典型（谭建光，2018）。进入 21 世纪，我国开始承办一些大型国际赛会，这促使保障赛会运转的志愿服务逐渐发展起来，其中最为典型的就是 2008 年北京奥运会志愿者服务。志愿者不仅活跃在 2008 年北京奥运会中，在当年 1 月我国南方雪灾、5 月汶川地震中也都能看到志愿者的身影。故而，2008 年是我国志愿服务发展史上具有历史意义的一年，被称为“志愿者元年”（北京志愿服务发展研究会，2014）。“元年”的标志性特点至少表现在三个方面：一是汶川地震显现出公民意识的觉醒；二是志愿服务不仅是一种荣耀，更是一种责任；三是政府与社会开始凝聚合作共识（友成企业家扶贫基金会，2018）。

志愿服务在国家发展战略中正占据越来越重要的位置。2006 年 10 月 11 日，中国共产党第十六届中央委员会第六次全体会议审议通过的《中共中央关于构建社会主义和谐社会若干重大问题的决定》提出，要“以相互关爱、服务社会为主题，深入开展城乡社会志愿服务活动，建立与政府服务、市场服务相衔接的社会志愿服务体系”。2007 年 10 月 15 日，中国共产党第十七次全国代表大会报告《高举中国特色社会主义伟大旗帜 为夺取全面建设小康社会新胜利而奋斗》提出，要“深入开展群众性精神文明创建活动，完善社会志愿服务体系，形成男女平等、尊老爱幼、互爱互助、见义勇为的社会风尚”。

2012年11月8日，中国共产党第十八次全国代表大会报告《坚定不移沿着中国特色社会主义道路前进 为全面建成小康社会而奋斗》提出，要“深化群众性精神文明创建活动，广泛开展志愿服务，推动学雷锋活动、学习宣传道德模范常态化”。2017年10月18日，中国共产党第十九次全国代表大会报告《决胜全面建成小康社会 夺取新时代中国特色社会主义伟大胜利》提出，要“推进诚信建设和志愿服务制度化，强化社会责任意识、规则意识、奉献意识”。从2015年开始，“志愿服务”已经连续五年出现在国务院所做的政府工作报告中，“支持”“加快”“促进”“引导”志愿服务发展成为关键词。

特别是近年来，志愿服务的制度建设取得了长足发展。2014年2月，中央精神文明建设指导委员会发布《关于推进志愿服务制度化的意见》，要求围绕志愿者招募注册、志愿者培训管理、志愿服务记录制度、志愿服务激励机制，以及政策与法律保障六个方面建立健全志愿服务制度。2016年7月，中央全面深化改革领导小组第二十四次会议审议通过了《关于支持和发展志愿服务组织的意见》，提出“到2020年，基本建成与经济社会发展相适应，布局合理、管理规范、服务完善、充满活力的志愿服务组织体系”的目标。2016年9月1日，《中华人民共和国慈善法》开始实施，它以“慈善服务”专章对志愿服务的相关事宜做出规定，包括志愿者配置、教育培训、风险管控、志愿服务记录等。2017年6月，国务院第175次常务会议审议通过了《志愿服务条例（草案）》，对志愿服务发展的方向和原则、志愿服务的管理体制、志愿服务有关主体的合法权益，以及志愿服务发展的政策体系和支持措施等做出明确规定，这是我国首部志愿服务行政法规，标志着我国志愿服务事业进入了法制化运行阶段（顾朝辉，2018）。据全国志愿服务信息系统统计[1]，截至2019年9月26日，我国注册志愿者超过1.27亿人，志愿团体总数64.85万个，发布志愿服务项目超过272.77万个，志愿服务时间累积超过15.28亿小时。

---

[1] 全国志愿服务信息系统网址最初为 http：//www.chinavolunteer.cn/，现更新为 www.Chinavolunteer.mca.gov.cn/。

整体来看，改革开放后我国志愿服务事业在党和政府的推动下取得了长足进步，然而分析相关研究与数据会发现，志愿服务的社会基础还相当薄弱，人们参与志愿服务的广度与深度仍然不足。在居民志愿服务参与率上，张网成（2012）采用分阶段抽样方法对6个省/直辖市的5400个居民样本进行问卷调查，以此调查数据为基础，推算出我国18岁以上的居民在2010年有组织的志愿服务中参与率为15%，志愿者年均服务时间为20小时。将该数据与其他国家和地区数据相比，我国居民的志愿服务参与率仅为美国的一半多、英国的四分之一，且该数据极有可能被高估了。此外，有报告指出，2017年我国志愿服务参与率仅为5%，在全球排名倒数第六（友成企业家扶贫基金会，2018）。

在志愿者服务贡献时数上，2011—2018年社会服务发展统计公报显示（见图1－1），民政领域的志愿者年均提供1170万人次的志愿服务，年均贡献志愿服务时间为4026万小时。假定每位志愿者年均提供志愿服务12次，那么每位志愿者年均贡献志愿服务时间为41.29小时。与其他国家相比，我国志愿者年均贡献志愿服务时间相对较少，仅为美国2008年水平的1/3；我国内地志愿者年均贡献志愿服务时间不到我国香港地区2009年水平的一半（见表1－1）。以上对我国志愿者年均服务时间的估计只可能是高估，不存在低估的情况。原因有二：首先，在我国，民政领域的志愿服务发育相对较早且成熟；其次，假定志愿者年均参与志愿服务12次，也远高于张网成（2012）所做的实证调查结果，该调查显示，67.5%的受访者回答“偶尔参与”或“一年有几次”。

表1－1　不同国家居民提供志愿服务情况

国家	美国	英国	加拿大	澳大利亚	中国❶
年份	2008	2006—2007	2007	2006	2010
年参与率	26%	59%	46%	34%	15%
调查年龄（岁）	≥16	≥16	≥15	≥18	≥18
年均服务时间（小时）	129	131	161	136	20

来源：张网成．中国公民志愿行为研究（2011）：现状、特点及政策启示［M］．北京：知识产权出版社，2012．

❶ 其中，我国香港地区2009年的数据分别为19%，15岁及以上和87小时。

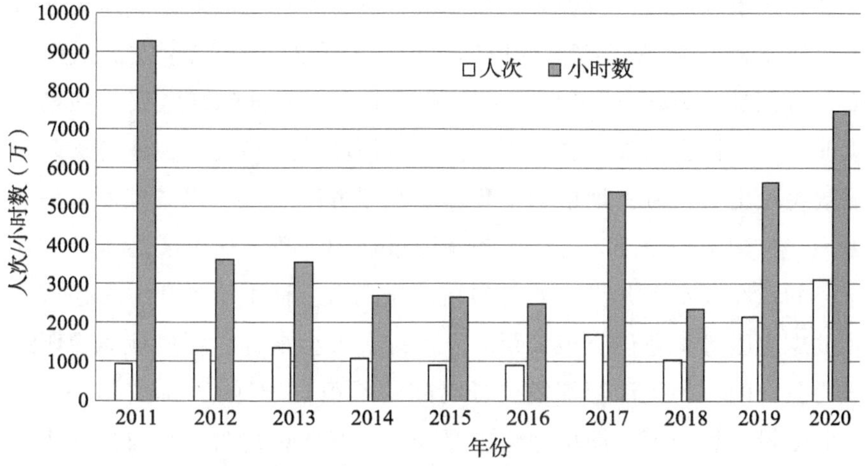

图1－1　民政系统志愿者服务人次与小时数

来源：民政部的统计公报（2011—2020年），http：//www. mca. gov. cn/article/sj/tjgb/。

在注册志愿者活跃程度上，全国志愿服务信息系统（2019）中，登记注册的志愿者虽然有1.27亿人，然而有志愿服务记录时间的仅为2129.48万人，占比16.77%。若以此数据来衡量志愿者活跃程度，我国注册志愿者中仅有不到五分之一的志愿者实际参与过志愿服务活动。纵使在志愿服务发展相对成熟的地方，注册志愿者从未提供过志愿服务的比例也很高。例如，张网成（2019）曾对北京“志愿家庭”项目中的注册志愿者进行问卷调查，统计显示33.5%的“志愿家庭”注册后从未参与任何“志愿家庭”公益活动；在广东省江门市的35.8万名志愿者中，零服务时长人数达23万多人，占比高达64.87%（梁绮桦，2015）。以上现象显然与2001年“全球志愿者宣言”的期待存在较大落差，该宣言明确提出“志愿服务对于我们不应是心血来潮的冲动，不应是趋利从众的跟风，而应成为一种全民习惯、一种生活方式、一种文化”（党秀云，2011）。

第二节　研究问题与意义

通过上一节对研究背景的简单介绍，可以得出一些基本认识。一方面，改革开放后，我国志愿服务事业取得了长足的发展，从志愿服务仅属于特定领域或特定群体的事业，提升到整个国家发展战略层面，特别是从2008年以来，志愿服务作为一项重要制度安排在精神文明建设、社会治理、公共服务供给等领域受到高度重视，各类政策法规纷纷出台，有力地推动了我国志愿服务制度化建设。然而，另一方面，在国家强力推动志愿服务发展过程中，我国居民实际参与志愿服务的意愿或水平并没有期待的高，与成为一种生活方式、习惯或文化的志愿服务事业仍有很大距离。也许有人会辩称，要想让志愿服务成为公众的一种生活习惯需要长时间的累积。“时间”确实是一个重要的变量，然而不能简单地将志愿服务的习惯化视为一种自然发生的过程，而必须深入探究志愿服务变成习惯化行为的过程，尤其是国家志愿服务政策对于形塑民众或志愿服务组织行为的机制与过程。

基于以上基本认识，本书开始思考以下三个相互关联的主题：首先，在宏观层面，作为一个整体，我国志愿服务事业发展的脉络与历程是怎么样的？影响其发展的重要因素有哪些？其次，在中观层面，地方政府可以通过哪些策略或机制推动志愿服务发展，包括促进居民志愿参与的机制、促进社会组织志愿参与的机制等？最后，在微观层面，志愿服务组织与志愿者又会呈现出何种反应行为？

为了捕捉到制度对行为的影响过程，本书选择新制度主义理论，尤其是组织社会学的新制度主义观点来指导相关研究主题的探讨。之所以选择组织的制度理论，原因有二：首先，我国在制度层面上大力倡导和推动的是正式化的、组织化的志愿服务，即通过发展志愿服务组织来动员居民参与志愿服务。这种组织化发展特征充分体现在《关于推进志愿服务制度化的意见》与《关于支持和发展志愿服务组织的意见》这两个重要政策文件中。其次，组织的制度理论具有以下六个方面的独特性：①强调组织所处“场所”（环境）的重要性，注重在中观层面上对具体社会秩序的研究；②认为非地方性因素在塑造组织的过程中具有重要作用；③发现具体的思想要素与一般性的符号要素在组织的运行过程中都发挥着重要作用；④更为注意制度在较长的时间周期中所产生的各种影响；⑤在关注长期的历史性过程的同时，更为关注社会机制的研究；⑥主张在进行研究设计时，应把研究重点放在各种层面上运行的各种因素之间的相互依赖关系，以及对利益结果的影响上（斯科特，2010）。因此，制度理论对组织运行环境、非地方性因素、思想与符号要素、历史性过程、社会机制以及各种因素的相互关联等方面的关注与强调，非常有助于阐述我国志愿服务事业发展的历史脉络以及相关影响因素，还有助于探析志愿服务是如何发生与运行的，即志愿服务制度化过程如何展开。

综上，本书期待对以下四个方面的相关问题做出探索性研究解释：①在宏观层面上，我国志愿服务制度环境发生了哪些变迁？其特征是什么？②在中观层面上，国家志愿服务制度如何向地方传导影响？地方又是通过哪些机制与策略促进志愿服务发展的？其特征是什么？③在微观层面上，志愿者或志愿服务组织在面对制度要求时，又会呈现出哪些行为特征？④在志愿服务制度化过程中，是否存在内在紧张或矛盾？其表现是什么？

本书具有以下三个方面的理论与实践意义：第一，将志愿服务视为一个不断结构化的制度生活领域，有助于捕捉志愿服务制度化过程中的生动故事以及重要作用机制，从而有助于深刻理解我国志愿服务制度的性质；第二，志愿服务是一个观察国家－社会关系的理想场所，有助于理解我国国家－社会关系的动态演变过程；第三，以地理场域为分析单位，有助于理解我国志愿服务发展的地域特征。

第二章 文献探讨

第一节 志愿服务与制度化的内涵

一、志愿服务的内涵

“志愿服务”，在我国有时也被称为“义务工作”，是一个歧义性非常大的概念，在英文文献中，对应的表述方式也是多种多样的，如“voluntary service”“volunteer work”“volunteering”“volunteerism”等。同时，“志愿服务”的概念还与其他一些重要概念相关联，如非营利组织、第三部门、市民社会、社会运动、社会资本、公民参与、社会网络合作与互惠、社会团结、自助与互助等（Butcher et al.，2017）。此外，由于世界各国的发展阶段与社会脉络存在差异，使得要完整地捕捉志愿服务的内涵显得相当困难。尽管面对诸多的挑战，但是志愿服务的相关研究者以及相关国际组织还是努力地来呈现志愿服务的内涵与样貌。

由于志愿服务现象的复杂性，很难用一个简短的句子将其描述清楚，故而，许多学者常采取“简单定义 + 特征描述”的方式来呈现志愿服务的内涵。Snyder 等（2008）将志愿服务（volunteerism）界定为：“一种自由选择的助人活动，这些活动会随着时间的推移而扩展，通常经由组织和代表可接受的事业或个人来实施。”同时，他们指出志愿者服务具有以下六个特征：①志愿者的行动必须是自愿性的，即在没有义务或未被强制的条件下，基于自由意志从事服务；②志愿行动涉及一定程度的深思熟虑或决策；③志愿活动是在一定期限内开展的，而非特定时间点的事件或活动；④做志愿者的决策完全基于自身目标，没有获取报酬或惩罚的期待；⑤志愿行动服务于渴求帮助的民众；⑥志愿服务常常经由机构或组织来执行。

Cnaan 等（1996）在回顾 11 个广泛使用的志愿服务定义的基础上，使用内容分析法辨识出各种志愿服务定义具有四个共同的维度，并且每个维度又包括一些小类别。第一个维度是活动的自愿性质，即自由意志，包括自愿选择、相对非强迫性、义务性三个小类别；第二个维度是回报的性质，即报酬维度，包括没有任何回报、不期待回报、补偿开销、低报酬四个小类别；第三个维度是志愿服务实施的脉络，即结构维度，包括正式组织和非正式帮助两个小类别；第四个维度关注于受益对象，即受益方维度，包括使其他人/陌生人受益、使朋友/亲属受益、使自己受益三个小类别。根据以上四个维度、十二个小类别，可以组合出从最严格到最宽松的志愿服务定义。Meijs 等（2003）借鉴 Cnaan 等（1996）开发的测量工具，在比利时、加拿大、德国、印度、以色列、意大利、荷兰和美国八个国家检验一般民众对志愿服务的公共感知，研究发现，不同国家的民众对哪些活动算作志愿服务或哪些活动不算作志愿服务具有“广泛的共识”。

尽管志愿服务的意义与实践在各国存在差异，然而志愿服务的基本要义却具有普遍性（United Nations Volunteers，2011；Butcher et al.，2017）。为了给出一个在世界各国都适用的志愿服务定义，一些国际组织进行了有益探索，如联合国志愿者、联合国大会以及国际劳工组织等，这些定义尽可能地考虑到世界各国在志愿服务发展上的差异，主张志愿服务是普遍性的，只是表现形式各异。

联合国志愿者从三个标准来界定志愿服务。首先，志愿服务应该是根据个人的自由意志自愿地实施，而不是一种出于法律、契约或学术要求的义务。其次，志愿服务不应该主要为追求金钱回报而实施。然而，对报销的费用或津贴类付款，或诸如膳食和交通的付款的一些补偿，也是正当合理的。最后，志愿服务应该是为公共利益采取的行动，它应当直接或间接地使家人或家属以外的人获益，或者使一项事业受益，虽然通常从事志愿服务的人也会受益（United Nations Volunteers，2011）。因此，在评价一项活动是否是志愿服务时，可以依据自由意志、非金钱动机与使他人受益三个标准，当然，在活动评价中，可以稍有例外，如不排除合理补偿、自己受益等情况。2001 年 12 月 10 日，联合国大会通过了《关于支持志愿服务的建议的决议》，其中将志愿服务界定为："一种广泛的活动，包括传统形式的互助和自助、正规的服务方式和其他形式的民间参与，自愿性行动，为了普遍的公共利益，并且金钱报酬并非主要的激励因素"（UN General Assembly，2001），这一定义大部分借鉴了联合国志愿者对志愿服务的判断标准。

此外，国际劳工组织根据数据统计的需要，用志愿工作（volunteer work）来表述志愿服务，并将其界定为："无报酬的非强制性工作，即个人不求报酬地投入时间的活动，这些活动是为了家庭之外的其他人，可以通过组织来实施，也可以个人直接实施"（International Labour Office，2011）。国际劳工组织的定义具有以下七个关键特征：①志愿工作是一种工作，也就是说，这种活动是会产出产品或服务的，需要志愿者在一个特定时期内做一些志愿工作；②志愿工作是不付酬劳或没有补偿的，无论是物质形式，还是现金形式，但不违背该特征的某些补偿是可能存在的；③志愿工作是非强制性的，硬性强制的工作被排除在外，如法律义务或强迫性活动，但诸如同辈压力、父母压力或群体期望等软性义务没有被排除；④志愿工作包括直接的志愿服务和以组织为基础的志愿服务；⑤志愿工作不包括为自己的家庭或直系亲属所做的无偿工作；⑥志愿工作包括在各类制度性场所从事的非强制性志愿服务；⑦志愿工作的范围没有被限制在特定的受益方，可以是人、环境、动物以及广泛的社区等。

在我国，近年来学者与政府部门也开始对志愿服务进行规范定义。2014 年出版的《中国志愿服务大辞典》将志愿服务界定为"任何活动，包括花时间，不求报酬地做一些事情，目的是造福除了近亲属以外的他人（个人或团体），或造福环境"（北京志愿服务发展研究会，2014）。很显然，这一定义没有特别地强调自愿性与组织性，指涉范围相对宽泛。2017 年，国务院颁布的《志愿服务条例》将志愿服务界定为“志愿者、志愿服务组织和其他组织自愿、无偿向社会或者他人提供的公益服务”。显然，这一定义对志愿服务的主体进行了清楚的界定，即志愿者、志愿服务组织和其他组织，是一个相对狭义的界定。此后，民政部发布的行业标准《志愿服务基本术语》中，基本沿用了《志愿服务条例》对志愿服务的界定，只是特别强调“自愿而非强制、不以物质报酬为目的、公益非私利是志愿服务的基本特征”（民政部，2020）。

通过以上对志愿服务内涵与特征的简单探讨，会发现观察志愿服务的视角呈现多元性，有时候志愿服务被视为一种特殊的“工作”，有时候又被视为一种“服务”。正如 Rochester 等（2010）指出的，现有文献在讨论志愿服务现象时，存在三种不同的研究视角：①将志愿服务视为服务（volunteering as service），这是一种“非营利典范”；②将志愿服务视为行动主体/激进主义，这是一种“市民社会典范”；③将志愿服务视为严肃的休闲，这是一种被忽视的研究视角。从我国志愿服务发展的阶段来看，以上三种视角都不合适，“非营利典范”要求志愿服务基础条件健全完善，尤其是需要成熟、制度健全的非营利组织；“市民社会典范”常与社会运动、社会抗争相关联，这两种研究视角需要的条件在我国目前的环境下基本不存在，第三种研究视角的基础也基本不存在。故而，考虑到我国政府大力推动志愿服务组织建设，以及我国民众权利意识不断增强、需求日益多样化等情况，本书将志愿服务视为一种正在形成中的制度生活领域或者说是一种正处于制度化过程中的生活领域；志愿服务的发展深受其他制度影响；志愿者及相关组织存在于与其他组织和制度构成的复杂关系网络中，这些组织和制度以某种方式相互影响（Van Til，2005）。

二、制度与制度化的内涵

制度化既是一种过程，又是一种状态或属性变量（Zucker，1977）。作为成熟制度化的结果，制度是任何面向的社会，它以特定方式与意义联系在一起。制度组织（organize）意义，并呈现意义。

制度向生活在一个社会中的人们清楚地表明，他们所处的社会最重视的是什么（Van Til，2005）。斯科特（2008）更清楚、具体地指出，“制度包括为社会生活提供稳定性和意义的规制性、规范性和文化—认知性要素，以及相关的活动与资源”。

制度化是指“各类行动者的习惯化行为相互类型化”（Berger et al.，1991）的过程，制度化的结果或者最终状态就是一项制度。具体来说，制度化是由“习惯化、客观化与沉淀化”这三个相继发生的过程构成（Tolbert and Zucker，1999），经由以上三个连续过程，一项制度逐渐走向成熟。当然，制度化也可能会因内外部因素影响而受到干扰甚至中断。

斯科特（2008）将以上制度化过程称为“随着日益客观化而出现的制度化”，强调思想观念的作用。同时，他还指出了另外两种制度化过程：一种是基于回报递增的制度化，强调物质刺激的作用；另一种是基于承诺递增的制度化，强调身份的作用。在评论以上三种制度化机制时，斯科特（2008）认为“……这些主张之间并非必然是冲突的，富有生命力的制度常常是这些相互作用并相互强化机制的共同产物”。

如果将志愿服务看作一个制度生活领域，发达国家基本上达到了成熟阶段的制度化，而广大的发展中国家基本上处于制度化的起步阶段或半制度化阶段。正如中央精神文明建设指导委员会在《关于推进志愿服务制度化的意见》中指出：近年来，广大志愿者围绕扶危济困、应急救援、大型活动，广泛开展形式多样的志愿服务活动，志愿精神日益深入人心，志愿者队伍不断发展壮大，志愿服务的热潮在城乡基层蓬勃兴起。但总体而言，我国的志愿服务还处在初始阶段，活动开展不够经常、体制机制不够完善、服务水平不够高等问题，在一些地方不同程度地存在。解决这些问题，关键在于健全志愿服务制度，推进志愿服务制度化……。并提出“规范志愿者招募注册”“加强志愿者培训管理”“健全志愿服务激励机制”“完善政策和法律保障”“切实加强志愿服务领导”“大力弘扬志愿服务文化”“搭建拓宽志愿服务平台”七条建议。

综合以上分析，本书将我国志愿服务发展视为一种处于制度化过程中的实践，期望能够捕捉志愿服务制度化中的精彩故事。同时，考虑到研究的可行性与资料的可得性，本书期望从组织场域层级上捕捉志愿服务制度化的条件、过程以及内在的紧张或冲突。

第二节 西方志愿服务研究的理论样貌

作为一种复杂的社会现象，志愿服务研究吸引了不同学科的关注，也产生了大量的研究成果。纵观现有志愿服务研究，从空间分布上看，大多数研究成果集中在志愿服务健全成熟的发达国家，以美国最为繁荣（Wilson，2000）；从学科分布上看，涵盖社会学、经济学、社会心理学、组织管理学、政治科学等学科；从研究问题上看，主要回答两大问题：一是人们为什么做志愿者？二是什么促使人们持续提供志愿服务（Snyder et al.，2008）。对于已有的研究与理论，一些学者开始进行梳理和总结，甚至进行再理论化，从而辨识出存在哪些主要研究理论，并指出研究的不足与可能方向（Smith，1994；Wilson，2000；Snyder et al.，2008；Thoits et al.，2001；Wilson，2012；Hustinx et al.，2010；Mallum，2017）。从文献检索来看，回顾性志愿服务研究大致有三类。

第一类是对简单经验研究的梳理总结，主要是提取影响因素或主要概念模型。例如，Wilson（2000）辨识出个体特征、关系属性与社区脉络三组影响因素。首先，在个体层面上，存在两种主导的解释视角，一种是个体动机视角，与主观取向的社会学解释相关；另一种是个体理性选择视角，与行为主义学派相关。前一种视角强调志愿者的动机或自我理解，将动机看成是行动的构成部分，是一种赋予行动意义并形塑行动的叙述。在性质上，动机属于更广泛的文化理解的一部分，它通过家庭、学校等社会化机制教导后代如何看待志愿服务工作；后一种视角强调志愿者的理性行为和成本-效益考量，主张做志愿者的决策是建立在对志愿行动成本与效益的理性权衡之上。从这个角度来看，志愿行动就是一种生产性活动或工作，个体从事志愿工作的能力由其拥有的资源决定。故而，人力资本（教育、工作与收入）、社会资本（社会网络、家庭关系）与文化资本就成为决定个体从事志愿行动的关键性因素。其次，在关系属性上，主要考察人们从事志愿行动在年龄、性别与种族上的差异，这些差异同时也体现在人力资本、动机与信念以及社会资源上。然而，需要指出的是，以上人口社会特征与志愿服务行为之间并非是直接关联的，不同研究之间存在不一致或模糊之处（Locke et al.，2003；Rochester et al.，2016）。最后，在社区脉络上，脉络因素对个体志愿服务的影响是最晚才被重视的，这些脉络因素包括单个家庭、居住区域、工作场所，以及更大的城市、地区与国家。需要特别指出的，由于志愿服务组织非常注重已有志愿者的留任，因此有关志愿者承诺的研究也非常多，主要有两种思考方式：一种是对志愿者角色的承诺，另一种是对特定组织或任务的承诺。

另外，Thoits 等（2001）在梳理已有文献的基础上提出了五种志愿者模型：①志愿者动机模型，强调个体动机在志愿行动中的作用；②价值与态度模型，强调志愿服务与个体对市民参与责任的观念之间的关联性；③角色－身份模型，强调个人过去的志愿行动表现导致志愿者角色认同的发展，这将进一步促进个人从事志愿服务；④志愿者性格模型，认为某些性格或情向变量有助于开展志愿服务；⑤个人福祉模型，将性格特征、身心健康以及其他个人资源整合在一起来解释个人的志愿服务行为。

第二类是使用一个概念框架对已有经验研究进行系统梳理，常用的概念框架是志愿者过程模型。例如，Snyder 等（2008）主张志愿服务是一种独特的助人形式，涉及许多有关助人性质的问题，诸如性格问题、动机问题与保留机制问题，他们借用志愿者过程模型这个概念框架，对志愿服务的理论与研究成果进行了全面梳理。该模型从个体、人际关系/社会团体、机构/组织和社会/文化脉络系统四个层次来阐述志愿者过程的前置、经历与后果三个阶段的社会心理和行为特征，这三个阶段之间具有连续性与交互性的特性。志愿者过程模型见表 2－1。

表2-1 志愿者过程模型

分析层次	志愿者过程阶段		
	前置	经历	后果
个体	性格，动机，生活环境	满意度，污名，组织整合	知识和态度的改变，健康
人际关系/社会团体	团体成员，规范	助人关系，集体自尊	社会网络的构成，关系发展
机构/组织	招募策略，训练	组织文化，志愿者安置	志愿者保留，工作评估
社会/文化脉络	意识形态，服务项目和制度	服务供给，项目发展	社会资本，经济节省

来源：作者自行整理。

在前置阶段，模型辨识出性格、个体动机与环境特征等因素，用来预测谁会成为志愿者，其中动机—功能主义视角是研究者常用的理论，该理论视角强调：①行动服从的目的，以及这些目的在启动、指导与保持行动中的角色作用；②志愿服务动机与更一般的“行动议程”相连接，并且这些动机指导、指示着人们追求议程的展开过程。在经历阶段，主要关注志愿者在服务过程中的经历与体验，例如探索志愿者与服务对象之间形成的人际（助人）关系，志愿服务满足志愿者期望与需求的程度，以及志愿者对志愿工作、服务组织以及他们回应的感知。在后果阶段，主要关注志愿服务对同层次的影响，包括态度、知识与行为，主要包括对志愿者、服务接受者，以及他们的社会网络关系等层级。此外，一些研究还关注提供与接受志愿者帮助对健康的影响。

在回顾现有研究的基础上，Snyder 等（2008）认为大部分有关志愿服务的经验研究主要关注个体或人际关系分析层次的变量或概念，并且多集中在传统心理学分析层面，而对组织层面与社会系统层面的关注比较少。这样的评价在 Wilson（2012）的回顾性研究中进一步得到了确认，他同样运用志愿者过程模型来组织志愿服务最新的研究成果，发现前置阶段仍然是最热门的，但更多的研究重点开始向结果阶段转移，尤其关注健康受益，而中间的经历阶段在某种程度上被忽视了，尤其是忽视了志愿服务的社会脉络对志愿者满意度与承诺度的影响。

第三类是从跨学科与理论的角度提出整合性志愿服务理论，从而不仅是从经验研究中找出不足，更是期望能够从理论角度找到新的突破点。Hustinx 等（2010）在这方面进行了初步的尝试，他们指出发展“一种志愿服务理论”将面临三大挑战：①志愿服务是一种复杂现象，它涉及各种不同的活动、组织与部门，并且志愿服务概念还在持续被社会构建，甚至不同文化还没有诸如志愿者的表述；②志愿服务作为一个富有意义的研究对象吸引了不同学科的关注，如经济学、社会学、管理科学等，但它们之间的共识不多；③现有理论解释偏重于经验观察，而缺乏应用不同学科理论的混合解释，单靠经验研究是不可能产生好理论的（Hustinx et al.，2010）。

基于以上认识，人们提出了一个有关志愿行动的整合性概念框架，以呈现志愿服务的复杂性与多面性。该概念框架回应了志愿行动研究的三个重大问题（见表 2－2）。一是志愿行动界定问题，现有研究中至少存在三种界定方式：①正负面表述法，即志愿服务是什么或不是什么；②典型特征法；③成本效益界定法。二是学科视角差异问题，经济学家认为志愿服务是一种不纯的利他主义（本质上仍是自利主义），社会学家将志愿服务看作存在于个体、团体与组织中的社会关系与互动模式，社会心理学家将志愿服务看作一种亲社会行为，政治科学家则将志愿服务看作对积极市民社会与民主的重要要求。三是多维度理论问题，将现有理论划分为解释谁是志愿者以及为什么做志愿者的理论，解释志愿服务性质、过程与脉络的理论，以及超越传统假设与典范的启蒙批判理论三种类型。在评论该框架时，人们指出，该概念框架并非终极版的志愿服务理论，而是希望通过概念框架辨识出关键性的理论与概念问题，从而推动志愿服务研究向纵深发展。

表 2－2 志愿行动的整合性概念框架

层次	理论基石	核心框架与路径
界定问题	我们研究什么	1. 界定志愿行动不是什么/是什么 2. 志愿行动是一种社会构建
学科视角差异问题	我们为什么研究它	1. 经济学家：不纯的利他主义 2. 社会学家：社会整合和社会福利 3. 心理学家：亲社会人格 4. 政治科学家：公民资格与民主
多维度理论问题	解释性理论： 1. 人们为什么做志愿者 2. 志愿行动的决定因素	动机与收益；优势地位模型；资源模型；志愿行动跨国变异理论
	叙事性理论： 1. 人们如何成为志愿者 2. 志愿行动的脉络 3. 志愿行动与社会变迁	志愿行动的样式；成为志愿者的过程；志愿者生态学；志愿者管理；变动的制度与传记嵌入
	启蒙性理论：批判性视角	社会不平等议题；志愿行动的负面后果；未满足的期待；潜藏的意识形态

来源：HUSTINX L，CNAAN R A，HANDY F. Navigating theories of volunteering：A hybrid map for a complex phenomenon［J］. Journal for the Theory of Social Behaviour，2010，40（4）：410－434.

从以上文献梳理可以发现，现有志愿服务研究主要采用以志愿者为中心的取向，聚焦于如何动员公民个体参与志愿服务以及如何将志愿者留下来，这种研究取向在志愿服务发展健全成熟的国家与地区是合适的，因为志愿服务所处的环境已经高度结构化与制度化，基本上可以将志愿服务的外在环境视为相对不变的因素。然而，对于一些志愿服务正处于发展中的国家，采用以志愿者为中心的研究途径则不是很合适，因为这些国家的志愿服务环境正处在形塑过程中，志愿服务的诸多要素还处于结构化过程中。即使是在志愿服务发展健全的美国社会，也有研究者指出："如果想要非营利管理人员更有效率，必须让他们认识到其所在的组织是以各种方式与组织之外的世界关联在一起的。正如其他任何组织一样，他们存在于一个由其他组织和制度构成的复杂关系网络中，并且这些组织与制度相互作用”（Van Til，2005）。因此，对志愿服务的深入研究，需要跳脱以志愿者为中心的研究取向，走向以历史脉络与制度为中心的研究取向（Plagnol et al.，2010；Gil－Lacruz et al.，2017），将志愿服务看作由“志愿者、志愿服务组织与其他相关组织”构成的制度生活领域，从组织与制度的角度考察志愿服务的动态变化。这种研究取向非常适合志愿服务正处于制度化中的国家，对于已经高度制度化的国家，同样需要关注制度与组织之间的动态关系。最近，有关组织沟通的研究开始关注于志愿服务关系对于组织管理效率以及可持续的组织－社会关系的贡献（Mallum，2017），可以算是探索制度与组织动态关系的微观尝试。

第三节　志愿服务制度化：组织场域理论

传统上，志愿服务涉及三个主要的行动者：不计报酬地自愿贡献自己的时间去帮助他人的志愿者；为正式志愿服务提供机制的志愿者组织；志愿者组织和志愿者提供服务的目标对象。然而，现代的志愿服务环境与性质发生了重大转变，即政府发起的志愿服务活动或项目越来越普遍，无论是在西方先进工业化国家（De Waele et al.，2018），还是近些年我国志愿服务的发展，均呈现出第三方（政府、教育机构、企业等）深度参与的特征（Haski－Leventhal et al.，2010）。通过第三方尤其是政府来促进志愿服务发展已经成为各国的政策选择。

换言之，作为一种社会行动的志愿服务，越来越多地受到其所处国家与地区的脉络、制度与结构等的影响。故而，要对志愿服务发展做出恰当的理解与说明，必须同时兼顾志愿服务行为及其所处的制度环境。具体来讲，既要考虑公民个体、志愿服务组织、行业组织、企业、学校与政府等主体的志愿服务行为，还要考虑对志愿服务的认知与定位、志愿服务活动的管理，以及志愿服务的政策法令等制度要素。组织的新制度主义为理解志愿服务行动的制度环境提供了最佳的观察视角，尤其是作为组织的新制度主义基础构成之一的组织场域理论，更能够指引对志愿服务发展进行经验研究。

一、组织的新制度主义：从制度上思考组织

（一）组织制度主义发展的简要历史

社会科学中的制度思想源远流长，但对组织的研究则相对较晚，March（1965）将组织研究的起源追溯到1937—1947年。早期的组织研究关注于组织中的个体，如工人、管理者或工作团队，代表性学派有泰勒的科学管理主义、人际关系学派等。到20世纪50年代，一些学者开始将组织作为分析单位，把组织与制度联系起来研究组织结构和功能。这一时期有三大明显不同的研究流派，包括以罗伯特·莫顿与菲利普·塞尔兹尼克为代表的哥伦比亚学派；以帕森斯为代表的"文化-制度"学派；以赫伯特·西蒙为代表的卡内基学派（斯科特，2010）。到20世纪60年代中期，组织研究受到开放系统理论在知识上的革新，强调比组织更大的外部环境对于组织的重要性，认为这种环境对组织起着制约、塑造、渗透和革新的作用。在这一知识革新的早期，研究者对于外部环境的理解主要聚焦于组织的技术环境，代表性理论有权变理论、资源依赖理论与交易成本经济学理论。到20世纪70年代中期，研究者开始认识到，更广泛的社会与文化因素即制度环境会对组织产生重要的影响（斯科特，2010）。

自此，一种不同于早前制度理论的"新制度"思想在组织研究领域获得快速发展。在组织社会学中，奠基性主张由Meyer等（1977）提出，他们主张组织执行者与管理者在进行组织设计时，并非遵照技术逻辑原则或者资源依赖，而是受到文化模板即制度因素的指引（陈东升，1992）。经过后来学者几十年的修正与验证发展，目前组织新制度主义理论已经接近理论成熟期。Scott（2008）归纳了组织制度主义的七大发展趋势。

1. 从松散到紧凑的概念化

早期新制度主义论者强调习惯与历史在限制选择中的作用，或者强调道德压力和风俗在巩固社会秩序中的作用。而最近的新制度主义观点强调符号系统和心智地图（mental maps）在引导行为中的重要

性。在制度概念上，辨识出了少量的制度要素，并研究它们相对独特的运行机制。

2. 从决定论到互动论的主张

早期新制度主义论点强调制度具有整体性、统一性的特征，并且制度对组织的影响具有决定性作用。而最近的新制度主义观点发现，制度对组织的影响并非都是一致的、和谐的与稳定的，在制度发挥作用的过程中，存在着复杂性、多样性、竞争甚至是冲突。这显示出在制度环境中存在着能动性的可能性，制度能够被持续活动的行动者再生产与修正。

3. 从表面变迁到实质变迁

早期新制度主义观点认为，组织在面对制度压力与要求时，会仪式性地改变自身结构以回应制度压力，但考虑到地方环境与现实情况，组织还会将组织结构与真实实践相脱耦，这是一种仪式性的遵从或表面遵从。然而，后来的新制度主义者发现，组织在面对制度压力时，会呈现出程度不同、方式各异的遵从，脱耦的程度在不同组织之间或不同时间节点上也存在差异，表面遵从只是其中一种类型。

4. 从理论断言到数据验证

早前新制度主义者常常仅从理论上断言制度影响的存在，而没有使用具体数据对其理论性断言进行验证。然而，随着时间的延续，新制度主义研究者们设计出了适当且富有想象力的测量方法来捕捉规则、规范与信念系统的变化。在文化—认知要素上，常用的指标包括媒体的数量与内容、训练项目的类型，以及社会逻辑的类型；在规范性要素上，常用的指标包括注册、认证与鉴定；在规制性要素上，常用的指标包括管制性法律的类型与内容、管制性机构的执法行为、诉讼场域等。

5. 从以组织为研究中心走向以场域层次为研究中心

早期的组织研究几乎都是关注组织内部运行过程以及成员的行为。虽然后来人们认识到了组织环境的重要性，但仍有大量研究以组织为研究中心，从单一的焦点组织的立场来看待环境。然而，随着组织生态学与制度理论的发展，研究分析开始转向组织种群或场域层次，关注的对象也从环境中的组织转向组织所处的环境。组织场域层次是一个特别适合应用与检验新制度主张的场所。

6. 从非理性构想到制度框架内的理性化

早期新制度理论持有“制度会削弱理性决定和理性行动”的预设，似乎制度要求与市场要求之间存在着冲突和对立。然而，后来的学者开始承认规则、规范与信念系统会巩固所有稳定的社会系统，包括经济系统。制度过程提供了治理竞争的规则与规范，以及规定策略行动目录的文化模板。

7. 从制度稳定到制度变迁

制度概念隐含着稳定性与变迁性，制度系统因内外部原因经受着内生性变迁与外生性变迁。早期新制度主义者主要关注特定制度及其对组织的影响。然而后来，研究者开始研究制度框架得以出现的制度过程，以及更成功的组织方式日益扩散与被接受的社会过程，大量的经验研究开始检验制度安排及其关联的组织场域的结构化/去结构化。

（二）制度的定义及其基础要素

“制度”（institution）是一个歧义性非常大的概念，不同学者、不同学科对制度的理解各不相同。斯科特（2010）在对经济学、政治学、社会学等传统制度思想进行评述的基础上，为制度概念下了一个综合性定义：“制度包括为社会生活提供稳定性和意义的规制性、规范性和文化—认知性要素，以及相关的活动与资源”，并建构了一套综合性制度分析框架，这套分析框架的核心就是，制度事实上是由规制性、规范性和文化—认知性三大基础要素构成或支撑的。规制性是指那些制度明确规定必须遵守的规则，规范性是指那些制度认为是恰当、合理的规范、义务和责任，而文化—认知性是指那些制度所内含的思维方式和行为逻辑。以上三大基础要素构成了一个连续体，其一端是有意识的要素，另一端是无意识的要素；一端是合法地实施的要素，另一端则被视为当然的要素。它们以相互独立或相互强化的方式，构成了一个强有力的社会框架，这种框架既能容纳又能展现结构性力量，是一种具有弹性的框架。然而，制度的三大基础要素之间在基础假定、机制和指标等维度上却存在差异，见表2－3。

表2－3　制度三大基础构成要素的比较

基础要素	规制性要素	规范性要素	文化—认知性要素
遵守基础	权宜性应对	社会责任	视若当然、共同理解
秩序基础	规制性规则	约束性期待	建构性图式
扩散机制	强制	规范	模仿
逻辑类型	工具性	适当性	正统性
系列指标	规则、法律、奖惩	合格证明、资格承认	共同信念、共同行动逻辑、同形
情感反应	内疚/清白	羞耻/荣誉	确定/惶恐
合法性基础	法律制裁	道德支配	可理解、可认可的文化支持

来源：斯科特．制度与组织：思想观念与物质利益［M］．3版．王黎芳，译．北京：中国人民大学出版社，2010.

不同的制度要素对行为（包括个体行为与组织行为）具有不同的影响机制：当制度以规制性规则的形式出现时，对哪些行为可以做、哪些行为不可以做做了明确的规定，行动者会基于利益计算和权宜考虑来衡量某种行为；当制度以一种有约束力的社会期望出现时，即把某些行为选择界定为社会责任，行动者就会觉得在这种情况下自己应该这么做；当制度以一种思维方式和认知形式呈现时，构建了一套意义表征系统，行动者会自动地以某种方式去解释社会现象并理所当然地以某种方式行事，这是制度用以维持社会秩序的最深层次原因（柯政，2011）。

（三）制度的能动者与传递者

制度建构的观点有两大类，分别为自然主义的观点和以能动者为基础的观点。前者认为制度是面对各种相似环境的行动者集体意义建构与问题解决行动的产物，而后者则强调必须视具体行动者为一种原因性的能动者，强调意图与自我利益在制度建构过程中起着十分重要的作用（斯科特，2010）。制度性的能动者可能以各种不同的面目出现，既有个体行动者，也有集体行动者，包括国家、专业人员、协会/社团、社会运动者以及普通参与者等各类行动者（斯科特，2010），它们被称为“制度企业家”，是创建制度过程中的重要力量。由于时空背景不同，各类行动者之间的能动性程度存在很大的差异。其中，政府和专家被认为“在20世纪后半叶是理性化的重要推动者”（鲍威尔等，2008）。

制度要素是经由各种媒介传递的。制度的三大基础要素有四类不同的传递者，分别是符号系统、关系系统、惯例与人工器物（见表2－4）。不同的理论家，不仅偏好的制度要素各不相同，而且各自所强调的制度传递者也可能不同。这些传递者能够使我们考虑和解释思想是如何在时空中运动的，以及是谁在传递这些思想。需要指出的是，这些传递者从来不是中立性的传播模块，相反，他们会影响信息的性质和信息被接受的方式。

表2－4　制度的传递者

基础要素	规制性要素	规范性要素	文化—认知性要素
符号系统	规则、法律	价值观、期待	范畴、典型、图式
关系系统	治理系统、权力系统	政体、权威系统	结构同形、身份
惯例	协议草案、标准运行程序	工作、角色、对义务遵守	脚本
人工器物	遵守命令性规定的客体	整合惯例、标准的客体	处理符合价值的客体

来源：斯科特．制度与组织：思想观念与物质利益［M］．3版．王黎芳，译．北京：中国人民大学出版社，2010：88．

对于制度主义者而言，重要的象征符号包括用来指导行为的所有规则、价值观、规范、分类、表象、框架、图式、原型和脚本等。不同的制度要素对象征符号系统的强调各不相同，认知性制度要素强调共同的范畴、特性和典型化在影响和塑造感知与解释方面的重要性；规范性制度要素强调作为行动导向的共同价值观和规范性期待的重要性；规制性制度要素则着重强调惯例、规则以及法律的重要作用。作为制度传递者的关系系统，有赖于与社会位置相联系的网络即角色系统的互动，而在不同的位置和角色之中编码着规则和信念系统，因而关系系统整合了或具体地表现了制度要素。结构化的活动也可能以习惯化和惯例的形式来体现或传递制度。惯例作为制度的传递者，有赖于模式化的行动，而这种行动反映了行动者的意会性知识，即以不能明文的知识和信念为基础的、深层的、根深蒂固的习惯与程序。

二、组织场域理论：志愿服务的制度环境

“组织场域”（organization field）是新制度主义理论的基础概念之一，不同学者采取各种方式来捕捉组织场域的复杂性，因此，对组织场域的理解和解释一直处于演进与澄清中（Wooten et al.，2017）。

（一）组织场域的内涵

在组织分析的新制度主义研究中，作为一种对组织环境有限定的分析单位，组织场域不仅拓展了人们对“什么是组织的环境”的深入理解，同时也架起了个体或组织与更大的社会关系系统的联结桥梁，扮演着中层理论的角色。新制度主义是一个跨越经济学、政治学、社会学、社会政策、组织管理等多个学科的理论视角，因此出现了多个与“组织场域”相类似的概念，如“功能性组织场域”“社会部门”“产业体系”与“组织社群”等。

组织场域的概念最早由 DiMaggio 等（1983）在《关于“铁笼”的再思考：组织场域中的制度性同形与集体理性》这篇开创性的论文中提出：我们的“组织场域”一词，是指那些由组织建构的，在总体上获得认可的一种制度生活领域，这些组织包括关键的供应商、资源和产品消费者、规制机构以及提供类似产品或产品的其他组织。

Scott 等（1991）从功能角度对组织场域进行了扩展与深入阐述，在对组织集合模型、组织人口模型与组织场域模型等支配性组织研究图式进行评述的基础上，并结合“地方社区结构”“公共政策实施”与“人类服务机构协调”等相关研究材料，提出了“社会部门”（societal sector）的概念：我们把“社会部门”界定为一种运行于同一领域的组织集合，这些组织根据在其服务、产品或功能上所具有的相似性而确定其身份；以及对核心的焦点组织的绩效产生关键性影响的那些组织，如重要的供应商和消费者（购买商）、所有人和调节管理者、金融资源提供者和竞争者。

近年来出现的更多理论路向，则认为场域不仅可能围绕固定的市场、技术或公共政策领域而形成，也可能围绕重要的争论与问题而形成。正如 Hoffman（1999）评论道："场域"是围绕那些对于某些特定的系列组织的利益与目标日益重要的问题而形成的。这些问题界定了场域是什么场域，制造了先前可能并不存在的联系。组织可以就成为或不成为场域的一部分做出自己的选择，但它们的场域成员资格是通过社会互动模式来确定的，场域的成员资格也可能在一个有限的时间段内，随着一个问题的出现而形成或消失。

从组织场域层面进行组织分析具有以下优点：①可以考察不同类型组织的相互作用与协同演变；②从场域层面，不仅能够分析特定类型组织的兴衰，也能考察某种类型组织的消失或新形态的出现；③场域概念中还包括单个组织、组织集和组织群等层面，能够提供一个整合各种思路的基础；④组织场域是一个重要的媒介，发挥着联结组织结构与行为研究和更大范围的社会结构与过程研究的作用（斯科特等，2011）。

（二）组织场域的核心要素

DiMaggio 等（1983）提醒道，对于一个组织场域的结构不能先验地确定，只有在经验调查的基础上，才能确定和鉴别一个组织场域的结构。Scott 等（2000）在对美国提供医疗保健服务的场域进行的研究中，辨识出了组织场域的三个构成要素：各类社会行动者、引导场域活动的制度逻辑与监视场域活动的治理结构。除了以上三个要素外，Hoffman 等（2002）添加了另外两个场域要素：中介性机构和地方性意识形成活动。以上要素对场域中的活动不仅有限制或制约作用，还有使能或促进作用，因此这些要素也就形塑了组织的参与者的行为与特征。以下将结合相关学者的观点，对组织场域的核心要素进行具体的阐述。

1. 社会行动者

组织场域界定了一个作为分析对象的组织体系即在同一领域中运行的组织，它们由于业务关系或拥有共同的文化规则与意义系统而联结在一起。组织边界不受组织距离的限制，既包括本地组织，也包括远方的组织，不受横向与纵向关系、同类或不同类的约束。场域的概念还适用于那些虽然没有直接联系，但是由于在类似环境下运行而呈现类似结构特征和关系的组织（斯科特等，2011）。例如，Scott 等（2000）在《制度变迁与健康照顾组织：从专业主导到管理式照顾》一书中辨识出美国医疗保健系统场域中的四大功能类组织，包括监管者、提供者、购买者，以及汇聚资源和分担风险的财务“中介”，如图 2－1 所示。

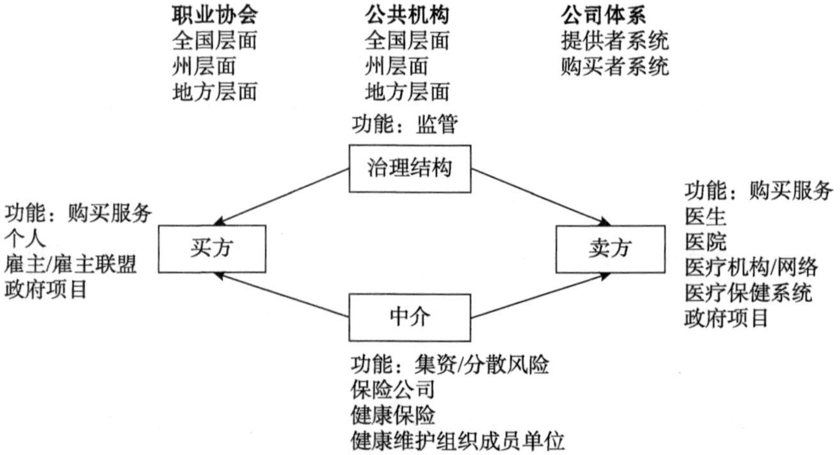

图 2－1　美国医疗保健系统场域中的主要行动者及其功能

来源：SCOTT W R，MARTIN R，PETER J M．Institutional Change and Healthcare Organizations：From Professional Dominance to Managed Care［M］．Chicago：University of Chicago Press，2000.

2. 治理结构

组织场域的关系或结构性质是制度主义者最关注的层面。DiMaggio 等（1983）在提出组织场域概念时，主要关注的是把组织链接成更大网络的关系系统，相关的关系反映的可能是组织之间的“连通性”（connectedness），即组织之间直接或间接的联系；或者也可能反映“结构等同”（structural equivalence），即组织在网络结构中位置的相似性。而 Scott 等（1991）更关注组织场域（或社会部门）本身的结构特征，如社会部门是制度性与技术性的混合；社会部门呈现出垂直－支配结构；社会部门的集权化、片段化、联邦化程度以及各种部门控制情况等特征。

除了对关系结构的关注之外，斯科特（2010）还探讨了运行于场域层次之上的治理系统，治理系统是指这样一些“安排，它们通过共识所产生的机制，通过合法的等级制权威，或者通过非法的强制性手段，支持某一系列的行动者对另一系列的行动者进行常规的控制”。每个组织场域都有其自己的特征，即都有比较独特的治理系统，这些治理系统是由公共或私人行动者构成的，而这些行动者又会通过规制性、规范性制度要素之间的某种结合，来控制场域中的各种行动者及其行动。实施这类功能的常见行动者包括公共规制机构、行业协会、工会、专门协会或司法系统等。

3. 制度逻辑

制度逻辑是对各种场域的文化层面的研究，Friedland 等在论文《把社会因素重新纳入研究之中：符号、实践与制度矛盾》中，强调制度逻辑对于制度性秩序的存在十分重要。他们将社会看成是一种制度间系统的替代性社会概念，认为制度是超组织的活动模式，通过这些模式，人们在特定的时空中进行他们的物质生活；同时，制度也是符号象征系统，通过这种象征系统，人们对他们从事的活动进行分类，并赋予他们从事的活动以意义。社会包括为个人或组织提供行动基础的各种制度逻辑。例如，当代西方社会的所有核心制度（资本主义、家庭、科层制政府、民主、基督教）既是物质性实践，又是符号性实践。这些制度秩序都会根据各自的中心逻辑（物质性实践与符号结构系列）建构其组织原则，促进组织与个人的发展，并且组织和个人都可以对这些物质实践与符号结构进行精心的设计、制定和详细的阐述。当代社会中的主要制度之间既是相互依赖的，也是相互矛盾的，使得不同领域中的组织常常面对相互矛盾的逻辑，也常常能够利用相互矛盾的逻辑（Friedland et al.，1991）：

> 群体之间、组织之间和阶层之间存在的最重要的斗争，是围绕制度之间的适当关系展开的，通过对制度之间关系的调整，在

制度逻辑上，各不相同的各种活动会得到调节，不同的制度可以应用于不同类型的人、家庭和医疗系统。这些是由政府还是市场来调节？教育是由家庭、政府还是市场来控制？劳动力的再生产是由政府、家庭还是教会来调节？

此外，不同制度逻辑不仅在内容上有所不同，而且在纵向渗透力或垂直深入度以及水平联系上也存在差异（Krasner，1991：转引自斯科特，2010）。

（三）组织场域的生成与结构化

组织场域的生成与结构化发生在横向和纵向两个方向上，组织场域横向结构化发生在场域内的组织之间。DiMaggio 等（1983）认为，组织场域的生成过程就是场域制度轮廓出现或结构化的过程，包括四个构成部分：①场域中组织间互动程度的增加；②组织之间明确的支配结构和联盟模式的出现；③场域中的组织必须得到足够的信息量的增加；④共同参与某个任务的系列组织内部的参与者之间相互了解或共识的形成。从以上四个部分，可以总结出评估组织场域的指标，即场域中组织互动的程度、需要处理的信息量大小、支配性结构或共谋模式的出现，以及共同参与者共识意识的形成。

组织场域纵向结构化发生在微观与宏观之间。斯科特（2010）提出了从上到下和从下到上的制度创造与扩散过程，如图 2－2 所示。跨社会的各种制度或某个社会中的各种制度，为组织场域提供了一个更大的制度环境，而在这种组织场域中，更多的、更具体的制度场域与制度形式得以存在和运作；这些具体的制度场域与制度形式，又为具体的组织和其他各种集体行动者提供了环境；而这些具体的组织与集体行动者，又为更小的子群体与个体行动者提供了环境。从上到下的各种过程（从各种制度的建立，到制度的扩散、转述、社会化、强迫接受、权威化、诱导与铭记等）使更高层次的结构可以形塑（制约或使能）较低层次的行动者的结构与行动。同时，相反的从下到上的过程也在运行，通过这类相反的运行过程（包括选择性关注、理解与意义的建构、身份建构、失误、创新、对模式的遵守与再生产、谈判、妥协、回避、抵制以及操纵等），较低层次的行动者与结构又塑造他们运行的背景。

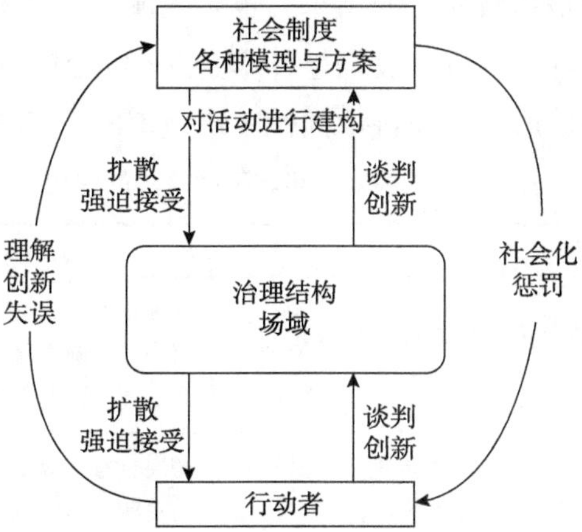

图 2－2　制度创造与扩散过程

来源：斯科特．制度与组织：思想观念与物质利益［M］．3 版．王黎芳，译．北京：中国人民大学出版社，2010．

（四）场域设定事件和场域生成与演进

在场域生成与演进过程中，场域设定事件（Field－Configuring Events，FCEs）扮演着桥连个人（或组织）与场域的角色，对于理解场域生成与演进的微观过程具有重要的方法论意义（Lampel et al.，2008）。场域设定事件被界定为一些场景，来自不同社会组织的人们短暂地聚集在那里，以有意识的集体目标来建构一个组织场域。这些事件是新兴技术、行业与市场的微观世界。在这些地方，人们交换商业名片，构建网络，提高声誉，洽谈生意与设定标准（Meyer et al.，2005）。会议、节庆与颁奖典礼等是常见的场域设定事件。

场域设定事件具有以下六个特征：①场域设定事件在一个地方聚合了不同专业、组织与地域背景的行动者；②场域设定事件的时长是有限的，通常进行几个小时到几天；③场域设定事件为面对面的互动提供了非结构化的机会；④场域设定事件包括仪式性和戏剧性的活动；⑤场域设定事件为信息交换与集体意识成形提供时机；⑥场域设定事件形成的社会资源与声誉资源能够在其他地方、为其他目的所使用（Lampel et al.，2008）。

场域设定事件对场域生成与演进的影响，呈现出一种递归关系：场域设定事件既是场域演进的结果，也是场域演进的动力；场域演进激起场域设定事件，而场域设定事件本身又卷入到场域的演进中。场域设定事件在场域形成与演进中的作用略微不同，见表2－5。

表2－5　FCEs在场域不同阶段的作用

阶段	焦点任务	FCEs的作用
形成阶段	将一群分散的个体与组织转化为一个组织社群	设置标准、定义实践、修正关键用语，以及确定场域相对于其他场域与制度的位置
成熟阶段	创造场域特有的社会资本，保护和强化场域身份与边界的活动，以及合法化主导规范与逻辑的仪式	拓展、重新界定和巩固场域的信念与实践，追踪和强化场域相对于其他场域与制度的地位

来源：LAMPEL J，MEYER A D. Field－Configuring events as structuring mechanisms：How conferences，ceremonies，and trade shows constitute new technologies，industries，and markets [J]. Journal of Management Studies，2008，45（6）：1029.

第四节　我国志愿服务发展的相关研究

随着我国志愿服务事业的快速发展，相应的志愿服务研究也蓬勃发展起来，一些学者开始对相关的研究成果进行回顾性综述（吴江，2008；龚万达，2010；赵定东等，2018），但总体研究水平不高。例如，吴江（2008）以中国知网为载体，考察了1994—2007年6月间志愿服务研究状况，共检索到1014篇相关文献，分析发现从2003年开始，志愿服务研究文献数量开始激增，文献主题以理论研究为主，占到文献总数的一半，且增长速度最快，其次为志愿服务宣传类和专访纪实类文章；文献涉及的志愿服务领域包括社区建设、扶贫、大型活动、环保活动、海外援助、抢险等，其中社区建设与大型活动志愿者服务发展最早且较迅速；文献涉及的对象主要是青年大学生。龚万达（2010）除了进行简单的数据分析外，还梳理了我国主要的研究成果，包括志愿服务的国内外现况及比较研究、志愿服务实证和案例研究、志愿服务动机与管理研究等。在评价志愿服务研究时，他指出我国志愿服务研究还处于初级阶段，对志愿服务研究的分析框架还没有达成较为一致的共识，研究范围与视角狭窄，理论多以西方假设为主等。本书采取吴江（2008）的检索方式，期限设定为 2007 年 7 月 1 日—2019 年 10 月 2 日，共检索到 12231 篇相关文献，其中，2015 年达到发文高峰，有 1443 篇；政策研究类 2634 篇，占 1/5，这显示出近些年来，我国大力推动志愿服务制度建设的特征。考虑到本书主要研究我国志愿服务制度化建设，故而，以下将着重梳理我国志愿服务发展历程、模式与特征、政策体系、组织体系等。

对我国志愿服务发展历程的研究（见表 2－6），既有从整体发展角度进行论述的（谭建光等，2009；高嵘，2013；魏娜，2013；陈晓运，2018），也有从某个侧面进行论述的（谭建光，2012；汪彩霞等，2017）。对于我国志愿服务发展的起源，有些是从 1978 年改革开放算起，有些是从 1949 年中华人民共和国成立算起，甚至有学者从 1840 年开始考察志愿服务的变迁（黄金结，2016）。对于志愿服务的发展阶段，有些是根据理论来划分的，如陈晓运（2018）从国家治理方式角度划分为两个阶段，高嵘（2013）从国家－社会理论角度划分为四个阶段，但更多的是根据经验法则来划分。对于志愿服务发展的基本特征，国家主导推动是学者们较为一致的共识，如高嵘（2013）总结为四点：一是发展主导依靠国家政治权力；二是发展内涵在于促进社会主义核心价值观的确立；三是发展前提来自政治与社会、政府与市场的逐渐分化；四是发展本质体现历史唯物主义的文明观。而志愿服务发展的逻辑与动力则是国家治理的渐进式调适、市场转型下的阶层化以及责任公民的成长（陈晓运，2018）。

表2-6 我国志愿服务发展历程的主要论述

序号	作者	主题	阶段	主要论述
1	谭建光等（2009）	整体发展历程	五个阶段（1978年至今）	第一阶段：公益转型（1978—1986年），“学雷锋、做好事”活动遇到瓶颈；第二阶段：自发探索（1987—1993年），改革开放前沿城市的青年率先探索志愿服务形式；第三阶段：组织推动（1994—2000年），共青团推动青年志愿行动，为中国志愿事业奠定基础；第四阶段：多元发展（2001—2007年），国际因素影响加大，多个职能部门共同推动；第五阶段：全民参与（2008年至今），汶川地震与北京奥运会两个事件的推动
2	谭建光（2012）	政策演变历程	四个阶段（1987年至今）	第一阶段：允许民间探索的政策措施（1987—1993年）；第二阶段：委托部门组织的政策措施（1994—2000年）；第三阶段：鼓励多元发展的政策措施（2001—2007年）；第四阶段：促进社会融合的政策措施（2008年至今）
3	高嵘（2013）	整体发展历程	四个阶段（1949年至今）	第一阶段：过渡起步阶段（1949—1956年），表现为组织化的社会捐助互助和崭新的社会风尚；第二阶段：运动式成长阶段（1957—1977年），表现为全民学雷锋运动；第三阶段：社会化展开阶段（1978—2000年），表现为志愿服务社会体系的初步建立；第四阶段：蓬勃发展阶段（2001年至今），表现为全民参与
4	魏娜（2013）	整体发展历程	五个阶段（1949年至今）	第一阶段：志愿服务的萌芽与初创阶段（1949—1980年）；第二阶段：志愿服务组织初步建立阶段（1981—1990年）；第三阶段：全国性志愿服务组织体系形成阶段（1991—2000年）；第四阶段：志愿服务项目国际化与本土化同步发展阶段（2001—2007年）；第五阶段：志愿服务事业全面发展阶段（2008年至今）

续表

序号	作者	主题	阶段	主要论述
5	汪彩霞等（2017）	志愿组织发展变迁	四个阶段（1978 年至今）	第一阶段：特色各异的志愿组织雏形（1978—1987 年）；第二阶段：性质趋同的志愿组织形态（1988—1997 年）；第三阶段：多元参与的志愿组织环境（1998—2007 年）；第四阶段：协同创新的志愿组织生态（2008 年至今）
6	陈晓运（2018）	整体发展历程	两个阶段（1949 年至今）	第一阶段：国家目标下的政治动员，1949—1978 年的志愿服务，其特征是国家化、行政化与革命化；第二阶段：国民共治下的政社互动，1978 年至今的志愿服务，其特征是法治化、社会化与国际化

来源：作者自行整理。

虽然国家主导推动是显著的特征，但我国志愿服务发展模式并非“铁板一块”，而是呈现出各领域、各区域因地制宜的发展模式。根据志愿服务发起与推广主体的不同，有学者将我国志愿服务发展模式划分三种：第一种是“自下而上发起，自上而下推动”模式，典型代表是中国社区层面的志愿服务及其发展；第二种是“自上而下发动并推广”模式，典型代表是青年志愿者及其志愿服务发展；第三种是“自下而上发起，自下而上发展”模式，典型代表是一些草根组织的公益活动，如北京市红枫妇女心理咨询服务中心（邓国胜，2002；徐柳，2008）。还有学者根据志愿服务区域发展特点，划分出六种志愿服务发展模式：一是行政推动模式，典型代表为北京市；二是文明影响模式，典型代表是上海市；三是社会合作模式，典型代表是广东省；四是人性培育模式，典型代表是浙江省；五是优势转换模式，典型代表是辽宁省；六是内外互动模式，典型代表是四川省（谭建光等，2008）。

现代志愿服务的重要特征是组织化，志愿服务组织是开展志愿服务的重要载体。长期以来，我国对社会组织采取限制发展政策，但从2010 年以后，在改革与创新社会管理体系下，社会组织登记管理开始放宽（王名等，2014），这使得志愿服务组织也获得了快速发展，尤其是公益慈善组织得到了政府的大力支持。从志愿服务的领域来看，主要的志愿组织类型有青年志愿组织、社区志愿组织、企业志愿组织、专业志愿组织、慈善志愿组织、宗教志愿组织、民间志愿组织、国际志愿组织（谭建光等，2009）；从组织功能来看，主要有统筹型志愿组织、支持型志愿组织、传播型志愿组织与实施型志愿组织四类（汪彩霞等，2017）。

对于中国志愿服务的发展趋势，谭建光教授在 2005 年做了志愿服务发展十大趋势的观察，包括志愿服务发展社会化、志愿服务团体独立化、志愿服务活动效益化、志愿服务资金多元化、志愿服务项目创新化、志愿服务人员长期化、志愿服务管理层次化、志愿服务交往多样化、志愿服务网络普遍化、志愿服务保障法制化。2016 年，谭建光教授再次发文提出中国志愿服务发展的十大趋势，包括志愿服务成为国家战略、志愿法规政策体系建立、志愿文化呈现多样形态、从青年志愿者到全民志愿者、从社区志愿服务到全社会志愿服务、志愿服务组织分层发展、志愿服务项目分类实施、社工与志愿者合作日趋普遍、志愿服务督导评估机制逐步建立、“邻里守望”志愿服务，其中“邻里守望”志愿服务成为国际品牌。对比以上十大趋势，会发现我国志愿服务正在逐步成熟。

第三章 研究方法

好的研究，即科学的研究，在风格上既可以是量化的，也可以是质化的。然而，在研究设计上，科学分析有以下四个特征：第一，科学研究以描述推论或因果推论为目标；第二，依循清晰明确、编码化的，以及公共的方法来产生和分析资料；第三，研究结论通常是不确定的，但需要对不确定性进行评估；第四，科学的内容主要是方法和准则，这是效度的基础。一般来说，研究设计包括四个要素，分别为研究问题、理论、资料和使用资料。这四个要素通常不是分别发展出来的，研究者也不会以任何特定的顺序去处理它们（King et al. , 2012）。

第一节 研究框架：制度—场域—行为

根据前面的文献探讨，本书将志愿服务视为由志愿者、志愿组织、其他相关机构与组织构成的，总体上获得认可的制度生活领域，是一种志愿服务场域；志愿服务制度就是为志愿服务提供稳定性与意义的规则性要素、规范性要素和文化—认知性要素，以及相关的活动与资源；志愿服务制度化过程就是志愿服务场域形成与演变的过程。本书主要聚焦于具有地理界限的地方志愿服务场域，来考察国家制度环境变迁对地方志愿服务场域的影响，以及地方志愿服务场域形成与演进的动态过程，包括动力来源、策略机制、场域设定事件、治理结构以及内在紧张与冲突（见图3－1）。从图3－1中可以看出，本书的研究框架涉及中央与地方关系，对于我国央地关系的性质存在不同的观点。海外文献多从中国政治体系特征来观察我国的央地互动关系，倾向于从“零和博弈”来看待央地之间集权与分权过程，且多将中央放置于不受约束的主导地位（李芝兰，2004；黄相怀，2013）。但实际上，我国央地之间并不是一个简单的集权和分权之间无止境地循环往复的“零和博弈”，而是为了达到各自的目标而不断互动的关系（李芝兰，2004）。我国当代的央地关系更多地呈现为“复杂且灵活的动态调整”，这可视为中国共产党人力求“充分发挥中央和地方两个积极性”的探索过程，体现出“渐进式集（分）权、选择性集（分）权与差异化集（分）权”的特征（朱旭峰等，2018）。还有学者认为，用“分权”概念并不能精确地描述我国央地互动关系的变化，主张“放权”概念更适合描述央地关系的真实状况（殷存毅等，2012）。央地关系的经验研究多集中在经济、财政、政治等领域，而对社会领域的央地关系关注较少。

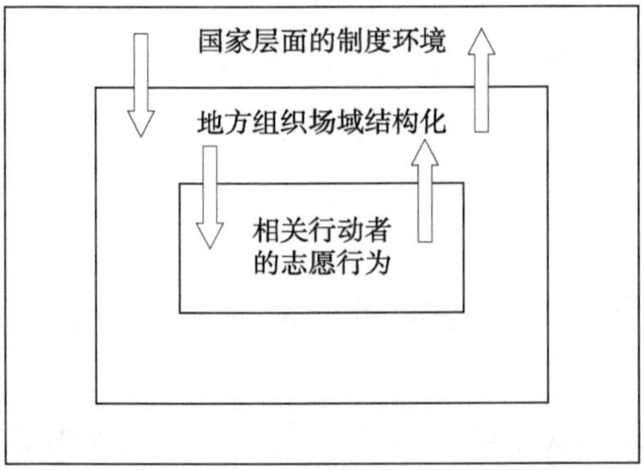

图 3－1　志愿服务制度化的分析框架

来源：作者自行绘制。

根据以上研究框架，本书主要有四个方面的研究内容。在横向上，一方面研究国家志愿服务制度环境的变迁，包括志愿服务规制性要素、规范性要素、文化—认知性要素的变迁，以及相关志愿服务事件与项目的影响；另一方面研究地方志愿服务场域的形成与演化过程，包括地方志愿服务形成的起始条件、动力来源、治理结构与促进策略等。在纵向上，探索国家层面的志愿服务制度如何影响地方志愿服务场域的形成与演进，其作用机制是什么；同时探讨地方志愿服务场域形成与演进中存在的内在紧张与矛盾。

第二节 研究场所：广东省中山市的基本情况

中山市位于广东省中南部，北接广州市、佛山市，西毗江门市，南邻珠海市，东隔珠江口与深圳市相望。中山市是珠江三角洲经济圈九城市之一，是一个以外向型经济为主，以工业与农业为主的城市。中山市的行政区划是市、镇两级建制，市下辖 15 个镇、8 个街道，区域内含 1 个国家级开发区和 1 个经济协作区，辖 132 个社区和 150 个行政村；2017 年末常住人口 326 万人，其中户籍人口 170.47 万人，地区生产总值为 3450.31 亿元，人均 GDP 为 106327 元（中山市统计局，2018）。中山市是孙中山先生的故乡，同时也是我国著名侨乡，旅外华侨众多。20 世纪 90 年代以来，中山市获得多项城市荣誉，其中 2005 年获得首届全国文明城市称号，并一直保持至今。

中山市具有深厚的社会文化基础，“博爱”精神是其核心要义，这与志愿精神不谋而合，在借鉴我国港澳地区及国外经验的基础上，中山市早在 1988 年就开始举办每年一度的“慈善万人行”（首年称为“敬老万人行”）活动，当年由团市委招募 300 名青年志愿者为大会提供后勤保障，持续至今。从 2009 年开始，中山市开始推进社会工作事业发展，其中特别注重社工与志愿者的联动。中山市是较早推动社工与志愿者“三进三服务”的城市，获得了省内外的肯定，“三进”是“进社区、进学校、进企业”，“三服务”是“老人服务、青年服务、异地务工人员服务”。谭建光（2015）在《社会工作与管理》期刊上发表的《中国珠三角：志愿服务制度化的多样创新》一文中，提出五种促进志愿服务制度化的模式，其中，中山市被称为“专业支持促进志愿服务制度”模式。2015 年，中山市志愿者联合会上线“志愿中山”App 与微信公众号，发挥志愿服务供需匹配功能。同时，中山市还通过各种政策措施推动志愿服务发展，如“博爱 100”公益创投比赛、志愿服务积分入学等。

通过以上对中山市人口经济社会状况，以及志愿服务发展情况的介绍，大致可以归纳出选择中山市作为研究场所的主要理由：第一，中山市具有“冒险”“博爱”精神，善于接受新事物；第二，中山市特有的市镇行政体系，使得政策执行具有较好的连贯性、彻底性；第三，中山市现代志愿服务发展较早，具有良好的群众文化基础；第四，现代社会工作与志愿服务发展具有历史同源性，中山市社会工作事业发展扎实稳固；第五，研究者本人工作在珠海，生活在中山，既能够对城市做近距离观察，又不至于“陷进去”，并且无形中还可以形成对照系。此外，许多研究显示，地方性的地理场域在动态构型中是非常重要的，而“城市”提供了一个观察场域变迁的最佳场所（Molotch et al.，2000；Glynn，2008）。

第三节　研究策略与资料收集

一、研究取向与策略

本书遵循 Alford（1998，2011）提出的多重探究典范（见表3－1）。收获丰富的研究过程，就是一面反身性思索如何拓展概念和理论的含义，一面根据观察、证据和资料从事具体扎实的分析，并不断往返于两方之间，即在理论分析轨道与经验分析轨道之间往返移动，这种往返移动其实就是一种探究过程。在社会学传统中，存在“多变项”“诠释”与“历史”三种主要探究典范，每个典范在发展过程中，都形成了自己的探究技艺（见表3－1）。这三种典范虽然在整合理论宣称与经验概括上存在差异，然而，一项好的研究都会以各种方式结合这三种典范的要素，无论是作为前景论证还是背景假设。三种典范并非针对同一种现象的互斥解释，相反，每个典范都预设了其他典范，而且在某种意义下仰赖于其他典范。

表 3 –1　多重探究典范的操作用语

要素	多变项	诠释	历史
微观层面	行为	象征	事件
宏观层次	结构（系统）	文化（互动）	整体性（脉络）
察知管道	数据	观察	证据
来源	行为	田野笔记	文本
分析单位	变项	互动	事件
结果	解释	洞见、理解	叙事、陈述
观察者	中立的	参与者	旁观者
核心隐喻	原因	意义	过程
方法	相关测量	民族志、论述分析	史学
一般研究问题	什么因素解释了结果	意义如何在互动和社会世界里建构	什么过程导向了事件

来源：ALFORD. 好研究怎么做：从理论、方法、证据构思研究问题［M］. 王志弘，译. 台北：群学，2011：117.

ALFORD. The Craft of Inquiry：Theories，Methods，and Evidence［M］. Oxford：Oxford University Press，1998：51.

多重探究典范的实质就是辩证地使用每种典范结合理论主张与经验概括的方式。理论是一些相互关联陈述的系统组合，旨在解释社会生活的某些方面（Babbie，2010）。理论在发展与指导研究上扮演重要的角色，它自始至终地驱动着研究过程，提供行动框架与理解框架。在现有文献中，人们以三种方式使用“理论”这一术语：第一，理论被用来反映明确阐述的理论，这些理论构成典范；第二，理论隐晦地存在于文献中，从而为理解一个主题提供框架；第三，理论被隐晦地用来描述研究者对于研究主题的假设和观念（Wagner et al.，2009），前一种是外显性理论，后两者是内隐性理论。无论是哪种类型的理论，都对研究的所有方面起着重要作用，在形成问题、选择参与者、收集各种资料、分析资料与呈现资料等方面指引着研究者的思考。理论在研究中的角色如图 3 –2 所示（Wagner et al.，2009）。

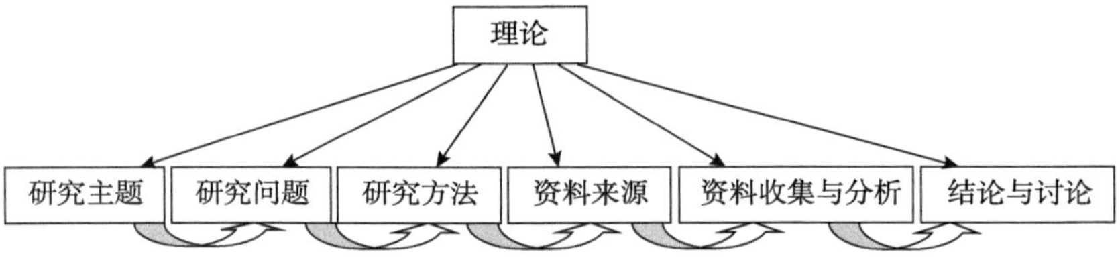

图 3－2　理论在研究过程中的角色

来源：作者自行绘制。

本书运用组织的新制度主义观点，尤其是组织场域理论来指引志愿服务制度化研究。在研究主题上，主要探讨三个相关主题：①在宏观层面上，国家志愿服务制度环境发生了哪些变迁；②在中观层面上，地方志愿服务场域如何形成与演变；③在微观层面上，志愿组织或志愿者会做出哪些行为反应，更重要的是探讨制度发挥作用的机制有哪些，以及制度化过程中存在哪些内在紧张与冲突。在研究方法上，采用质性研究中的档案研究法与半结构访谈来收集相关文本资料，并配以问卷调查来收集相关数字资料。在资料收集过程中，由理论来指引资料收集方向与来源；当然，在随后的资料分析上，理论扮演着与资料对话的角色，而且是一个持续对话的过程，即不断往返于理论与资料之间，从而评价资料与理论之间的一致性程度。

在研究策略上，本书将通过三角鉴定来探讨志愿服务制度化过程，这也是制度研究者极力主张的研究策略。例如，Tolbert 等（1999）指出，“无论采取什么方法来收集资料，有关结构制度化水平的观点可能都要依靠三角鉴定的策略，涉及多种资料与方法的使用”。在探究一个研究问题时，使用多于一种的研究途径可以强化研究发现的可信度（Webb et al.，1966）。具体来说，三角鉴定存在四种形式：一是资料的三角鉴定，即通过多种抽样策略来收集资料，以便获得不同时间节点和社会状况下各种人群的资料片段；二是调查者的三角鉴定，即在研究场所中，通过多个调查者来收集与解释资料；三是理论的三角鉴定，即在解释资料时使用多个理论主张；四是研究方法的三角鉴定，即使用多种收集资料的方法（Denzin，1970）。本书采取多种方法与多种数据相结合的三角鉴定策略。

二、资料收集方式

在资料收集上，本书主要使用档案资料、访谈资料与问卷调查数据。前两种资料从形式上来看属于文本资料；从资料取得的方式上来看，档案资料属于正式资料来源，访谈资料属于非正式资料来源（潘淑满，2003）；第三种从资料形式上来看属于数字资料。

（一）档案资料的收集

历史与当代的档案都是社会研究丰富的资料来源。一般来说，档案资料包括五种类型：①公共档案与官方记录；②私人档；③大众媒体；④物质的非语言素材；⑤社会科学资料档案（Singleton et al.，2005；Jones，2010）。资料的质量受到收集程序的影响，虽然档案资料的收集不如量化资料那样程序化与标准化，但是考量以下四个方面可以提高资料的质量：①思考预定的资料收集方式的合理性和逻辑性，并对资料收集做仔细的计划；②预先准备及模拟资料收集程序，这显示了预试任何工具和使用程序的价值；③当接近人们进行资料收集时，确定所采用的方式合乎伦理和专业；④重视对自己及他人进行资料收集预备训练的价值（Punch，2005）。

本书使用的档案资料主要用来回答国家层面志愿服务相关制度与实践的变化，以及中山市志愿服务相关制度与实践的变化。收集的档案数据涵盖三个层级，首先是国家层级的档案数据，包括官方政策文件与统计数据、社会指标、行业发展报告、媒体专题报道、重要会议与事件资料等；其次是中山市层级的档案数据，包括政府政策措施、志愿服务项目、专题评估报告和相关学术研究等；最后是组织层级的档案资料，主要包括被访组织的新闻报道、工作总结、宣传单等。其中，志愿服务相关政策措施是最重要的档案资料，在我国，志愿服务相关的政策类型有：①法规文献，包括十二届全国人大四次会议表决通过的《中华人民共和国慈善法》、国务院颁布的《志愿服务条例》、各省市颁布的志愿服务条例等；②党政档案，包括党代会报告、规划纲要、政府工作报告中对志愿服务的表述，以及中央与地方党政部门发布的《决定》《意见》等，如中央文明办发布的《关于推进志愿服务制度化的意见》；③讲话批示，在我国，国家与地方领导人的讲话、批示、回信或贺信等，也具有类似政策措施的作用，如习近平总书记向中国志愿服务联合会第二届会员代表大会发出的贺信；④章程决议，主要是综合性志愿社团，如中华志愿者协会、中国青年志愿者协会、中国志愿服务联合会等通过的章程、决议等（谭建光，2012）。

在档案资料收集上，本书将尽可能借助现有文献数据库进行资料收集，例如，利用北大法宝法律数据库（https：//www. pkulaw. cn/）进行志愿服务相关法律法规的检索；利用人民日报图文数据库（http：//data. people. com. cn/rmrb/fs. html）检索学雷锋活动与志愿服务的相关报道；利用理论中国（http：//www. china. com. cn/opinion/theory/）梳理党的文献、政府文献、人大文献中对志愿服务的重要表述。

（二）访谈资料的收集

访谈资料主要通过半结构式访谈来获取。半结构式访谈是一种“有目的的交谈”（Burgess，2002），旨在探寻特定环境下人们的行为及其意义。它具有两个主要特征：第一，访谈的问题是事先部分准备好的，在访谈过程中需要由访谈员进行改进，但只是改进其中一部分；第二，要深入事实内部（Wengraf，2001；杨善华等，2005）。具体来说，第一，半结构式访谈是访谈者与被访者共同参与的访谈；第二，访谈者要发展和使用一个访谈大纲即交谈中需要涵盖的开放问题和主题；第三，问题的开放性质规定了调查的主题，但也为访谈者与被访者提供机会去详细讨论某些话题；第四，访谈者要遵循访谈大纲，但是在感觉有必要时，也允许适当偏离访谈主线。

对于半结构式访谈的研究者而言，访谈提纲的设计只是为了让访问进行得更流畅（潘淑满，2003）。故而，本书设置了四个主题作为访谈大纲，分别为“受访者基本信息”“受访机构基本信息”“志愿者组织与管理”与“志愿服务困难与建议”，具体的访谈提纲见附录B。

本书的访谈对象为各类志愿服务组织。在我国，现有法律法规对志愿服务组织存在小概念、中概念与大概念三种理解。从小概念意义上讲，志愿服务组织仅包括依法成立、专门从事志愿服务的社会组织。例如，2017 年国务院颁布的《志愿服务条例》就持这样的理解，其第六条指出“本条例所称志愿服务组织，是指依法成立，以开展志愿服务为宗旨的非营利性组织”，并在第八条指出“志愿服务组织可以采取社会团体、社会服务机构、基金会等组织形式”。从中概念意义上讲，志愿服务组织不仅包括依法成立、专门从事志愿服务的社会组织，还包括组织志愿服务活动的特定社会团体。例如，广州市人大颁布的《广州市志愿服务条例》（2015 修正），其第二条指出“志愿服务组织是指依法成立，从事志愿服务活动的非营利性社会组织，包括专门从事志愿服务活动的青年志愿者协会、义务工作联合会等非营利性社会组织和组织志愿服务活动的总工会、妇女联合会、残疾人联合会、红十字会等社会团体”。在大概念意义上讲，志愿服务组织涵盖了所有提供志愿服务活动的组织，包括政府、企业与社会组织。例如，2012 年湖南省人大颁布的《湖南省志愿服务条例》，虽然在第三条规定“本条例所称志愿服务组织，是指依法成立的从事志愿服务的非营利性社会组织”，然而却在其他条款中使用“志愿服务活动组织者”替代“志愿服务组织”；其第八条规定“志愿服务活动组织者包括：（一）志愿服务组织；（二）国家机关、人民团体、企业事业单位、基层群众性自治组织；（三）慈善、救助等社会组织；（四）其他志愿服务活动组织者”。

本书采取中概念意义上的志愿服务组织，既包括专门从事志愿服务的非营利社会组织，也包括组织志愿服务活动的社会团体。根据研究场所的实际情况，被访的组织类型包括志愿者联合会、青年志愿者协会、红十字会、慈善总会、社会工作服务机构等；被访组织通过滚雪球方式进行取样，先由熟知的志愿服务相关组织（如社会工作服务机构）开始访谈，然后由访谈对象推荐或介绍熟悉的其他志愿组织；被访对象要求是机构的管理者或者是志愿服务专职干事；访谈形式既有一对一面谈，也有一对多的焦点团体访谈，焦点团体主要应用于同类志愿组织中，如社会工作服务机构或者青年志愿者协会等。访谈采取现场录音进行记录，然后再转录为逐字文稿进行分析。本书共计开展 11 场访谈，涉及的志愿服务组织共计 21 家，访谈参与者共计 26 位，访谈对象情况见附录 C。

（三）问卷调查数据

问卷调查数据有两个来源。一是 2019 年中国社会状况综合调查（http：//css. cssn. cn/css_sy/）中志愿服务模块的部分数据，主要使用了三道题目的数据，在行文相应位置已做标注。该调查由中国社会科学院、中国社会科学院—上海市人民政府上海研究院资助，并由中国社会科学院社会学研究所执行，项目主持人为李培林。二是 2018 年中山市志愿者基本情况调查问卷数据，该调查受广东省中山市民政局委托，并由本书作者负责组建调查团队于 2008 年 10—11 月完成，调查问卷见附录 A。该调查获得有效样本数为 2004，数据分布情况如下：就年龄组别而言，青年志愿者（18 ~ 35 岁）人数为 1024 人（51. 1%），中年志愿者（36 ~ 59 岁）人数为 874 人（43. 6%），老年志愿者（60 岁及以上）人数为 106 人（5. 3%）；就性别而言，男性人数为 653 人（32. 8%），女性为 1340 人（67. 2%）；在教育程度上，初中及以下为 328 人，占 16. 3%，高中/中专、大专、本科及以上的人数相当，分别在 550 人左右，占比分别在 27% 上下；在婚姻状况上，已婚为 1439 人（72. 2%），未婚为 474 人（23. 8%），丧偶/离异为 80 人（4%）。

第四节　资料分析方式

本书将会使用多种资料来源，为了使研究资料的保管与分析得到最有效的整合，研究者必须在资料收集之前，就拟定好资料管理的原则，这样才能对研究资料做有系统的建档和管理（张英阵，2000）。本书参照其他研究以及预试时确立的资料管理原则，如访谈文字稿的格式、档案资料的分类方式等。

资料分析由三个要素组合而成，包括资料简化、展现和结论（潘淑满，2003）。社会科学中经常使用的分析策略包括内容分析（context analysis）、叙述分析（narrative analysis）、论辩分析（discourse analysis）、文本分析（text analysis）和语意分析（semiotic analysis）等（潘淑满，2003；Punch，2005）。由于本书采取多种探究典范，故在资料分析策略选择上，也会用到多种资料分析策略，主要有以下五个方面。

第一，在分析志愿服务相关法规时，会应用两种分析方法。一是量化取向的内容分析法，也就是通过系统化的分类过程，将文本资料逐渐由繁化简，并附以简单统计数据作为说明（潘淑满，2003）。例如，使用北大法宝法律数据库检索志愿服务相关法规，并依据数据库事先设定的格式，对志愿服务法规做简单的统计分析。二是文本分析，即对重要的政策文本做直接的意义分析。由于政策文本来源是人类活动的结果，这些结果是以某些观念（理论或普遍可接受、视为理所当然的原则）为基础而产生，且总是受到特定社会、历史或管理情况与结构的束缚。对其文字和意义的解释由在何处被使用、被谁使用与对谁使用来决定（Punch，2005）。

第二，在分析志愿服务重要事件或历史过程时，将会以叙说和故事的形式来分析资料，这种分析策略的关键在于定义叙说结构的特征及其排列。在赋予资料意义时，人们常会采用隐喻策略，即对两件事情的相似点进行比较，而忽略其相异点，以达到简化资料、形成类型和将发现联系到理论的目的（Punch，2005）。

第三，在分析访谈资料时，会使用论辩分析，即将焦点放在语言被使用的方法上，以及为什么被使用、被用于何种社会脉络。在使用论辩分析时，有三个普遍的原则：①人类的论辩是受规则管理的，具有内在的结构；②论辩由说话者产生，说话者不可避免地处在一个社会—历史母体中，其文化的、政治的、经济的、社会的和个人的真实塑造了这个论辩；③论辩本身组成或具体表现社会—历史母体的重要部分，换言之，论辩反映了人类的经验，且同时组成了经验的重要部分（Gee et al.，1992：转引自 Punch，2005）。

第四，在分析问卷调查数据时，主要使用描述性统计与推断性统计。描述性统计主要使用频次过程来描述样本的分布情况以及相关变量的一般特征。推断性统计使用卡方检验与二分类 Logistic 回归分析，卡方检验主要用于检验志愿服务规范化、专业化对志愿者保持是否存在显著影响，Logistic 回归分析主要用来对志愿服务规范化、专业化与志愿者持续服务进行模型拟合。

第五，需要特别说明的，本书不会受限于某一种资料分析策略，而会在不同策略之间来回尝试与努力，从而建构出结合理论主张与经验概括的论证（Alford，1998，2011）。整体而言，文字资料分析模式更接近于“融入—结晶式分析法”，即研究者长期融入文本资料和经验中来回检视，经由不断的反思思考，最终形成结晶式的报告与诠释，并能反映社会现实的真实面貌（潘淑满，2003）。

第四章　国家志愿服务制度要素的变迁

本章将从国家层面整体探讨我国志愿服务在文化—认知、组织基础、政策法规以及重大事件等方面经历的或正在经历的变化，从而在宏观上把握我国志愿服务发展的全局样貌。本章第一节探讨我国志愿服务文化－观念的变迁，以《人民日报》的报道为线索，勾勒出“学雷锋志愿服务”这一松散的观念框架如何在“学雷锋活动”与志愿服务活动这两套不同话语体系中孕育产生。本章第二节探讨我国志愿服务政策法规的变迁，重点梳理中国共产党的文献、全国人大文献与国务院文献中志愿服务政策的变迁特征，以及地方的志愿服务立法实践的变迁特征。本章第三节主要探讨志愿服务组织化过程中各个组织行动者以及它们之间形成的伞状治理结构。本章第四节主要探讨“汶川地震”与“北京奥运会”对我国志愿服务观念深化、组织发展与政策制定的形塑作用。

第一节　学雷锋志愿服务：一个松散的观念框架

2016 年 8 月 30 日，中央全面深化改革领导小组[1]第二十七次会议召开，由习近平总书记主持，会议审议通过了《关于公共文化设施开展学雷锋志愿服务的实施意见》，“学雷锋志愿服务”这一新提法首次

[1] 2013 年 11 月 12 日，中国共产党第十八届中央委员会第三次全体会议公报指出，中央成立全面深化改革领导小组，负责改革总体设计、统筹协调、整体推进、督促落实。资料来源：http：//www. ce. cn/xwzx/gnsz/szyw/201311/12/t20131112_1742081. shtml。

出现在中央最高会议和党中央文件中。回看历史，在我国，“学雷锋活动”与“志愿服务”是两套不同的话语叙述体系，具有各自不同的发展脉络。有学者将雷锋看作东方文化的符号，而视志愿服务为舶来的西方文化概念，“学雷锋志愿服务”是东西方文化的冲撞与融合（华东方，2016：14）。本节检索《人民日报》[1] 报道标题中含有“雷锋”“志愿服务”“志愿者”以及“志愿 + 雷锋”短语的条目，时间跨度为 1963 年 1 月—2019 年 12 月，共获得 3651 条相关报道，其中，“雷锋”相关报道 1601 篇，“志愿者”相关报道 1401 篇，“志愿服务”相关报道 555 篇，“志愿 + 雷锋”相关报道 94 篇。同时选取其中若干重要的报道，再结合其他文献资料，来分析诠释“学雷锋活动”与“志愿服务”在国家话语叙述体系中的演变及意涵，进而为理解“学雷锋志愿服务”这一新观念提供经验基础。

一、跌宕起伏的学雷锋活动

（一）学雷锋活动的由来与发展

1. 学雷锋活动的由来

榜样教育一直是毛泽东等老一辈革命家进行道德建设的行之有效的方法，在中华人民共和国成立前后很长一段时间里发挥了巨大的道德教化作用（王丽荣，2003）。在众多榜样中，影响最大、持续最久的莫过于雷锋，雷锋的生平如下（夏征农等，2009）：

> 雷锋（1940—1962 年），湖南长沙简家塘（今属望城）人，1957 年加入中国共产主义青年团。参加根治沩水工程、团山湖农场和鞍钢等建设，多次被评选为劳动模范和先进生产者。1960 年参加中国人民解放军，在沈阳部队工程兵某部运输连四班当汽车

[1] 《人民日报》（People's Daily）是中国共产党中央委员会机关报，创刊于 1948 年 6 月 15 日，毛泽东同志亲笔为人民日报题写报名，它是我国第一大报，在巩固壮大主流思想舆论中发挥“中流砥柱”“定海神针”的作用。资料来源：http：//www. people. com. cn/GB/50142/104580/index. html；人民日报图文数据库网址为 http：//data. people. com. cn/rmrb/20191231/1。

兵，多次立功受奖，同年加入中国共产党。1962 年 8 月 15 日因公殉职。他公而忘私，爱憎分明，全心全意为人民服务。1963 年 1 月 7 日国防部命名他生前所在班为“雷锋班”。同年 3 月 5 日，《人民日报》发表毛泽东亲笔题词“向雷锋同志学习”。全国开始广泛开展学习雷锋的群众运动。

雷锋之所以被树立为全党全军全国学习的榜样，除了是因为其本身具有优秀品质外，还与当时的国内外环境有关。20 世纪 60 年代初，新中国面临着自成立以来从未有过的困难时期，国内百废待兴，又遇上三年自然灾害，外部则面临中苏关系恶化的局面。更重要的是，当时的党风和社会风气也不好。1961 年 10 月 23 日，邓小平（1993）在接见中国共产主义共青团中央工作会议全体成员时指出：

> 我们的社会风气，应该说，一九五九年以前是很好的，外国人赞扬，我们也引以为豪。这两年我们再看一看，有好多情况就不那么好。这说明，一旦搞不好，歪风邪气就会钻出来。所以，我们不能否定在某一个时候要有一个具有一定规模的热闹的形式，有这样热闹的形式，才能把一个歪风打下去，才能把一件事情办好。

1962 年 2 月 6 日，在扩大的中央工作会议上，邓小平（1993）又指出：

> 最近几年，我们党的领导，党的工作，是有严重缺点的。特别重要的是党的优良传统受到了削弱。有些地方有很大的削弱，严重的削弱；有些地方好些。就全党来说，有相当程度的削弱。我们宁肯把这个问题估计得重一些，使全党有所警惕。

由此可见，当时党风与社会风气的状况并不乐观。作为马克思主义政党，中国共产党人坚信历史唯物主义的观念，即社会存在决定社会意识，社会意识对社会存在有能动的反作用，越是在最困难的时期，越要发挥精神力量。

2. 学雷锋活动的发展

从《人民日报》上历年出现的“雷锋”相关报道的数量来看（见图4－1），自1963年以来，学雷锋活动呈现出跌宕起伏、高低交替的发展特征，既有发展的高潮阶段，也有发展的低迷阶段。结合学雷锋活动所处的时代背景，可以将其发展划分为两个时期、六个阶段，以1978年改革开放为时代分割点，分为革命时期的学雷锋活动与后革命时期的学雷锋活动。之所以这样划分，是因为两个时期对雷锋、学雷锋活动以及雷锋精神的阐释具有很大差异，从革命时期向后革命时期发展的总体倾向是淡化雷锋形象的政治倾向，而向具有普泛意义的道德符号转化（陶东风等，2010）。同时，在两个时期里，学雷锋活动因党和国家领导人重视[1]或重大事件的影响，存在发展的高潮或低潮阶段，革命时期的学雷锋活动可细化为学雷锋活动兴起期与学雷锋活动挫折期两个阶段，后革命时代的学雷锋活动可细分为学雷锋活动恢复期、学雷锋活动强化期、学雷锋活动低迷期以及学雷锋常态化期四个阶段（见图4－2）。

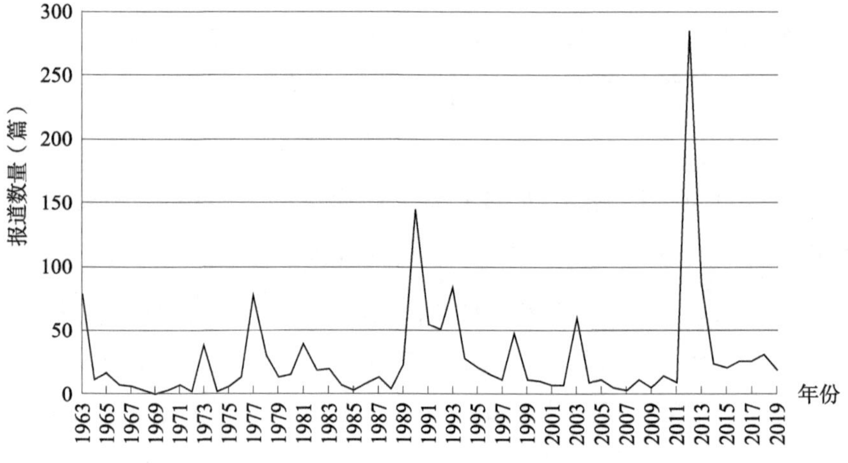

图4－1　《人民日报》历年对雷锋的相关报道的数量

[1] 据统计，为雷锋同志题词的党和国家领导人有15位之多，包括毛泽东、周恩来、朱德、邓小平、陈云等。

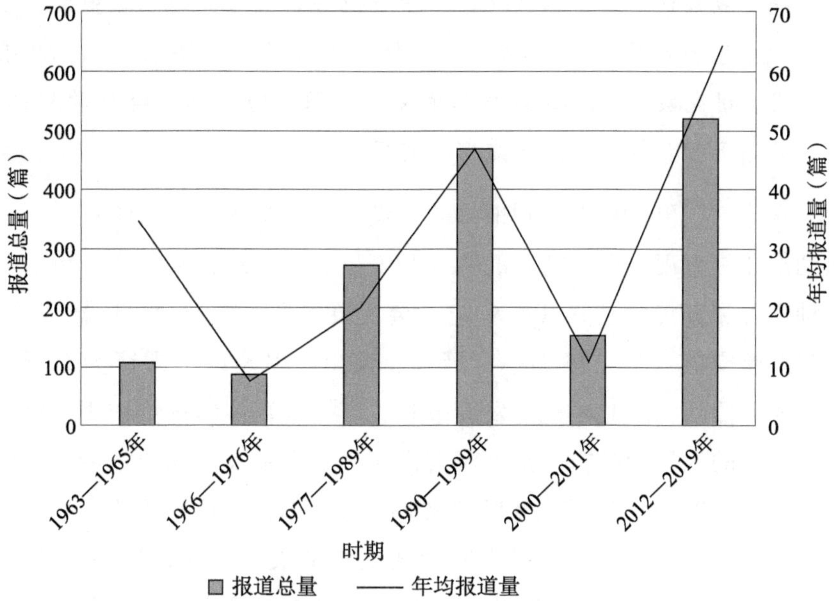

图 4－2 《人民日报》不同时期对雷锋报道的总量与年均值

第一阶段（1963—1965 年）：学雷锋活动兴起期

毛泽东、周恩来等老一辈革命家的积极倡导，是推动学雷锋活动形成热潮的直接原因。1963 年 3 月 5 日，毛泽东的题词“向雷锋同志学习”在《人民日报》等首都各大报纸上刊登。3 月 6 日，刘少奇、周恩来、朱德、邓小平等的题词在《解放军报》上刊登。由此，学雷锋活动在各行各业迅速开展起来。此后，每年的 3 月 5 日就成为中共中央和毛泽东号召向雷锋同志学习的纪念日。

“向雷锋同志学习”最早是毛泽东应《中国青年》杂志的恳请而题的词。当时的背景是全国广大青年正在掀起一个向雷锋学习的热潮，《中国青年》杂志准备出版《学雷锋专辑》，向全国青年推荐这个典型，教育青年在社会主义建设时期要更好地锻炼成长（刘巨才等，1991）。据当时毛泽东的秘书林可（1993）回忆，毛泽东在为《中国青年》杂志题完“向雷锋同志学习”后，曾解释说：

> 学雷锋不是学他哪一两件先进事迹，也不只是学他的某一方面的优点，而是要学他的好思想、好作风、好品德；学习他长期

一贯地做好事，而不做坏事；学习他一切从人民的利益出发，全心全意为人民服务的精神。当然，学雷锋要实事求是，扎扎实实，讲究实效，不要搞形式主义。不但普通干部、群众学雷锋，领导干部要带头学，才能形成好风气。

在这三年里，从中央到地方的各级党政组织和群众团体对学雷锋活动都非常重视，做了精心的领导和安排。在各地，都广泛地组织了各种学习和宣传活动，其中有纪念会、报告会、动员会、广播大会、学习经验交流会等，还举办了展览、演出，以及以学雷锋为专题的党、团日活动；同时还充分发挥报刊、广播等媒体的宣传作用，精心制定具体的规划和措施，扩大对雷锋事迹和学雷锋活动的宣传与影响（李玉琦，2003）。以雷锋主题的文艺作品为例，在这一阶段，全国用话剧、戏剧、歌剧、电影等不同形式上演的关于雷锋的剧目共有30余部，如话剧《雷锋》、贺敬之的长诗《雷锋之歌》、臧克家的诗歌《想一想生命的意义》、歌曲《学习雷锋好榜样》《接过雷锋的枪》《像雷锋那样》等（王全友，2003），其中一些作品传唱至今。

在学雷锋活动兴起期，《人民日报》对雷锋相关报告的总量为105篇，年均35篇，年均值在六个阶段中位列第三，由此可见，当时学雷锋活动在国家的推动下是相当活跃的。在不长的时间里，人们的精神面貌发生了重大变化，主人翁的责任感明显增强，劳动、学习积极性显著提高，一种助人为乐、见义勇为的新风尚，互相关怀、互相帮助的新型人际关系逐渐形成，社会风气得到了明显的改观（李玉琦，2003）。

第二阶段（1966—1976年）：学雷锋活动挫折期

1966年，“文化大革命”席卷中国大地，对我国的政治、经济、文化造成了灾难性冲击，学雷锋活动也未能幸免，在这段时期遭受了挫折。刘巨才等（1991）在《时代潮：中国学雷锋活动30年简史》一书有如下描述：

“文化大革命”10年间，雷锋精神遭受摧残，雷锋形象被扭曲丑化，群众性学雷锋活动受到严重的干扰和破坏，给人们对雷锋和雷锋精神的正确认识造成极大的思想上的混乱。开始，林彪、“四人帮”一伙极力否定雷锋精神，污蔑“黑修养”的标杆，“驯服工具论”的典型；后来，又肆意篡改雷锋精神，说雷锋是“念念不忘阶级斗争”的典型，是“反潮流”“对着干”的英雄；是“灵魂深处爆发革命”的楷模，“无产阶级专政下继续革命”的先锋战士，甚至公然提出“发扬雷锋精神，反击右倾翻案风”的口号。

王全友（2003）对该阶段的学雷锋活动也有如下描述：

> 林彪、江青一伙为了达到不可告人的政治目的，把学雷锋活动披上了“路线斗争”的外衣，不仅极力诋毁、歪曲刘少奇、邓小平关于学习雷锋的题词，对之连篇累牍地进行批判，而且极力歪曲雷锋精神，把雷锋“捏成”极“左”的典型，致使学雷锋活动形式主义猖獗。

在学雷锋活动挫折期，《人民日报》对雷锋的相关报告总量为87篇，年均8.7篇，年均值在六个阶段中位列第六。由此可见，学雷锋活动在该阶段遭受了极大的重创，学雷锋活动仅在一些雷锋生活和工作过的地方或一些学雷锋的先进集体和积极分子中继续开展，如雷锋的故乡湖南省长沙市、雷锋所在部队、雷锋参加工作的辽宁省鞍山市以及雷锋牺牲所在地辽宁省抚顺市。

第三阶段（1977—1989 年）：学雷锋活动恢复期

1976 年 10 月，“四人帮”被一举粉碎，“文化大革命”宣告结束。1977 年 3 月 5 日，《人民日报》重新发表毛泽东、周恩来、朱德等老一辈革命家号召学雷锋的题词，同时还发表了当时主持中央工作的华国锋的题词❶以及叶剑英的题词❷，在全国引起了热烈反响。1978 年 12 月，中国共产党第十一届中央委员会第三次全体会议召开，实现了中国共产党在思想路线、政治路线和组织路线上的全面拨乱反

❶ 华国锋的题词：向雷锋同志学习，把毛主席开创的无产阶级革命事业进行到底。

❷ 叶剑英的题词：向雷锋同志学习，全心全意为人民服务。

正，开启了改革开放的新征程。在舆论宣传上，1981 年 1 月 29 日，中共中央作出《关于当前报刊新闻广播宣传方针的决定》，提出“报刊、新闻、广播、电视要大张旗鼓地宣传社会主义的高度精神文明建设。没有这种精神文明，不能建设社会主义。……”（王振川，2015），而弘扬雷锋精神的活动就成为社会主义精神文明建设的重要内容。在中共中央的号召下，中华全国总工会、中国共产主义青年团中央委员会、中华全国妇女联合会等九个单位联合发出“五讲四美”❶ 文明礼貌活动的倡议；同时，中国人民解放军根据军队特点开展“四有三讲两不怕”❷ 活动，其中，弘扬雷锋精神是这些主题活动的核心内容。20 世纪 80 年代初期形成了一个学雷锋活动的高潮。

1984 年 10 月，中国共产党第十二届中央委员会第三次全体会议作出了《中共中央关于经济体制改革的决定》，提出这次改革的基本任务是“建立起具有中国特色的、充满生机和活力的社会主义经济体制，促进社会生产力的发展”。在经济体制改革过程中，人们越来越看重经济物质利益，人们的价值观出现了“一切向钱看”的倾向，这对学雷锋活动造成了巨大考验。虽然学雷锋活动获得了强有力的组织推动，但也存在一些质疑或不和谐的声音，雷锋精神再次被扭曲为“极左”的典型，特别是在资产阶级自由化思潮的影响下，“雷锋的螺丝钉精神是不对的”“雷锋的观念是陈腐的”等观念冲击着人们的心灵（王全友，2003）。在开展学雷锋活动的同时，通过不同的管道，不时出现下列观点：“雷锋缺乏个性、抹杀人的价值”；学雷锋活动“是一个痛苦的现实”，雷锋“压抑能动性、创造精神”；雷锋精神已经“过时”，或雷锋精神太“超前”等。当然，也有人抓住“文化大革命”期间宣传雷锋事迹时出现的实用主义的偏差，诋毁雷锋，说雷锋是“假典型”，他的事迹是虚构的、不真实的（李玉琦，2003）。20 世纪 80 年代后期，学雷锋活动有逐渐淡化的趋势。在社会主义经

---

❶ “五讲四美”的内容是讲文明、讲礼貌、讲卫生、讲秩序、讲道德和心灵美、语言美、行为美、环境美。

❷ “四有三讲两不怕”的内容是有理想、有道德、有文化、有纪律；讲军容、讲礼貌、讲卫生；不怕艰难困苦、不怕流血牺牲。

济建设中，学雷锋活动遭遇了一个重大的理论命题，就是如何处理学雷锋活动与市场经济的关系，针对这一理论命题的讨论一直延续到20世纪90年代，甚至是今天。

在学雷锋活动挫折期，《人民日报》对雷锋的相关报告总量为271篇，年均20.8篇，年均值在六个阶段中位列第四。

第四阶段（1990—1999年）：学雷锋活动强化期

20世纪90年代，以江泽民为核心的第三代中央领导集体更加重视在全国开展学雷锋活动，并将学雷锋活动作为精神文明建设的重要内容，尤其要求党员干部要带头学雷锋。1990年3月5日，《人民日报》头版头条刊登《中央号召全国进一步弘扬雷锋精神》，江泽民、杨尚昆、李鹏等七位中央领导分别题词，号召全国人民在新形势下继续向雷锋同志学习，进一步弘扬雷锋精神，为建设具有中国特色的社会主义而努力，其中，江泽民的题词是“学习雷锋同志　弘扬雷锋精神”。1990年3月20日，中国共产党第十三届中央委员会第六次全体会议通过《中共中央关于加强党同人民群众联系的决定》，提出“全体共产党员和党员干部，都要带头学习雷锋，一切为群众着想，做人民的公仆”。该阶段的学雷锋活动形式有了创新，出现了“岗位学雷锋，行业树新风”“青年志愿者学雷锋奉献日”“一助一”“学雷锋，迎亚运”等活动。

在学雷锋活动强化期，《人民日报》对雷锋的相关报告总量为467篇，年均46.7篇，年均值在六个阶段中位列第二，其中仅1990年这一年，《人民日报》就刊登雷锋相关报道144篇，可见力度之大。纵观1990年《人民日报》的雷锋相关报道，有两个突出主题，一是注重对学雷锋活动的形式主义进行反思，强调学雷锋活动要注重实效，从刊登的报道标题可见一斑，如雷锋“户口问题”（吴昊，1990），学雷锋不能“三月来，四月走”（许志杰，1990），学雷锋重实效（郑云，1990），学雷锋不能一阵风（傲腾，1990）等。二是注重对雷锋精神的理论研究，主要阐释弘扬雷锋精神与发展市场经济是否适宜。例如，《人民日报》刊发了社论《雷锋永远是我们学习的榜样》（佚名，1990），以及《弘扬雷锋精神是时代的需要》（朱伯儒，

1990）等文章。

值得一提的是，在这一阶段，志愿服务作为学雷锋活动的一种实践形式在20世纪90年代获得了快速发展，后文将详述。

第五阶段（2000—2011年）：学雷锋活动低迷期

进入21世纪，随着经济发展的突飞猛进，社会变革日新月异，人们的思想观念日益多元化，新矛盾不断凸显，思想道德建设面临新的局面。2001年9月20日，中共中央印发《公民道德建设实施纲要》，其中指出："我国公民道德建设方面仍然存在着不少问题。社会的一些领域和一些地方道德失范，是非、善恶、美丑界限混淆，拜金主义、享乐主义、极端个人主义有所滋长，见利忘义、损公肥私行为时有发生，不讲信用、欺骗欺诈成为社会公害，以权谋私、腐化堕落现象严重存在。"因此，在这一阶段，国家非常重视将学雷锋活动与公民道德建设相结合，弘扬雷锋精神，提升公民道德素养。然而，在具体实践活动中，学雷锋活动仍没有摆脱形式主义的问题，存在严重的"学雷锋走过场"现象。

在学雷锋活动低迷期，《人民日报》对雷锋的相关报道总量为151篇，年均12.6篇，年均值在六个阶段中位列第五，仅高于学雷锋活动挫折期的8.7次。同期，《人民日报》对志愿服务的相关报道总量为213篇，比雷锋相关报道多出62篇。志愿服务似乎有压过学雷锋活动的势头，这引起了一些社会人士的担忧，据刘仰（2016）转述，2011年4月，一份由社会人士撰写的关于志愿者与雷锋话语权的意见书被呈送给一位中央领导，受到重视并做了批示，这份意见书中有如下一段描述：

> 志愿者的话语权，未来还可能涉及一个更大的社会问题……目前，西方宗教势力正在加紧向中国渗透。从现象上说，宗教势力在中国的渗透，很多时候运用的就是义工、社工等"志愿者"的形象。换句话说，如果我们完全接受了"志愿者"这一西方的概念，会大大增加防范西方宗教渗透的难度。作为应对，我觉得也没有必要放弃"志愿者"的概念，而应该在志愿者的行动领

域，都不忘雷锋精神。

这为下一阶段学雷锋活动受到高度重视，以及后来“学雷锋志愿服务”的提法提供了一个注脚。

第六阶段（2012—2019 年）：学雷锋活动常态化期

2011 年 10 月，中国共产党第十七届中央委员会第六次全体会议提出把社会主义核心价值体系融入国民教育、精神文明建设和党的建设全过程，号召深入开展学雷锋活动，推动学雷锋活动常态化（黄凯峰等，2013）。2012 年 3 月，学雷锋纪念日在沉寂多年之后，又掀起了宣传热潮。2012 年 3 月 2 日，中共中央办公厅印发《关于深入开展学雷锋活动的意见》，贯彻中国共产党第十七届中央委员会第六次全体会议精神，深入开展学雷锋活动，推动学雷锋活动常态化，大力弘扬雷锋精神，促进社会主义核心价值体系建设，不断提升公民道德素养和社会文明程度。在这份号召深入开展学雷锋活动的文件中，提到“志愿服务”达十处之多。当日，中宣部、中央文明办召开视频会议，研究部署“弘扬雷锋精神、开展志愿服务”工作（陈原，2012）。

在学雷锋活动常态化期，《人民日报》对雷锋的相关报告总量为 520 篇，年均 65 篇，年均值在六个阶段中位列第一，尤其是 2012 年这一年，雷锋相关报道数量达到 285 篇，报道篇幅为历年最长，其中一个显著特点就是把广泛开展志愿服务活动与学雷锋活动深度结合。同时，《人民日报》开设了“与雷锋精神同行 · 志愿者风采”专题，广泛报道先进志愿者事迹。

（二）雷锋形象及其精神的塑造与演变

纵观近 60 年的学雷锋历程，对雷锋的人物形象的塑造经历了从“神化”到“人化”的转变，在 20 世纪六七十年代，雷锋被主流媒体塑造成一个“完人”，几乎没有瑕疵。后来，当更多有关雷锋的史料被发掘出来，例如穿夹克、喝咖啡，人们看到雷锋作为“凡人”的一面，虽产生了一些质疑和否定，但人们仍为雷锋的道德品行所感动与感染。早期更多是从革命传统的角度来阐释雷锋精神，后来则淡化了雷锋精神的政治革命意义，更多地强调雷锋精神是中华传统美德与民族精神的重要体现。正如陶东风等（2010）所言，1960—1970 年的雷锋被塑造成为一个政治—道德典型，其所体现出来的具体内涵始终兼具国家认同建构与政党意识形态宣传的双重使命；而 1980—1990 年的雷锋形象在主流媒体中的政治意义逐渐淡化，并向具有普遍意义的、抽象的道德符号转化。因此，本书将雷锋形象塑造分为“完人”与“凡人”，而把雷锋精神阐释分为“革命传统”与“儒学传统”（贺照田，2017），演变时期分为“革命时期”与“后革命时期”（陶东风等，2010），进而建构出一个对雷锋形象及其精神塑造与演变的分析框架（见图 4－3）。

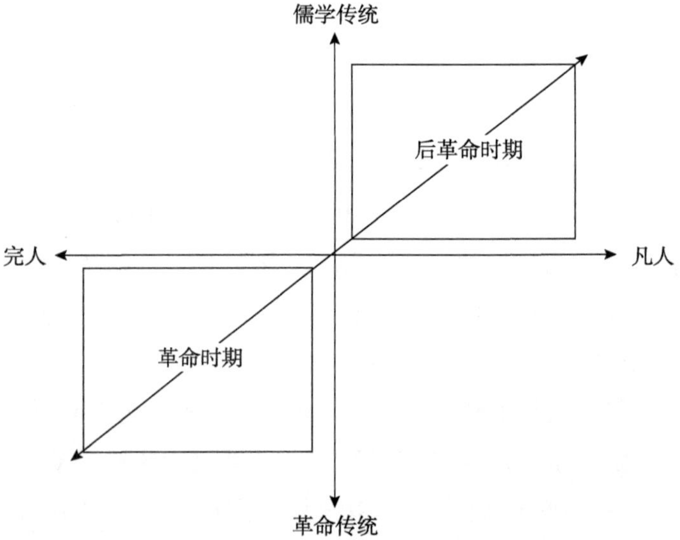

图 4－3　雷锋形象及其精神塑造与演变的分析框架

来源：作者自行绘制。

在毛泽东发出“向雷锋同志学习”的倡议后，周恩来的题词随即也在《解放军报》上发表：“向雷锋同志学习，憎爱分明的阶级立场，言行一致的革命精神，公而忘私的共产主义风格，奋不顾身的无产阶级斗志。”周恩来的题词回答了向雷锋同志学习什么的问题，是最早对雷锋精神的系统概括。在《中国青年》杂志的《学习雷锋专辑》付印的同一天，即 1963 年 2 月 26 日，周恩来在全国农业科学技术工作会议和解放军政治工作会议联合举行的报告会上，再次阐释了雷锋精神的实质："雷锋同志的高贵品质，可以总结成这样几句话：坚定的阶级立场，表现在爱憎分明上；充沛的革命精神，表现在学习和工作上；高尚的共产主义风格，表现在公而忘私上；伟大的无产阶级战士，表现在奋不顾身上。"（杨明伟，1992）。从中可以看出，雷锋精神主要是从革命传统的角度来阐释，"阶级立场""革命精神""共产主义风格""无产阶级斗志"，这些用词都带有强烈的革命斗争精神。1963—1989 年，主流媒体从革命传统角度阐述雷锋精神的基调基本没有发生变化（贺照田，2017）。

在后革命时期，尤其是自 20 世纪 80 年代末期以来，对于雷锋精神的主流界定与宣传逻辑发生了变化，主流官方媒体开始强调雷锋精神和中国传统道德的关联（贺照田，2017）。表 4 – 1 摘录了《人民日报》在后革命时期不同阶段里阐述雷锋精神的典型报道[1]，从中可以看出主流媒体对雷锋精神阐述的变化。第一篇报道基本上延续了革命时期对雷锋精神的阐述，政治意识形态色彩仍清晰可见。第二篇社论虽然还强调雷锋精神所具有的政治意识形态色彩，但加入了"团结友爱、助人为乐的道德修养"，这与《人民日报》在 1990 年 3 月 5 日发表的社论《雷锋永远是我们学习的榜样》一脉相承，1990 年那篇社论认为，雷锋精神就是一种奉献精神、牺牲精神，是共产主义精神同中华民族传统美德的结合（佚名，1990）。第三篇报道对雷锋精神意义的思考，基本就是从中国传统道德的角度来阐述的，雷锋真诚、善良、爱人、助人、博爱等，这是雷锋精神经久不衰的主要原因。第四篇报道将雷锋精神的时代内涵阐释为奉献精神、敬业精神、创新精神和创业精神，这种阐释方向与我国经济社会发展已经相当契合。从雷锋精神阐释的演变来看，助人为乐、奉献社会逐渐成为雷锋精神阐述的一个主基调，这个基调与志愿精神直接关联在一起。

---

[1] 本书从后革命时期的四个阶段中，分别选择一篇阐述雷锋精神的专题报道，第一篇报道为余秋里同志（1914—1999 年，无产阶级革命家）在学习雷锋精神座谈会上的讲话稿；第二篇报道是《人民日报》在学雷锋活动 30 年纪念日当天发表的社论；第三篇报道的作者吴若增是一位知名作家；第四篇报道的执笔人之一王易为马克思主义研究专家，署名单位为教育部中国特色社会主义理论体系研究中心。

表 4－1　后革命时期雷锋形象与精神的阐释

作者	时间	报道标题	雷锋形象及其精神阐述	阶段
余秋里	1987 年 3 月 6 日	发扬雷锋精神 培养“四有”新人——余秋里同志在学习雷锋精神座谈会上的讲话	刻苦学习马列主义、毛泽东思想和科学文化知识的精神；大公无私、全心全意为人民服务的精神；勤俭朴素、艰苦奋斗的精神；严守纪律，脚踏实地干事业的“螺丝钉”精神；有共产主义的远大理想和对党的坚定信念	恢复期
佚名	1993 年 3 月 5 日	雷锋精神永存（社论）	坚定的共产主义理想信念，热爱党、热爱社会主义事业的政治热忱，自强不息、艰苦奋斗的革命意志，团结友爱、助人为乐的道德修养，见义勇为、奋不顾身的英雄气概，追求进步、刻苦钻研的学习态度，言行一致、尽职尽责的实干精神	强化期
吴若增	2004 年 6 月 19 日	雷锋的意义（金台随感）	雷锋就是真诚、善良、爱人，并且以帮助别人为乐趣，以贡献社会为幸福；雷锋是道德美的典范与人性美的化身；雷锋是伟大的战士，也是民族精神的楷模，并成为充满博爱之心的人们的代表	低迷期
王易、白禹	2012 年 3 月 5 日	雷锋精神的时代内涵（大家论道）	雷锋精神的时代内涵，集中体现为服务人民、助人为乐的奉献精神，干一行爱一行、专一行精一行的敬业精神，锐意进取、自强不息的创新精神，艰苦奋斗、勤俭节约的创业精神	常态化期

来源：整理自《人民日报》的相关报道。

对雷锋形象及其精神阐释的演变，还可以从《辞海》的历次修订中管中窥豹。在我国，《辞海》是权威的综合性工具书，它的每一次修订都反映了社会文化的更替、历史运动的轨迹以及意识形态的变化（陶东风等，2010）。1979 年出版的第三版《辞海》开始收录“雷锋”词条，并在此后的 1989 年第四版、1999 年第五版、2009 年第六版中依次删减或增补，修订的主基调是淡化阶级与意识形态斗争色彩，倾向于中立、客观的描述。比较以上四个版本，1979 年版本充斥着明显的阶级斗争和意识形态斗争的色彩，如该版本中有这样一段描述“……出身贫农家庭，父母兄弟受日本帝国主义、国民党反动派、地主和资本家的迫害相继惨死……”；1989 年版本淡化了阶级斗争的色彩，但仍具有国家意识形态的痕迹，如该版本中有这样一段描述“……孤儿。解放后受到党和政府的关怀，被送入学校读书，高小毕业后在乡政府和中共望城县委当通信员和公务员，被评为工作模范……”；1999 年版本对雷锋的描述基本上持中立态度；2009 年版本基本延续了 1999 年版本的描述倾向，并增加了“雷锋精神”词条。2009 年版本的《辞海》对“雷锋精神”的描述如下（夏征农等，2009）：

> 中国共产主义战士雷锋在实践中表现出的全心全意为人民服务的共产主义精神，其实质是：忠于共产主义事业，毫不利己专门利人，在各种不同的工作岗位上干一行爱一行，把有限的生命投入到无限的为人民服务之中去，做一个平凡而伟大的共产主义战士。

二、高歌猛进的志愿服务

（一）志愿服务的由来

我国现代志愿服务的由来有“南北学派”之分。“北方学派”以北京市、天津市等为代表，这些地区的志愿服务是在继承雷锋精神和中华民族优良传统的同时，对学雷锋活动形式进行基层创新的结果。“南方学派”以广东省为代表，这些地区的志愿服务率先接触和了解国外的志愿服务、我国港澳地区的义务工作，是在引入其他地区的做法，回应当地需求的基础上发展起来的（谭建光，2015b）。

“北方学派”的典型代表就是北京大栅栏街道的“综合包户”服

务。1983年北京宣武区大栅栏街道推出的学雷锋“综合包户”服务被视为我国青年志愿服务的发端（北京志愿服务研究会，2014）。“综合包户”就是党团组织发挥所在行业优势，结对帮扶社会弱势群体和特殊群体，通过签订协议书的形式，将扶助时间、扶助内容、责任等明确和固定下来的志愿服务长效机制（王育等，2015）。虽然这里将“综合包户”看成青年志愿服务的发端或志愿服务长效机制，但当时并非直接以“志愿服务”或“志愿者”的名义开展服务，而是在“学雷锋”的名义下开展的。正如“综合包户”发起人、时任大栅栏街道团委副书记孟宪义回忆说：“当时我在街道团委工作，一直想着能否统筹街道团委资源，开展一项长期学雷锋活动。在区团委听取街道团委学雷锋活动建议的一次会议上，结合地区的实际和需求，我提出了为辖区贫困的空巢老人和军烈属提供帮助的想法。”（王育等，2015）。

1983年2月27日，大栅栏街道在西柳树井幼儿园举办学雷锋“综合包户”服务协议签字仪式，11家团支部与19名老人签订了“综合包户”协议书。时任共青团中央书记处第一书记王兆国、民政部副部长杨琮等领导出席签字仪式，对这项活动给予了高度评价，称之为“五讲四美活动的新创举”“共产主义思想的体现”，并提出“这个创举要向全国推广”（王育等，2015）。同年3月22日的《人民日报》称“综合包户”服务是“首都青年创造为社会尽义务的好形式”。次年3月5日，共青团中央下发《关于学习、推广团北京市委开展综合包户服务经验的通知》，将“综合包户”服务视为学雷锋活动经常化、制度化的一条较好的途径，希望各地宣传、推广“综合包户”服务活动。

与北京紧邻的天津，在和平区的一个社区里，1988年10月出现了我国首个“志愿者协会”——朝阳里社区服务志愿者协会[1]。对于

---

[1] 2019年1月17日，习近平总书记曾到朝阳里社区视察，为社区志愿者点赞，称赞他们是为社会作出贡献的前行着、引领者。资料来源：http：//www. xinhuanet. com/politics/leaders/2019－01/18/c_1124009647. htm。

该协会的成立，《人民日报》杨传春在1991年5月12日的一篇要闻报道中有过这样的描述：

> 1988年，灾难接连降到住在朝阳里的女工赵玉珍身上，丈夫、父亲、婆婆相继病逝，温馨欢乐的气氛没有了，一双未成年的儿女常陪着妈妈哭成一团。赵玉珍想搬家，她害怕这些见物思亲的窗户、灶房、卫生间，也害怕邻居们对孤儿寡母投来白眼。
>
> 一天晚上，门被敲响了。楼上楼下的邻居捧着白菜、衣服和孩子们爱吃的东西，欢欢笑笑地走了进来。领头的是董光义，一个离休的县团级干部，一个爱谈"五十年代"的共产党员。董大爷说："大妹子，别伤心，有大伙儿吃的，就饿不着你们；有大伙儿穿的，就冻不着你们！"董大爷刚说完，这个说："孩子的学习辅导归我！"那个说："我没啥大本事，就一身力气，买煤买粮什么的，归我了！"
>
> 赵玉珍被眼前的情景惊呆了。她文化水平不高，但这几年"求人花钱"的事她听得不少。她想下跪、作揖，但被拉住了，董大爷说："你不要觉得心里亏疼，谁没有个要人帮的时候？"从此，邻居们下班先奔赵玉珍家找活儿干。热情的笑脸，真诚的情谊，温暖了赵玉珍几近冻僵的心，温热了一个失去欢笑的家庭！
>
> 这件事给了居委会主任宋元朴一个启示：整个朝阳里有13个优抚对象哩！她和董光义一商量，很快，居委会的主任、副主任和老董等13个人站了出来，分了工：一个帮一个。然而，这组织叫个什么名儿好呢？他们听人说，国际上有个"志愿者"组织，是完成指定任务的，有时候还要收费。大伙儿说："咱们也叫'志愿者协会'吧，不过是社会主义的。"当年10月，一个群众自我服务的组织——朝阳里社区服务志愿者协会，诞生了。

朝阳里社区服务的做法很快被整个街道效仿，1989年3月，新兴街社区服务志愿者协会成立，民政部时任部长崔乃夫前往天津为其揭牌并给予了充分肯定和鼓励。同年10月，民政部在杭州召开全国社区服务经验交流会，在这次会议上，民政部提出在全国城市社区服务工作中，要积极组建“社区服务志愿者协会”“志愿者小组”等群众性志愿服务组织（吴刚，2011）。

“南方学派”的典型代表就是深圳市义工联合会（原名为深圳市青少年义务社会工作者联合会，以下简称“深圳市义工联”）。深圳市义工联于1990年4月23日由46名义工在深圳市民政局注册成立，成为我国第一家法定的志愿者社团。深圳市义工联的前身是团市委在1989年9月20日组织19名热心人士组成的义工队伍，为遇到困难的来深创业者提供“关心，从聆听开始”的热线电话服务。深圳是我国改革开放的第一个窗口，是一座年轻的城市，在创造着丰富的物质财富的同时，人们的孤独感、无助感、无力感、无奈感时时存在，对互帮互助有着很大需求。深圳市义工联就是基于深圳社会的受助、助人和发展的需要产生的，其存在与发展的意义就在于满足这些需要，而义务工作对受助者、助人者与社会来说是三赢的局面（周红，1993）。因此，深圳市义工联在成立之初就秉持“服务社会、传播文明”的宗旨，倡导“参与、互助、奉献、进步”的服务精神[1]，传播“助人自助”“送人玫瑰、手留余香”的互助理念[2]，其公益广告中的口号“有困难，找义工；有时间，做义工”，更是体现了满足受助者与助人者需求的理念，家喻户晓、吸引很多人参加义务工作（谭建光，2014）。

深圳市义工联对我国志愿服务最大的价值与意义就在于其是率先独立依法注册的社团，上面提到的“综合包户”服务、社区服务志愿者协会在当时都仍然附属于政府行政体系，独立自主性不足。依法注册的想法得益于向外借鉴学习，正如深圳市义工联发起人所言，之所以想到要注册成立，一方面是受到国外及我国香港地区的启发，发现依法登记是社团包括志愿服务组织发展的趋势，是走向依法治国的必然；另一方面是希望登记注册之后，开展志愿服务具有社团自主性，

---

[1] 中国志愿者精神被概括为“奉献、友爱、互助、进步”，这几乎是深圳市义工联倡导的志愿服务精神的版本。

[2] 深圳市义工联合会简介，见人民日报1996年7月9日第11版。

获得独立发展的机遇（谭建光，2018a）。深圳市义工联的做法随后被广东省其他地市效仿借鉴，甚至中国青年志愿者协会的成立，也是因为受到了深圳市义工联经验的启发。

从以上志愿服务的由来来看，我国现代志愿服务主要发端于20世纪80年代末90年代初，志愿服务的形成并非由国家直接号召发动，而是地方基层社会自主探索的结果，符合所在地实际需求，并且这种“志愿服务”的新探索得到了《人民日报》的大力宣传推广（见图4－4）。改革开放后，《人民日报》第一篇关于“志愿服务”的报道出现在1989年，当年4月4日，刘开宸（1989）发表了一篇《美国国民志愿服务　提高公民道德　激发国民责任　满足社会需要》的报道，介绍了美国通过推行志愿服务来破解青年一代精神腐化问题与满足弱势群体基本社会需求的做法，重点介绍了加利福尼亚州、纽约州与亚特兰大城等地的经验，整篇报道肯定了志愿服务的正向功能以及政府的积极作为❶。

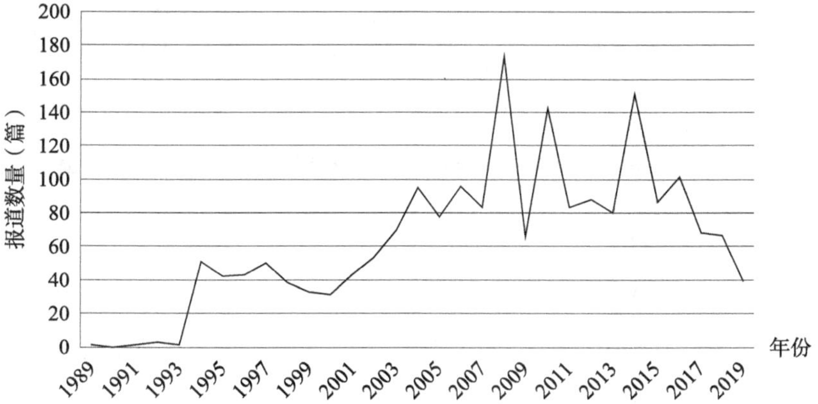

图4－4　《人民日报》历年对志愿服务或志愿者的相关报道

❶　需要指出的，《人民日报》对“志愿服务”的看法并非全部是正面的，还有警惕防备的一面。1962年9月13日，《人民日报》发表题为《为谁“志愿服务”》的文章，叙述了一位美国的大学毕业生戴维特·纳得尔以“国际志愿服务队”队员身份在越南山区从事农耕改进服务，三年后，纳得尔在越南战争中担任美国陆军“文职雇员”，负责诱迫越南山区民族替美国侵略者卖命。该文章评论道，纳得尔的例子说明，在所谓“志愿服务”的招牌下，美国特务怎样渗透并且长期在伪装下潜伏在别的国家待机而动。这种警惕防备敌对势力以“志愿者”名义搞渗透的观念一直延续至今（刘仰，2016）。

此后三十年，《人民日报》对志愿服务的报道不遗余力，若以十年为一个发展阶段，从图 4－5 中可以看出这样的特征：相较第一个十年，第二个十年的报道总量快速上升，到第三个十年，报道总量基本稳定。其中，第一个十年报道总量为 262 篇，年均 26.2 篇；第二个十年报道总量为 788 篇，年均 78.8 篇；第三个十年报道总量为 905 篇，年均 90.5 篇。这显示出国家主流意识形态对"志愿服务"越来越重视与认可。

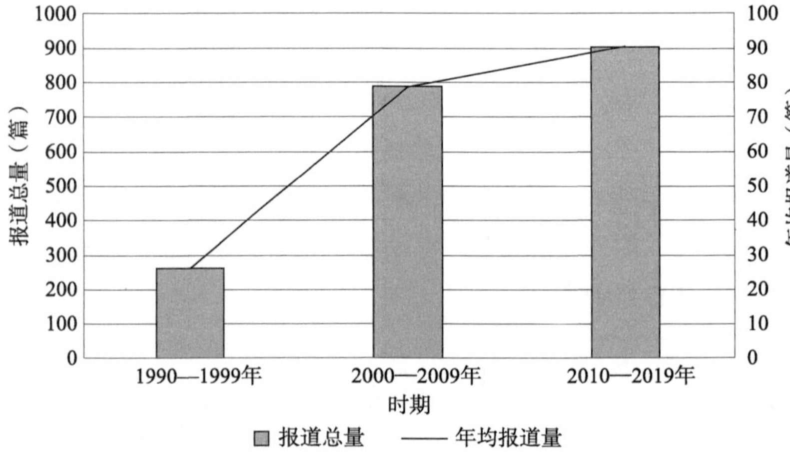

图 4－5 《人民日报》在不同时期对志愿服务报道的总量与年均值

（二）志愿服务的三十年

在第一个十年期间（1990—1999 年），中国青年志愿服务与社区志愿服务获得了快速发展，这主要得益于共青团中央与民政部的极力推动，整体上呈现为"自上而下发动并推广"的模式。

北京"综合包户"与深圳市义工联起源的一个共同特征就是以青年志愿者为主体，而作为联系与代表青年志愿者的官方组织，共青团中央对青年志愿服务高度关注。1993 年 3 月，共青团中央总结了长期以来在青年群体中开展学雷锋活动的基本经验，借鉴国外志愿者活动的有益成果，在我国青少年中发起了利用业余时间深入社区无偿参与扶贫帮困、社会公益事业的青年志愿服务行动。同年 12 月，"中国青年志愿者行动"作为"跨世纪青年文明工程"被纳入《在建设社会主义市场经济体制进程中我国青年工作战略发展规划》中。1994年年底，在共青团中央的指导下，中国青年志愿者协会成立，这是一家半官方的全国性青年志愿者组织。此后，一系列青年志愿者行动计划陆续推出，如大中专学生志愿者暑期文化科技卫生“三下乡”活动（1994年）、中国青年志愿者扶贫接力计划（1996年）、保护母亲河“中国青年志愿者绿色行动营计划”（1999年）、大型活动青年志愿者服务、中国青年志愿者海外服务计划（2002年）、大学生志愿服务西部计划（2003年）等（梁绿琦，2016）。

天津市朝阳里社区服务志愿者协会主要由居委会与社区热心人士发起成立，并在社区提供互帮互助服务，这一做法与当时民政部倡导的城市街道办、居民委员会组织开展“社区服务”的政策相一致，获得了民政部的极力推广。1994年4月，民政部和中国社会工作联合会印发《关于进一步开展社区服务志愿者活动的通知》；同年10月，表彰了全国各城市38个“社区志愿服务先进集体”和70名“优秀社区服务志愿者”。社区志愿服务活动的做法获得了时任国家领导人江泽民、李鹏的充分肯定，促进了社区志愿服务的进一步发展。到1997年，全国各地建立的社区服务志愿者组织达到55200个，志愿者数量达到5478790人（吴刚，2011）。

在第二个十年里（2000—2009年），青年志愿者行动与社区志愿者服务进一步发展并不断融合，两者在志愿者招募、注册管理、培训教育与激励机制等制度建设上不断健全完善。这一时期是我国志愿服务蓬勃发展的十年，主要是因为受到一系列重大事件的影响，如中国2001国际志愿者年、2008年北京奥运会、2008年四川汶川地震等，这些重大事件促使志愿服务向更具广度与深度的方向发展。关于北京奥运会与汶川地震的情况后文将会详细叙述，这里仅对中国2001国际志愿者年做一简单回顾。

1997年11月召开的第52届联合国大会通过了《关于将2001年定为国际志愿者年（IYV 2001）》的决议，将充分认识志愿贡献、积极支持志愿者活动、建立资源网络体系和倡导弘扬志愿精神作为2001国际志愿者年的四大目标。我国政府对联合国大会关于国际志愿者年的倡议积极回应，在联合国志愿人员组织的建议下，2001 年 3 月，国务院批准成立“中国 2001 国际志愿者年委员会”，作为中国 2001 国家志愿者年相关工作的规划、指导和协调机构。该委员会组织了一系列活动，如召开 2001 国际志愿服务大会、发表《2001 国际志愿者年北京宣言》、举办“四海同心”2001 国际志愿者年庆典晚会、组织“以德治国与志愿服务”理论研讨会、实施中国海外志愿服务计划等（国务院新闻办公室，2001）。2001 国际志愿者年的宣传推广活动让广大民众的认识发生了变化：一是看到志愿服务是可以超出团委、民政系统，涉及全社会各个机构、各个社团、各个群体的高尚事业；二是看到志愿服务具有世界普遍性，不论是发达国家还是发展中国家，都在倡导志愿精神，支持志愿服务事业（朱莉玲等，2012）。

在第三个十年里（2010—2019 年），我国志愿服务事业加速发展。一方面，志愿服务活动范围继续拓展，从传统的扶贫济困、群体关爱向大型活动、应急救灾、环境保护、文化设施等领域拓展；另一方面，志愿服务组织化建设加快脚步，志愿服务组织类型不断多样化，中国志愿服务联合会等多个全国性志愿服务行业组织相继成立，更重要的是这一阶段志愿服务制度规范不断健全完善，志愿服务在党和政府的政策体系中的位置越来越重要，《中华人民共和国慈善法》《志愿服务条例》等相继出台，为志愿服务发展提供了有利的法制保障。

（三）学雷锋、志愿服务：从游离到融合

回顾 50 多年的学雷锋活动以及 30 多年的志愿服务，学雷锋活动跌宕起伏、高潮与低潮交替发展，一直延续至今，而志愿服务却是一路高歌猛进。尽管志愿服务时常被视为学雷锋活动的继承和创新，但两者在实践中却时常出现游离的状态，即学雷锋活动是一套话语体系，志愿服务是另一套话语体系，1990—2011 年，志愿服务在话语体系上要强于学雷锋活动（见图 4－6）。

从《人民日报》历年对“雷锋＋志愿”的报道来看（见图 4－7），学雷锋活动与志愿服务之间进行过三次融合努力。第一次出现在 20

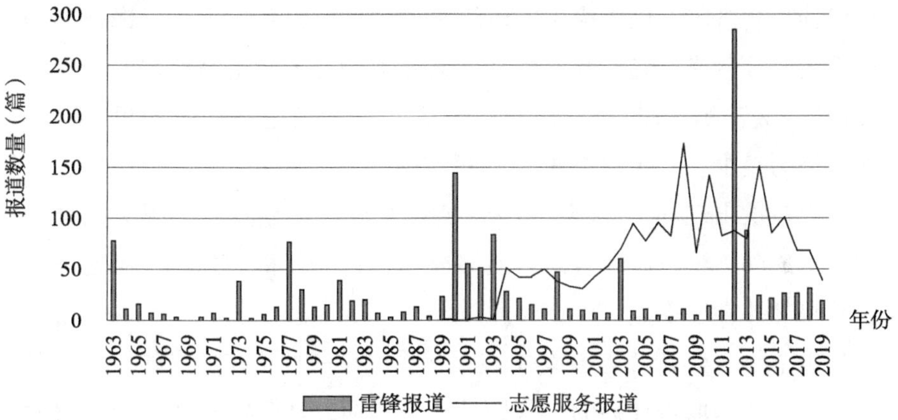

图 4－6　《人民日报》历年对雷锋与志愿服务报道的比较

世纪 90 年代初期，1994 年上半年，《人民日报》报道了共青团中央发起的“青年志愿者学雷锋奉献日”活动；1995 年 3 月 2 日，《人民日报》报道了中宣部、国务院办公厅、共青团中央在京召开“弘扬雷锋精神　开展志愿者行动”座谈会；此后五六年时间，则没有将学雷锋活动与志愿服务作为主题的报道。

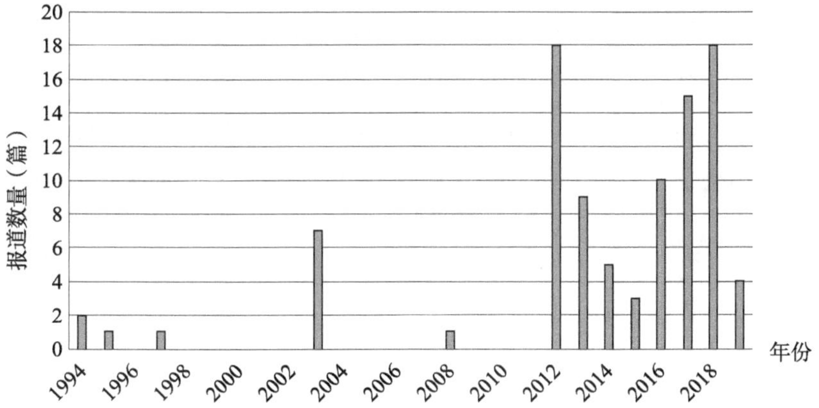

图 4－7　《人民日报》历年对“雷锋＋志愿”的报道情况

第二次出现在 2003 年，这一年是纪念学雷锋活动 40 周年。在纪念日的前一天，《人民日报》刊发一篇名为《志愿服务与雷锋精神》的报道，提出“学雷锋活动随着时代的发展呈现出新的特点，典型代表就是以‘青年志愿者’的形式学雷锋”，“志愿者行动在传承了中华民族扶贫济困、助人为乐的传统美德的同时，弘扬了以雷锋精神为代表的时代风尚，是在社会主义市场经济条件下对雷锋精神的继承和发扬”（姜洁等，2003）。然而，2003 年之后的七八年时间里，这种融合努力至少在《人民日报》的报道中就很少见了。

第三次出现在 2012 年，一直延续至今。很显然，前两次融合努力并不成功，第三次融合是否能够成功，目前还很难判断，但这种融合趋势却非常明朗。

本书将“学雷锋志愿服务”观念看成是一种正在形成的概念，其具体意涵还未取得社会的一致性共识。然而，从学雷锋活动与志愿服务的发展历程，大致可以勾勒出“学雷锋志愿服务”建构与塑造的方向，本书称之为“一个中心、三个基本面”（见图 4－8）。“一个中心”就是指学雷锋志愿服务是中国共产党领导下的志愿服务事业，在 50 多年的学雷锋活动实践中，“雷锋”精神基调的塑造方向始终体现中国共产党的意志，同时，志愿服务在我国的起源基本上也是在学雷锋的话语体系下开展起来的，更进一步地说，将学雷锋活动与志愿服务进行联结与融合，并提升到国家高度上，仍然是中国共产党在新时代的主动建构。“三个基本面”就是将学雷锋志愿服务作为一种文明道德实践、社会治理实践和福利服务实践。这三种实践的表现形式与国际上志愿服务的发展传统相契合，在国际上，志愿服务发展具有公民参与传统、社会福利传统与国家治理传统（Dekker et al.，2003）。

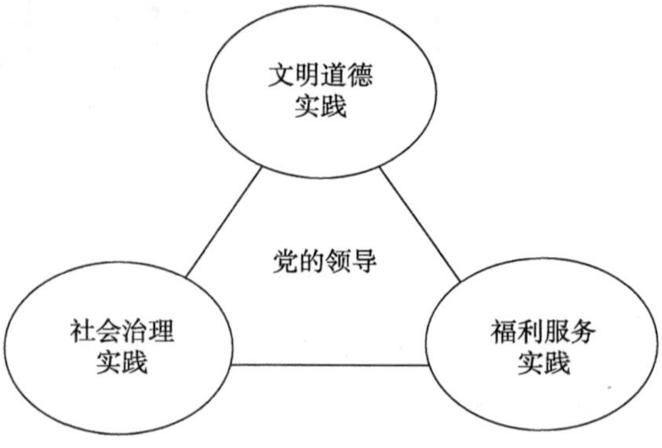

图 4－8　学雷锋志愿服务的观念框架

来源：作者自行绘制。

第二节　志愿服务政策法规：从分散探索到顶层设计

本节主要探讨规制层面的志愿服务政策法规的变迁，首先分析了中央与地方志愿服务相关政策法规的变化趋势和特征，其次梳理了志愿服务政策在党的文献、全国人大文献与国务院文献中的变化特征，最后重点分析了地方志愿服务立法实践的变化特征。以北大法宝法律数据库为基础，采用“志愿者”“志愿服务”“志愿精神”三个字段检索志愿服务相关法规。当检索条件为“全文”中含有“志愿服务”字段时，共检索到中央法规 1675 条，地方法规 20835 条；当检索条件为“全文”中含有“志愿者”字段时，共检索到中央法规 2649 条，地方法规 38502 条；当检索条件为“全文”中含有“志愿精神”字段时，共检索到中央法规 114 条，地方法规 580 条。以上三种检索方式的截止时间均为 2020 年 12 月 31 日。北大法宝法律数据库提供了相关法规的“效力级别”“发布部门”“发布年份”“区域”等汇总数据，同时也提供了每条政策法规的正文内容。

一、中央与地方志愿服务相关法规的变化趋势和特征

（一）中央与地方相关法规随时间变化的趋势

图 4－9、图 4－10 分别展示了中央与地方层面历年颁布的与志愿服务相关的法规情况，从其中可以看出以下三个方面的变化特征。

第一，地方颁布志愿服务相关政策法规的步调与中央同中有异。1999 年之前，中央层面只有少量与志愿服务相关的政策法规，典型文件有 1994 年 4 月 1 日，民政部、中国社会工作者协会印发的《关于进一步开展社区服务志愿者活动的通知》（民办发〔1994〕9 号），1998 年 7 月 6 日，共青团中央、教育部联合印发《关于实施青年志愿者支教扶贫接力计划有关政策的意见》（中青联发〔1998〕28 号）；而地方层面基本上没有颁布与志愿服务相关的政策法规。2000 年之后，中央与地方颁布的与志愿服务相关的政策法规越来越多，基本上

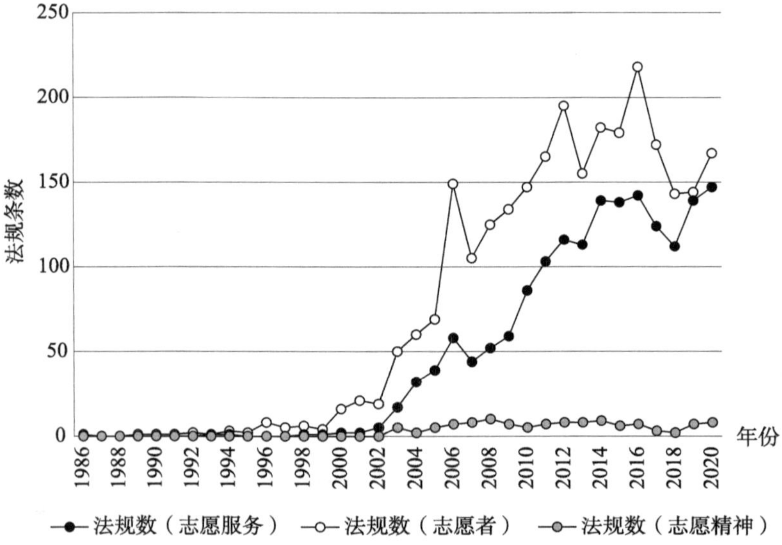

图 4-9　中央颁布的志愿服务相关政策法规情况（1985—2020 年）

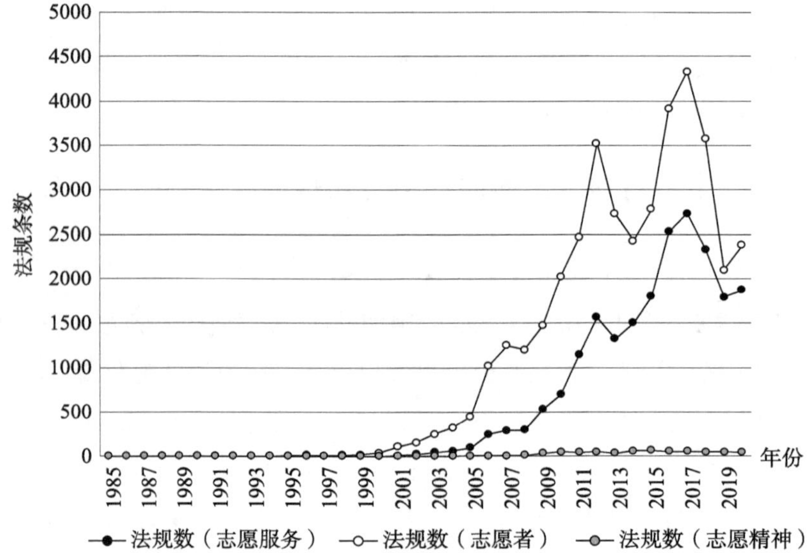

图 4-10　地方颁布的志愿服务相关政策法规情况（1985—2020 年）

在 2016 年前后达到峰值。在中央层面，含有“志愿者”的相关政策法规在 2016 年达到峰值，为 218 条；含有“志愿服务”的相关政策法规也在 2016 年达到峰值，为 141 条。而在地方层面，含有“志愿者”的相关政策法规在2017年达到峰值，为3205条；含有“志愿服务”的相关政策法规在2016年达到峰值，为2019条。2016年3月16日，第十二届全国人民代表大会第四次会议通过了《中华人民共和国慈善法》；2017年8月22日，中华人民共和国国务院颁布《志愿服务条例》。

第二，党的全国代表大会助推志愿服务相关政策法规的发展。中央与地方颁布志愿服务相关政策法规的波峰共享了三个时间节点，分别为2006年前后、2012年前后和2017年前后。在我国，这三个时间节点对应中国共产党第十七次全国代表大会、中国共产党第十八次全国代表大会、中国共产党第十九次全国代表大会的召开年份。由此可见，志愿服务得到了党和政府的大力支持。后文将分别从党的文献、全国人大的文献和国务院的文献中分析志愿服务的地位。

第三，我国志愿服务事业已成为一个独立的社会政策领域。在很长一段时间内，无论是地方还是中央，每年颁布的含有“志愿者”的相关政策法规都比含有“志愿服务”的相关政策法规要多，但这一趋势在2019年发生了改变，两者在2019年基本接近。含有“志愿者”的相关政策法规的数量远大于含有“志愿服务”的相关政策法规，表明中央与地方颁布的大量政策法规中虽涉及了“志愿者”，但这些政策法规并非以“志愿服务”为主题，进一步地说，就是志愿服务长期依附于其他政策法规而发展，但两者不断接近，显示出“志愿服务”开始作为一个相对独立的社会政策领域而存在。

（二）中央相关法规的发布部门与效力特征

图4－11显示出中央哪些部门颁布了志愿服务相关政策法规，从图中可以看出，国务院各机构是颁布含有“志愿者”或“志愿服务”相关政策法规的第一大机构，其中教育部、民政部又是国务院所属机构中颁布相关政策法规最多的部门；其他机构是颁布含有“志愿者”或“志愿服务”相关政策法规的第二大机构，其中共青团中央贡献的政策法规最多，其次为中华全国妇女联合会；颁布含有“志愿者”或“志愿服务”相关政策法规的第三大机构是党中央部门机构，其中中共中央宣传部贡献的政策法规最多。由此可见，中共中央宣传部、教

育部、民政部、共青团中央、全国妇联等机构是推动志愿服务政策法规建设的核心部门。

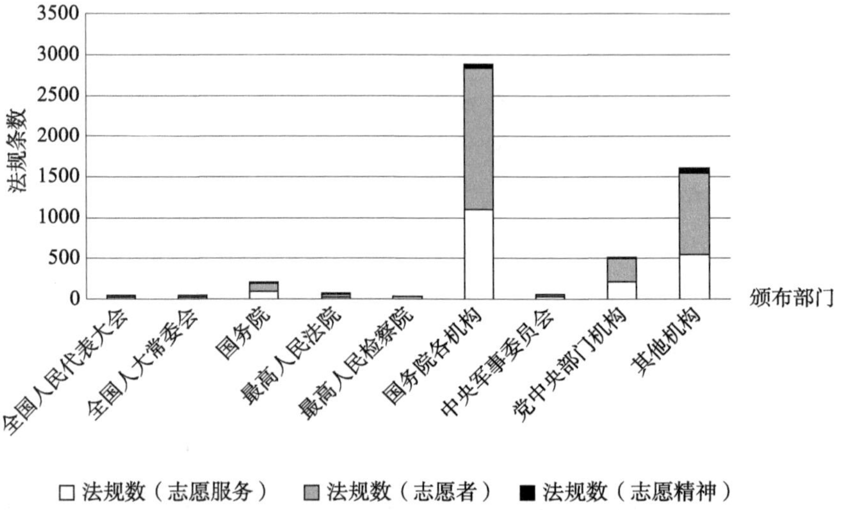

图 4－11　中央机构颁布的志愿服务相关政策法规情况

图 4－12 显示了中央机构发布的志愿服务政策法规的效力级别。一般来说，中央政策法规的效力级别排序为：法律 > 行政法规 > 司法解释 > 部门规章 > 党内法规 > 团体规定 > 行业规定，政策法规的效力层级与发布部门的权力大小成正比，因此可以看到图 4－12 与图 4－11 存在着对应关系。单从政策法规数量上看，中央机构密集地通过党内法规、部门规章、团体规定等手段推动志愿服务事业发展。但同时也要看到，运用法律与行政法规手段来促进和规范志愿服务的情况也多了起来，这进一步表明，志愿服务开始作为一个独立的社会政策领域而存在。

（三）地方相关法规的发布区域与效力特征

图 4－13 展示了我国各省、直辖市、自治区发布的含有“志愿服务”或“志愿者”的政策法规情况。从图中可以看出，颁布“志愿服务”相关政策法规前十名的省份是福建省、江苏省、山东省、广东省、安徽省、浙江省、上海市、河南省、陕西省、四川省。以上十个省份有一个显著特征，它们要么属于经济发达的沿海省份或地区，要么具有悠久的历史文化传统。

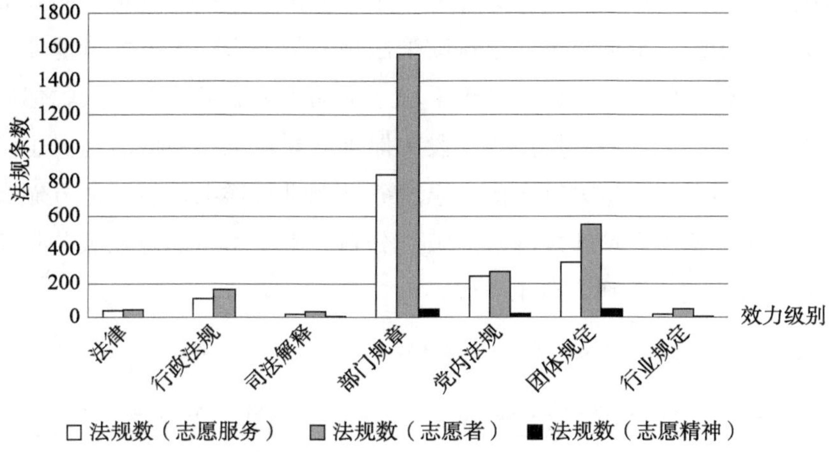

图 4－12 中央志愿服务相关政策法规的效力级别

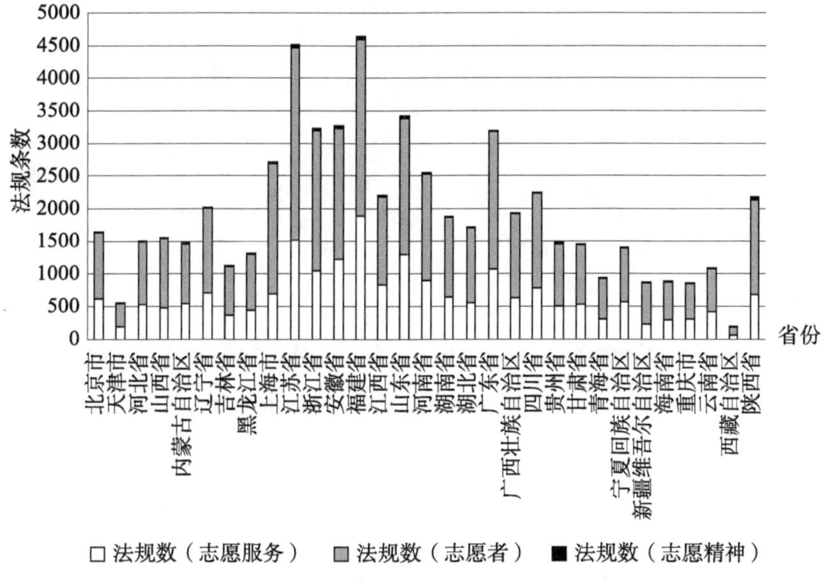

图 4－13 地方志愿服务相关政策法规的区域分布

图 4－14 显示了地方志愿服务相关政策法规的效力级别。一般来说，地方政策法规的效力级别排序为：地方性法规＞地方政府规章＞地方规范性文件＞地方司法文件＞地方工作文件。地方性法规一般是由省、自治区、直辖市、设区的市的人民代表大会及其常务委员会制定；地方政府规章一般是由省、自治区、直辖市、设区的市、自治州

人民政府制定；地方规范性文件一般是各级机关、团体或组织制发的各类文件中最主要的一类。单从政策法规数量上看，地方大量地使用一般性工作文件、规范性文件等手段来推动志愿服务事业发展。但同时也要看到，运用地方性法规手段来促进与规范志愿服务的情况也多了起来，后文将对地方颁布的志愿服务条例进行详细分析。地方颁布的志愿服务相关政策法规的效力级别分布与中央颁布的志愿服务相关政策法规的效力级别分布相类似。

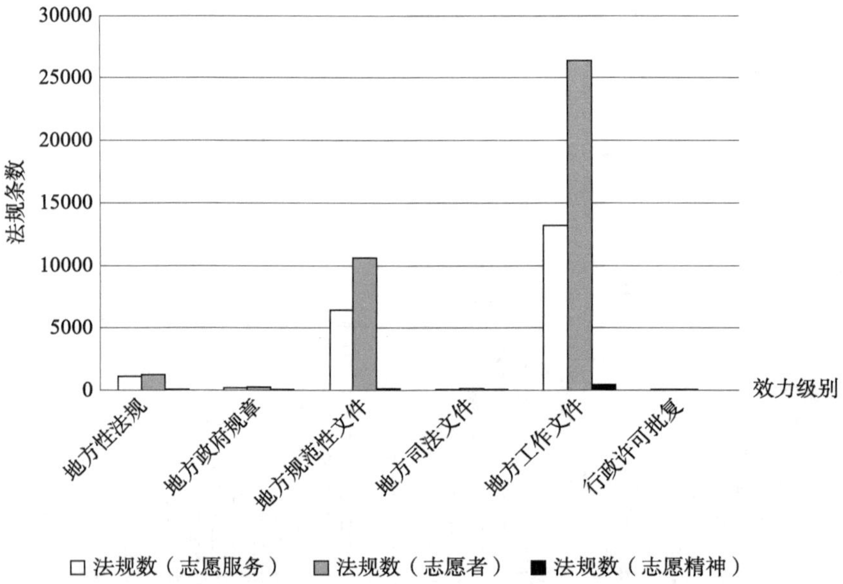

图 4－14　地方志愿服务相关政策法规的效力级别

二、中央重要文献中的志愿服务政策变化

根据《中华人民共和国宪法》（2018 年修正文本）的规定[1]，中国共产党领导是中国特色社会主义最本质的特征；中华人民共和国全国人民代表大会是最高国家权力机关，它的常设机关是全国人民代表大会常务委员会；国务院是最高国家权力机关的执行机关，是最高国

[1] 中华人民共和国宪法（2018 年修正文本），浏览网址：http：//news. 12371. cn/2018/03/22/ARTI1521673331685307. shtml。

家行政机关。因此，在分析中央层面志愿服务政策变化时，本节重点选取党的重要文献、全国人大的重要文献与国务院的重要文献来分析阐述，时间范围为2000年之后的20年，横跨胡锦涛前总书记主政与目前习近平总书记主政两个时期。其中，党的重要文献选取两类，一类是中国共产党全国代表大会及其中央委员会通过的意见、决议等，另一类是党中央部门（如中央精神文明建设指导委员会）颁布的志愿服务专门文件。全国人大的重要文献主要选取全国人民代表大会及其常委会颁布的法律与发展纲要等。国务院的重要文献主要选取政府工作报告与一些专项规划等。

（一）党的文献中的志愿服务政策变化

2000年之前，在党的重要文献中，涉及志愿服务表述的文献很少，目前能够查询到的是一份1996年10月10日，中国共产党第十四届中央委员会第六次全体会议通过的《中共中央关于加强社会主义精神文明建设若干重要问题的决议》[1]。在这份决议中，与志愿服务相关的表述位于“加强青少年思想道德教育，是关系国家命运的大事”的段落里，具体表述为：“充分发挥共青团、少先队团结和引导广大青少年进步的重要作用，深入开展‘希望工程’‘青年志愿者’和‘手拉手’等活动，发扬互相关心、助人为乐的精神。”在此处，志愿服务的定位是仅作为一种思想道德教育活动形式而存在。

2002—2012年是胡锦涛同志主政时期，在这一时期提出了“科学发展观”“和谐社会”等执政理念，而志愿服务成为建设和谐文化的重要部分。2006年10月11日，中国共产党第十六届中央委员会第六次全体会议通过了《中共中央关于构建社会主义和谐社会若干重大问题的决定》[2]，志愿服务的相关表述位于这份决议第五部分“建设和

[1] 中共中央关于加强社会主义精神文明建设若干重要问题的决议，浏览网址：https：//pkulaw. com/chl/0539b0f2ca50b24fbdfb. html？keyword = % e5% bf% 97% e6% 84% bf% e8% 80% 85。

[2] 中共中央关于构建社会主义和谐社会若干重大问题的决定，浏览网址：https：//pkulaw. com/chl/942d6119d0803b7cbdfb. html？keyword = % E5% BF% 97% E6% 84% BF% E6% 9C% 8D% E5% 8A% A1% 20。

谐文化，巩固社会和谐的思想道德基础”之第（四）点“广泛开展和谐创建活动，形成人人促进和谐的局面”中，具体表述为：“以相互关爱、服务社会为主题，深入开展城乡社会志愿服务活动，建立与政府服务、市场服务相衔接的社会志愿服务体系。”在此处，党中央对志愿服务的定位已提高到了体系建设的高度，并将社会志愿服务与政府服务、市场服务相并列，成为人类福利服务的重要构成部分。2007 年 10 月 15 日，胡锦涛同志在中国共产党第十七次全国代表大会上作了题为《高举中国特色社会主义伟大旗帜　为夺取全面建设小康社会新胜利而奋斗》[1] 的报告，在该报告的第七部分“推动社会主义文化大发展大繁荣”之第（二）点“建设和谐文化，培养文明风尚”里，进一步提出要完善社会志愿服务体系，具体表述为：“深入开展群众性精神文明创建活动，完善社会志愿服务体系，形成男女平等、尊老爱幼、互爱互助、见义勇为的社会风尚。”

在经历了 2008 年的汶川地震、北京奥运会等重大事件与活动后，2008 年 10 月 6 日，中央精神文明建设指导委员会印发《关于深入开展志愿服务活动的意见》[2]，这是党中央层级发布的首个专门针对志愿服务的纲领性文件，对志愿服务的发展具有重要的指导意义。该意见由五个部分、16 个方面构成，第一部分阐述了深入开展志愿服务活动的重要意义，明确了深入开展志愿服务的指导思想与基本原则；第二部分提出要普及志愿理念、弘扬志愿精神，努力营造关心、支持和参与志愿服务的浓厚社会氛围；第三部分提出要深入开展多种形式的志愿服务活动，为人们关爱他人、奉献社会搭建平台；第四部分提出要进一步建立健全志愿服务活动的运行机制，不断提高志愿服务的科学化、规范化、专业化和社会化水平；最后一部分提出要切实加强对志愿服务活动的组织领导，推动志愿服务持续健康发展。

---

[1] 党的十七大报告，浏览网址：https：//pkulaw. com/chl/0451395cffe65175bdfb. html? keyword = % E5% BF% 97% E6% 84% BF% E6% 9C% 8D% E5% 8A% A1% 20。

[2] 关于深入开展志愿服务活动的意见，浏览网址：https：//pkulaw. com/chl/f394c949bcff2f5ebdfb. html? keyword = % E5% BF% 97% E6% 84% BF% E6% 9C% 8D% E5% 8A% A1% 20。

在深入开展志愿服务活动的基础上，加快推动志愿服务制度化成为本届政府的重要发展方向。2012 年 11 月 8 日，中国共产党第十八次全国代表大会召开，大会通过了《坚定不移沿着中国特色社会主义道路前进 为全面建成小康社会而奋斗》❶ 的报告（以下简称“党的十八大报告”），关于志愿服务的表述在该报告第六部分“扎实推进社会主义文化强国建设”之第（二）点“全面提高公民道德素质”里，具体内容为：“深化群众性精神文明创建活动，广泛开展志愿服务，推动学雷锋活动、学习宣传道德模范常态化。”在此处，志愿服务与学雷锋活动并列在了一起，这为后来学雷锋志愿服务的提出做了很好的铺垫。

2013 年 11 月 12 日，中国共产党第十八届中央委员会第三次全体会议通过《中共中央关于全面深化改革若干重大问题的决定》❷，在该决定的第十三部分“创新社会治理体系”中提出要大力发展志愿服务组织，具体表述为：“激发社会组织活力。正确处理政府和社会关系，加快实施政社分开，推进社会组织明确权责、依法自治、发挥作用。适合由社会组织提供的公共服务和解决的事项，交由社会组织承担。支持和发展志愿服务组织。限期实现行业协会商会与行政机关真正脱钩，重点培育和优先发展行业协会商会类、科技类、公益慈善类、城乡社区服务类社会组织，成立时直接依法申请登记。加强对社会组织和在华境外非政府组织的管理，引导它们依法开展活动。”在此处，志愿服务组织作为社会组织中的一个重要类别，强调要对其给予支持，同时，期望将志愿服务组织塑造成为我国社会治理主体之一。志愿服务组织是开展志愿服务的重要载体，支持和发展志愿服务组织，对于志愿服务制度化建设意义重大。

此后，中央又接连发布两份推动志愿服务制度建设的文件。2014

---

❶ 党的十八大报告，浏览网址：https：//pkulaw. com/chl/cf19f01063f45908bdfb. html? keyword = % E5% BF% 97% E6% 84% BF% E6% 9C% 8D% E5% 8A% A1% 20。

❷ 中共中央关于全面深化改革若干重大问题的决定，浏览网址：https：//pkulaw. com/chl/f15519466307ef03bdfb. html? keyword = % E5% BF% 97% E6% 84% BF% E6% 9C% 8D% E5% 8A% A1% 20。

年2月，中央精神文明建设指导委员会发布《关于推进志愿服务制度化的意见》❶，该意见可视为2008年《关于深入开展志愿服务活动的意见》的进阶版本，它虽然仅有十条意见，但却是字字珠玑。首先，深刻阐述了推进志愿服务制度化的重要意义和指导思想，提出要“积极构建中国特色志愿服务制度”；其次，从招募注册、培训管理、记录制度、激励机制与政策和法律保障五个方面提出建立健全志愿服务制度的具体意见；最后，从志愿服务领导、志愿服务文化、志愿服务平台三个方面提出加强对志愿服务制度化的组织推动。2016年5月，中央全面深化改革领导小组第二十四次会议审议通过《关于支持和发展志愿服务组织的意见》❷，并由中共中央宣传部、中央文明办、民政部、教育部、财政部、全国总工会、共青团中央、全国妇联联合印发。该意见由中央全面深化改革领导小组背书，同时横跨党、政、团三大系统联合发文，可见力度之大。在该意见里，提出以下主要目标：“到2020年，基本建成与经济社会发展相适应，布局合理、管理规范、服务完善、充满活力的志愿服务组织体系。志愿服务组织发展环境得到优化，初步形成登记管理、资金支持、人才培育等配套政策。志愿服务组织服务范围不断扩大，基本覆盖社会治理各领域、群众生活各方面，涌现一批公信度高、带动力强的志愿服务组织。志愿服务组织功能有效发挥，成为推进人们相互关爱、传递文明的重要管道，成为提升社会服务水平、改善民生福祉的有力助手，成为增进社会信任、维护社会稳定、促进社会和谐的有生力量。”

2017年10月18日，中国共产党第十九次全国代表大会召开，习近平总书记作了《决胜全面建成小康社会　夺取新时代中国特色社会主义伟大胜利》❸ 的报告（以下简称“党的十九大报告”），“志愿服

❶ 关于推进志愿服务制度化的意见，浏览网址：https://pkulaw.com/chl/7fd7e7c6fc0bd5f7bdfb.html? keyword=%E5%BF%97%E6%84%BF%E6%9C%8D%E5%8A%A1%20。

❷ 关于支持和发展志愿服务组织的意见，浏览网址：http://www.xinhuanet.com/politics/2016-07/11/c_1119199194.htm。

❸ 决胜全面建成小康社会　夺取新时代中国特色社会主义伟大胜利，浏览网址：http://www.gov.cn/zhuanti/2017-10/27/content_5234876.htm。

务制度化”出现在该报告的第七部分“坚定文化自信，推动社会主义文化繁荣”之第（三）点“加强思想道德建设”里，具体表述为：“推进诚信建设和志愿服务制度化，强化社会责任意识、规则意识、奉献意识。”

从以上志愿服务政策在党的重要文献中的变化，可以发现以下发展特征：首先，志愿服务作为精神文明建设与公民思想道德建设的重要组成部分始终如一，从未松懈，并且还在不断强化；其次，在不同时期会凸显志愿服务的特定功能，在胡锦涛同志主政时期，将志愿服务视为一种人类福利服务的重要组成部分，并与政府服务、市场服务相并列，而在目前习近平总书记主政时期，在精神文化层面，将志愿服务活动与学雷锋活动深度关联起来，并将志愿服务作为社会治理体系的一环来不断推进志愿服务制度化建设，助力国家治理体系和治理能力现代化。

（二）全国人大文献中的志愿服务政策变化

1996 年 3 月 17 日，第八届全国人民代表大会第四次会议批准了《中华人民共和国国民经济和社会发展“九五”计划和 2010 年远景目标纲要》❶，在报告的第十部分“加强社会主义精神文明和民主法制建设”之第一点“社会主义精神文明建设”中，将志愿服务作为群众性精神文明建设活动的一种形式，“提倡开展社会志愿者活动和社会互助活动”。由此，再次印证了 2000 年以前，志愿服务仅是作为精神文明建设的一种活动形式而存在。

2006 年 3 月 14 日，第十届全国人民代表大会第四次会议批准了《中华人民共和国国民经济和社会发展第十一个五年规划纲要》（以下简称“十一五”规划纲要）❷，在该规划纲要中，志愿服务是作为社

---

❶ 中华人民共和国国民经济和社会发展“九五”计划和 2010 年远景目标纲要，浏览网址：https：//pkulaw. com/chl/e2a1d33cf1d17c23bdfb. html？ keyword = 2010% E5% B9% B4% E8% BF% 9C% E6% 99% AF% E7。

❷ 中华人民共和国国民经济和社会发展第十一个五年规划纲要，浏览网址：https：//pkulaw. com/chl/62f50194a99f4ce8bdfb. html？ keyword = % E5% BF% 97% E6% 84% BF% E6% 9C% 8D% E5% 8A% A1% 20。

会保障体系的一小部分而存在的，并提出要支持志愿服务制度化建设。关于志愿服务的表述位于第三十九章“提高人民生活水平”的第三节“健全社会保障体系”中，具体内容为：“鼓励开展社会慈善、社会捐赠、群众互助等社会扶助活动，支持志愿服务活动并实现制度化。”

以上两个文件在表述志愿服务时非常简单，且使用的动词为“提倡”“鼓励”“支持”等，由此可见对志愿服务的支持力度相对薄弱。而在“十二五”“十三五”规划纲要中，对志愿服务的表述变得既多又详细，且使用的动词力度非常足，如“完善”“健全”“改革”“提升”等，同时，志愿服务渗透到的领域更加广泛，涵盖精神文明创建、社会互助救助、社区治理管理与服务、应急队伍建设、脱贫攻坚等领域。

2011 年 3 月 14 日，第十一届全国人民代表大会第四次会议批准了《中华人民共和国国民经济和社会发展第十二个五年规划纲要》[1]（以下简称“十二五”规划纲要），志愿服务出现在该规划纲要中的三个章节、四个位置上。一是在第三十八章“强化城乡社区自治和服务功能”的第一节“完善社区治理结构”中，提出“积极培育社区服务性、公益性、互助性社会组织，发挥业主委员会、物业管理机构、驻区单位积极作用，引导各类社会组织、志愿者参与社区管理和服务”。二是在该章第二节“构建社区管理与服务平台”中，提出“注册社区志愿者占居民人口 10% 以上”的量化指标。三是在第四十一章“加强公共安全体系建设”的第三节“健全突发事件应急体系”中，提出要“加强应急队伍建设，建立以专业队伍为基本力量，以公安、武警、军队为骨干和突击力量，以专家队伍、企事业单位专兼职队伍和志愿者队伍为辅助力量的应急队伍体系，提高生命救治能力”。四是在第四十二章“提高全民族文明素养”的第二节“拓展群众性精神文明创建活动”中，提出要“广泛开展志愿服务，建立完善社会志

[1] 中华人民共和国国民经济和社会发展第十二个五年规划纲要，浏览网址：https：//pkulaw. com/chl/603c7a7f2158b52bbdfb. html? keyword = % E5% BF% 97% E6% 84% BF% E6% 9C% 8D% E5% 8A% A1% 20。

愿服务体系"。

2016 年 3 月 17 日，第十二届全国人民代表大会第四次会议批准了《中华人民共和国国民经济和社会发展第十三个五年规划纲要》❶（以下简称"十三五"规划纲要），志愿服务在这份规划纲要中出现了六处之多。一是在第五十八章"完善脱贫攻坚支撑体系"的第二节"健全广泛参与机制"中，提出"实施扶贫志愿者行动计划和社会工作专业人才服务贫困地区计划"。二是在第六十四章"改革完善社会保障制度"的第三节"支持社会福利和慈善事业发展"中，提出"广泛动员社会力量开展社会救济和社会互助、志愿服务活动"。三是在第六十六章"保障妇女未成年人和残疾人基本权益"的第二节"关爱未成年人健康成长"中，提出"鼓励青少年更多参与志愿服务和社会公益活动"。四是在第六十七章"提升国民文明素质"的第四节"深化群众性精神文明创建活动"中，提出"广泛开展文明城市、文明村镇、文明单位、文明家庭、文明校园等群众性精神文明创建活动，深化学雷锋志愿服务活动"。五是在第七十章"完善社会治理体系"的第二节"增强社区服务功能"中，提出"健全城乡社区综合服务管理平台，促进公共服务、便民利民服务、志愿服务有机衔接，实现一站式服务。……注册志愿者人数占居民人口比例达到 13%"。六是在第七十二章"健全公共安全体系"的第四节"强化突发事件应急体系建设"中，提出"建立应急征收征用补偿制度，完善应急志愿者管理，实施公众自救互救能力提升工程"。

值得注意的是，2016 年 3 月 16 日，第十二届全国人民代表大会第四次会议通过的《中华人民共和国慈善法》（以下简称《慈善法》），其中涉及了大量志愿服务相关条款。《慈善法》由十二章共计一百一十二条构成，其中涉及志愿服务的共有 13 条，分布于第一章"总则"、第七章"慈善服务"和第十一章"法律责任"中。第一章

❶ 中华人民共和国国民经济和社会发展第十三个五年规划纲要，浏览网址：https：//pkulaw. com/chl/3fd7b48d6cb8d951bdfb. html? keyword = % E5% BF% 97% E6% 84% BF% E6% 9C%8D% E5%8A% A1%20。

的第一条表明，保护志愿者合法权益是立法目的之一；第七章的 8 个条款，从慈善组织的角度，重点规范了志愿者招募注册、管理培训、服务信息记录和证明出具、安全保障和人身保险四个方面，这是《慈善法》为志愿服务活动提供的制度框架；第十一章中有 4 个条款涉及志愿服务，规定了泄露志愿者隐私、不依法出具志愿服务记录证明、慈善服务中的侵权行为、强行指定志愿者提供服务等的法律责任。

（三）国务院文献中的志愿服务政策变化

国务院根据全国人民代表大会批准的规划纲要，一般会制定特定领域的专项规划。据本书统计，在“十一五”期间，有残疾人和教育 2 个专项规划涉及志愿服务，出现频次为 2 次；在“十二五”期间，有养老、残疾人、全民健身、基本公共服务、社会保障、促进就业 6 个专项规划涉及志愿服务，出现频次为 18 次；在“十三五”期间，有人口、健康、信息化、旅游、扶贫、养老、就业、公共服务、教育、残疾人、科技创新等 12 个专项规划涉及志愿服务，出现频次为 33 次。

从 2015 年开始，志愿服务多次出现在国务院总理在全国人民代表大会上所作的政府工作报告中（见表 4 - 2），志愿服务常与专业社会工作、慈善事业、社会组织并列提及、联动发展，专业社会工作、慈善事业、社会组织等领域的发展也为志愿服务发展提供了重要的制度环境。

表 4 - 2　政府工作报告中的志愿服务

序号	文件名称	相关表述
1	2015 年政府工作报告	支持群团组织依法参与社会治理，发展专业社会工作、志愿服务和慈善事业
2	2016 年政府工作报告	加快行业协会商会与行政机关脱钩改革，依法规范发展社会组织，支持专业社会工作、志愿服务和慈善事业发展
3	2017 年政府工作报告	改革完善社会组织管理制度，依法推进公益和慈善事业健康发展，促进专业社会工作、志愿服务发展
4	2018 年政府工作报告	促进社会组织、专业社会工作、志愿服务健康发展

续表

序号	文件名称	相关表述
5	2019 年政府工作报告	引导支持社会组织、人道救助、志愿服务和慈善事业健康发展
6	2020 年政府工作报告	支持社会组织、人道救助、志愿服务、慈善事业等健康发展

来源：作者自行整理。

值得注意的是，在《中华人民共和国慈善法》颁布后，国务院在各地立法探索的基础上，于 2017 年 8 月颁布了《志愿服务条例》，这是我国志愿服务领域第一部国家层面的法规，作为一项行政法规，其法律效力仅次于全国人民代表大会及其常务委员会通过的法律。《志愿服务条例》由六章共四十四条构成，重点回应以下四个方面的问题：一是明确规定了志愿服务的自愿性、无偿性和公益性；二是划清了志愿服务组织与其他组织的边界；三是强调了志愿服务的组织化与专业化；四是突出了对志愿者权益的法律保障（李芳，2017）。

三、地方志愿服务条例制定情况与变化特征

无论是 2016 年全国人民代表大会通过的《中华人民共和国慈善法》，还是 2017 年国务院颁布的《志愿服务条例》，这些国家层面的志愿服务法规都要晚于地方立法探索。在一定程度上，地方志愿服务立法探索为国家立法提供了重要参考与借鉴。

（一）地方志愿服务条例制定的基本情况

2008 年被各界视为我国志愿服务元年，2017 年 8 月国务院颁布了《志愿服务条例》，随后要求地方据此修法调整。因此，根据 2008 年、2017 年这两个时间节点，将地方制定志愿服务条例的阶段划分为 2008 年以前（1999—2008 年）、2009—2016 年和 2017—2020 年三个时期（参见附录 D），每个阶段制定的志愿服务条例情况见表 4－3。其中，1999—2008 年共有 12 个省份、11 个地级市制定了志愿服务条例，占比 34.3%。1999 年广东省颁布我国第一部省级志愿服务条例，

即《广东省青年志愿服务条例》；2002 年，宁波市颁布我国第一个市级志愿服务条例，即《宁波市青年志愿服务条例》。从条例名称来看，主要规范的是青年志愿服务领域。2009—2016 年共有 14 个省份、14 个地级市制定或修订了志愿服务条例，占比 41.8%，为颁布志愿服务条例最多的一个时期，该时期条例名称中很少再见到“青年”两字，显示出志愿服务条例调整的范围在扩大。值得一提的是北京市颁布的志愿服务条例，其条例名称中多了“促进”两字，即《北京市志愿服务促进条例》，这直接凸显了大力促进志愿服务发展的立法意图。此后，也有个别地方参照这样的做法，如汕头市；2017—2020 年有 12 个省份、4 个地级市制定或修订志愿服务条例，占比 23.9%，主要是地方根据国务院颁布的《志愿服务条例》进行修订调整，显然，有些省市还没有进行条例的修订调整。值得注意的是，在 2017 年全国《志愿服务条例》颁布之前，已有 23 个省份制定了地方志愿服务条例，占全国 31 个省份（不包括香港和澳门特别行政区、台湾地区）的比例为 71.9%，这显示出地方志愿服务立法先行是我国志愿服务立法的显著特征。

表 4－3　不同阶段地方制定志愿服务条例的情况

时期	行政层级		频数（部）	百分比（%）
	省市	频数（部）		
1999—2008 年	省级	12	23	34.3
	市级	11		
2009—2016 年	省级	14	28	41.8
	市级	14		
2017—2020 年	省级	12	16	23.9
	市级	4		
合计	—	67	67	100.0

（二）志愿服务条例调整范围与协调主体变化特征

1. 志愿服务条例调整范围拓宽

志愿服务根据组织形式可以划分为三种类型：一是由公共服务部门组织的正式志愿服务；二是由非政府机构组织的正式志愿服务；三

是个人直接的志愿行为（张网成，2012）。大多数地方志愿服务立法调整涉及第一种类型和第二种类型的一部分（即依法成立的社会组织，不包含“草根”民间组织），涉及第三种类型的情况极少。但也有一些地方立法实践中，拓展了第二种类型的范围，涉及了第三种类型的志愿服务。例如，《深圳市义工服务条例》（2005 年）第二十条规定，“团体义工以集体形式开展义工服务活动的，应当将义工服务计划及义工服务活动情况向其加入的义工联备案”；《青岛市志愿服务条例》（2008 年）第十三条规定，“提倡具有相同服务意向和志趣爱好的志愿者在志愿服务组织的指导下，组成志愿服务团队开展服务”；《唐山市志愿服务条例》（2009 年）第十二条规定，“志愿者自发地以集体形式开展志愿服务活动的，应当由发起人将志愿服务计划和志愿服务活动情况，向其所在的志愿服务组织申请和备案”；《浙江省志愿服务条例》（2007 年）[1] 第二十六条规定，“未经志愿服务组织安排，个人自愿、无偿地服务社会和帮助他人的，可以与受助者约定服务内容、双方的权利和义务等事项，其合法权益受法律保护”；《宁波市志愿服务条例》（2002 年）[2] 第三十四条规定，“志愿者自行开展志愿服务活动的，可以与志愿服务对象约定服务内容、双方的权利和义务等事项，其合法权益受法律保护”。这些立法尝试符合境外志愿服务立法趋势，对于“草根”性质的志愿服务团体一般采取备案制度或者授权制度，如《捷克志愿服务法》第六条的规定。这种适当扩大志愿服务范围的做法，被 2017 年国务院《志愿服务条例》所吸纳，其第十一条规定：“志愿者可以参与志愿服务组织开展的志愿服务活动，也可以自行依法开展志愿服务活动。”

2. 志愿服务协调机制逐步统一

纵观地方志愿服务条例的立法实践，形成了五种志愿服务工作协调模式（见图 4 – 15）。一是共青团模式。青年志愿服务是我国发展最早、最成熟的一个领域，而该领域的发展得益于共青团系统的大力

---

[1] 现已修订为 2018 年版本。

[2] 现已修订为 2011 年版本。

推动，因此，由共青团组织来协调志愿服务就变得理所当然。具体形式表现为：由共青团组织直接负责或由其指导成立的青年志愿者协会负责指导、协调志愿服务工作。例如，《广东省青年志愿服务条例》（2010 年）第五条规定："省志愿者联合会指导和协调本省行政区域内的志愿服务活动，市、县（区）志愿者联合会（协会）或者义工联合会（协会）（以下简称'志愿者联合会'）指导和协调本行政区域内的志愿服务活动。志愿者联合会在同级共青团组织的指导下开展工作，并接受民政主管部门的监督管理。"

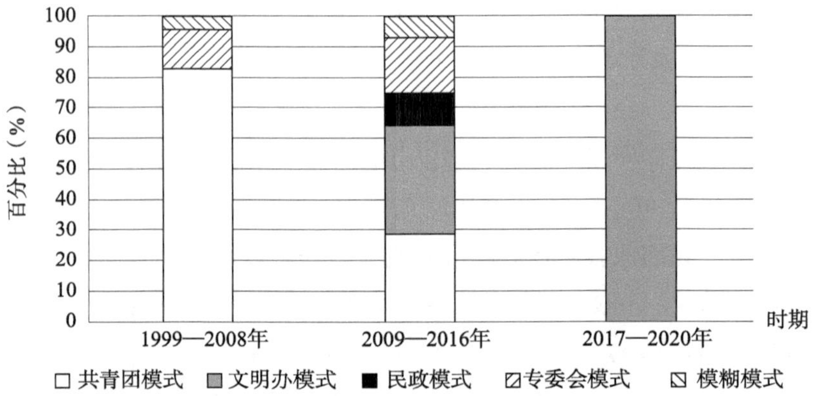

图 4 – 15　志愿服务条例规定的协调机制

二是文明办模式。从本章第一节可以了解到，志愿服务是精神文明建设的重要组成部分，而文明办是各级精神文明建设委员会的常设机构，因此，由文明办作为志愿服务工作的协调机构也有其依据。例如，《黑龙江省志愿服务条例》（2012 年修订）第六条规定："县级以上精神文明建设指导机构负责规划、指导、协调本行政区域内的志愿服务活动。"

三是民政模式。民政部门是社会组织的行政主管机关，而地方志愿服务条例大多部分的调整是组织化的正式志愿服务，因此，由民政部门作为志愿服务工作协调机构，是出于工作方便性的考虑。例如，《山西省志愿服务条例》（2014 年）[1] 第五条规定："县级以上人民政

[1] 现已修订为 2019 年版本。

府民政主管部门负责组织实施志愿服务政策，建立志愿服务动员系统、志愿服务信息平台、志愿服务评价体系，完善社会工作专业人才与志愿者协作的机制，监督指导志愿服务组织开展志愿服务。”

四是志愿服务指导（工作）委员会模式（以下简称“专委会模式”）。它是一个志愿服务工作的非常设议事机构，其日常工作可能会具体交办给共青团或文明办来负责。例如，《杭州市志愿服务条例》第四条规定：“市和各区、县（市）应当建立志愿服务工作委员会，对本行政区域内志愿服务活动进行组织、指导和协调。各级志愿者工作指导中心是同级志愿服务工作委员会的办事机构。”

五是模糊模式。为了规避部门之间的争议，在条例条款上模糊带过，不明确由哪个部门具体负责，而是根据实际情况来处理。例如，《合肥市志愿服务条例》（2012 年）第六条规定：“市、县（市）区、乡镇人民政府应当引导、支持和促进志愿服务事业的发展，将志愿服务工作纳入社会发展规划、年度计划，并提供必要的保障。市、县（市）区志愿服务工作指导、协调机构负责制定本行政区域志愿服务事业发展规划，指导、协调志愿服务组织及其活动，管理志愿服务基金。国家机关、人民团体、企业、事业单位、基层群众性自治组织和其他社会组织应当在各自的职责范围内支持和指导志愿服务工作。”

如图 4 – 15 所示，1999—2008 年，共青团模式在地方立法实践中占据绝对主导地位，即使在志愿服务专委会模式中，有时也会将志愿服务指导（工作）委员会的办公室设置在同级共青团。因此，在第一个时期，地方条例普遍授权共青团来指导、协调志愿服务工作。到了第二个时期，志愿服务工作协调模式出现了多元化探索，五种协调模式共存于不同地区的志愿服务条例中，其中文明办模式逐渐流行起来，这主要是由于 2008 年 10 月，中央精神文明建设指导委员会印发了《关于深入开展志愿服务活动的意见》，其在领导体制上明确提出：“要在中央文明委领导下，成立由中央文明办牵头，民政部、全国总工会、共青团中央、全国妇联、中国科协、中国残联、中国红十字总会和全国老龄办共同参加的全国志愿服务活动协调小组，负责全国志愿服务活动的总体规划和协调指导，督促检查各地各部门开展志愿服务活动的情况，总结推广先进经验。”志愿服务工作在中央文件中首次正式划归精神文明建设指导委员会职能范围，此后，文明办模式在各地志愿服务条例制定中逐渐被广泛采纳，特别是2017年国务院颁布的《志愿服务条例》对志愿服务协调机制中各个部门的关系做了明确规定，其中第五条规定：“国家和地方精神文明建设指导机构建立志愿服务工作协调机制，加强对志愿服务工作的统筹规划、协调指导、督促检查经验推广。国务院民政部门负责全国志愿服务行政管理工作；县级以上地方人民政府民政部门负责本行政区域内志愿服务行政管理工作。县级以上人民政府有关部门按照各自职责，负责与志愿服务有关的工作。工会、共产主义青年团、妇女联合会等有关人民团体和群众团体应当在各自的工作范围内做好相应的志愿服务工作。”

2017—2020年的志愿服务条例制定或修改中，在协调机制上，地方全部采用与中央保持一致的文明办模式。

（三）志愿服务条例健全规范程度越来越高

一般来说，志愿服务条例内容主要由总则、志愿服务组织、志愿者、志愿服务活动，以及支持与保障措施五个核心部分构成，其中，志愿服务活动、支持与保障措施是地方在创新志愿服务条例时的重点部分。为了准确反映各地在创新志愿服务条例内容上的进展，在研读各地志愿服务条例内容的基础上，本书构建了一个“志愿服务条例健全规范程度”指标，这个指标由10个观察点构成，分别为是否有志愿服务专门基金条款、是否有信息平台条款、是否有个人信息保护条款、是否有公考优先录用条款、是否有纳入学校教育条款、是否有培训条款、是否有签订协议条款、是否有购买保险条款、是否有志愿者补贴条款、是否有志愿者优待条款。其中，前5个观察点可归类到志愿服务支持与保障措施中，后5个观察点可归类到志愿服务过程管理条款中，每个观察点设置“是”与“否”两个选项，若观察点被判定为“是”，则赋值为“1”；若判定为“否”，则赋值为“0”。将10个观察点的得分相加，即为一部志愿服务条例的健全规范度得分，健全规范度的理论得分范围为（0，10]。由于各地在制定志愿服务法规过程中一般会相互参考借鉴，再结合当地实际情况来创制条例，加上每年的志愿服务条例样本量不多，故而，比较不同时期志愿服务条例健全规范度的变化比较可行。

表4－4呈现了三个不同时期地方志愿服务条例健全规范度的方差分析结果。1999—2008年，健全规范度的均值为4.34，标准差为1.58，最小值为2，最大值为7；2009—2016年，健全规范度的均值为6.59，标准差为1.25，最小值为4，最大值为9；2017—2020年，健全规范度的均值为7.81，标准差为1.38，最小值为6，最大值为10；单因素方差检验显示，三个时期的健全规范度之间存在显著差异。从这些数据中可以得到两个初步结论：一是地方志愿服务条例的规范内容越来越健全，这从三个时期健全规范度均值的变化情况可以看出；二是每个时期都有相对健全的条例可供参考借鉴。例如，1999—2008年，虽然地方整体健全规范度不高，还不及格，但是该期间仍有个别地方立法相对健全，得分为7，分别是《广东省青年志愿服务条例》（1999年）、《北京市志愿服务促进条例》（2007年）[1]；2009—2016年，《重庆市志愿服务条例》（2015年）得分最高，为9。

表4－4 不同时期地方志愿服务条例健全规范度的方差分析结果

时期	n	最小值	最大值	均值	标准差	df	F
1999—2008年	23	2	7	4.34	1.58	2	31.477***
2009—2016年	27	4	9	6.59	1.25		
2017—2020年	16	6	10	7.81	1.38		

注：*** 为 $p<0.001$，表示有极其显著的统计学差异。

接下来，本书将从志愿服务过程管理与志愿服务支持保障两个方面分析志愿服务条例健全规范度。如表4－5所示，整体上来看，地方条例对志愿服务过程管理的重视程度要高于对志愿服务的支持保障，这在1999—2008年表现得非常明显，前者均值为2.57，标准差为0.15，后者均值为1.78，标准差为1.13。但从2008年以来，地方条例对志愿服务的支持保障更加重视。

[1] 现已修订为2020年版本。

表 4－5　不同时期过程管理与支持保障健全规范情况

面向	时期	n	最小值	最大值	均值	标准差
过程管理	1999—2008 年	23	1	3	2.57	0.15
	2009—2016 年	28	1	4	3.18	0.15
	2017—2020 年	16	3	5	4.06	0.19
支持保障	1999—2008 年	23	0	4	1.78	1.13
	2009—2016 年	28	2	5	3.39	0.83
	2017—2020 年	16	2	5	3.75	0.86

1. 志愿服务过程管理的特征

如图 4－16 所示，从志愿服务过程管理的五个观察点来看，91%的地方志愿服务条例中有志愿者教育与培训的条款、94%有明确签署书面协议的条款、88%有购买意外保险的条款，27%的有志愿服务交通、食宿、通信等补贴条款，18%有优秀志愿者优待条款。由此可见，地方志愿服务条例对前三项已经基本达成共识，成为志愿服务活动的标配，而对后两项还未达成共识。1998—2008 年，地方志愿服务条例中根本没有对志愿者补贴与优待的条款；到了 2008 年，志愿者补贴条款才逐步在一些地方条例中出现，如四川、上海等 18 个省市；而对优秀志愿者优待的条款，基本上是 2012 年之后才在一些地方条例中出现的，如珠海、广州等 12 个省市。

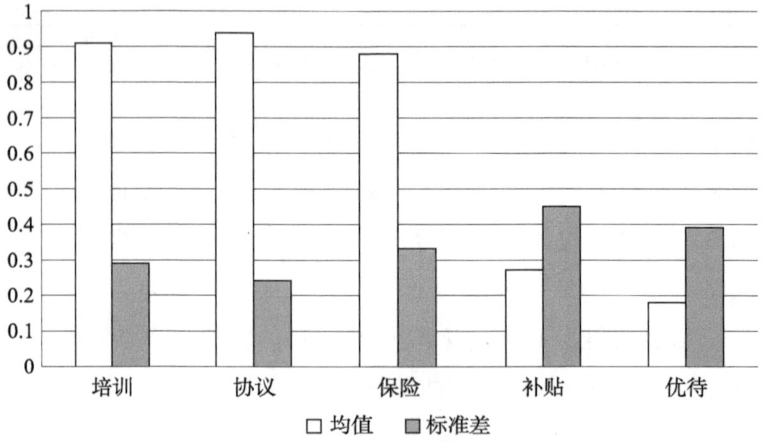

图 4－16　志愿服务过程管理健全规范情况

具体来看，在签署书面协议方面，有三种不同情况：一是协商一致可以签订，如江西省等；二是一方要求签订，应当签订书面协议，如浙江省、唐山市等；三是符合某种情形应当签订，如《青岛市志愿服务条例》（2008 年）第二十一条规定："志愿者、志愿服务组织、志愿服务对象之间应当就志愿服务的相关事项协商一致，并可以签订书面协议。志愿服务组织组织开展的志愿服务活动，有下列情形之一的，应当签订书面协议：（一）对人身安全、身心健康有一定风险的；（二）连续半个月以上专项服务的；（三）为大型社会活动提供志愿服务的；（四）派遣志愿者在本市行政区域以外开展志愿服务的。"南宁、昆明也有相关规定。关于志愿服务协议的具体内容，一些地方法规也进行了详细规定，如《北京市志愿服务促进条例》（2007 年）第十四条规定："志愿服务协议应当包括以下主要内容：（一）志愿服务内容、时间和地点；（二）参加志愿服务的条件；（三）志愿者的培训；（四）志愿服务成本的分担；（五）风险保障措施；（六）志愿者责任的免除；（七）协议的变更和解除；（八）争议解决方式；（九）需要明确的其他事项。"此外，四川、宁波也有相似规定。

在购买意外人身保险方面，存在三种情况。一是"可以"类，例如，《杭州市志愿服务条例》（2003 年）第十七条规定："志愿服务组织可以根据志愿服务活动的需要，为参加志愿服务活动的志愿者办理相应的人身保险。志愿者在开展志愿服务活动时人身受到伤害的，按照国家有关规定处理。"二是"应当"类，例如，《广东省志愿服务条例》（1999 年）第二十三条规定："志愿者组织应当告知志愿者从事志愿服务活动时的风险，不得安排志愿者从事超出其自身能力的活动。志愿者组织应当根据志愿服务活动的需要，为参加志愿服务活动的志愿者提供相应的人身意外伤害保险。"三是"可以、应当"类，例如，《上海市志愿服务条例》（2019 年）第二十四条规定："志愿服务活动的组织者可以根据自身条件和实际需要，为志愿者办理相应的人身保险。志愿服务活动的组织者安排志愿者从事有安全风险的志愿服务活动时，应当为志愿者办理必要的人身保险。"

在志愿者补贴上，主要是对志愿者提供服务过程中产生的交通、通讯、餐饮等费用做适当补贴。例如，《广西壮族自治区志愿服务条例》（2020 年）第四十五条规定："志愿服务活动组织方可以根据志愿服务需要，对志愿者本人所支出的必要的交通、餐饮、住宿、通讯等费用给予适当补贴。"

在志愿者优待条款上，主要是为优秀志愿者在享受公共服务时提供优惠或优待。例如，《安徽省志愿服务条例》（2019 年）第三十六条规定："对有良好志愿服务记录的志愿者，县级以上人民政府及其有关部门可以采取优先安排志愿服务、免费乘坐公共交通工具、免费游览旅游景点、免费享受健康保健体检、免费进行技能培训等措施予以激励。鼓励国家机关、社会团体、企业事业单位和其他组织为志愿者提供便利和相应优惠待遇。"

2. 志愿服务支持保障的特征

如图 4－17 所示，从志愿服务支持保障的五个观察点来看，33%的地方志愿服务条例设置了志愿服务专门基金会，37% 有使用统一信息平台条款，64% 有个人信息保护条款，75% 有公务员等招录时优先录用条款，84% 有将志愿服务纳入学校教育环节的条款。由此可见，地方对志愿服务的软性支持保障比较到位，但在诸如专门经费、统一信息平台建设的硬性支持保障上较为欠缺。

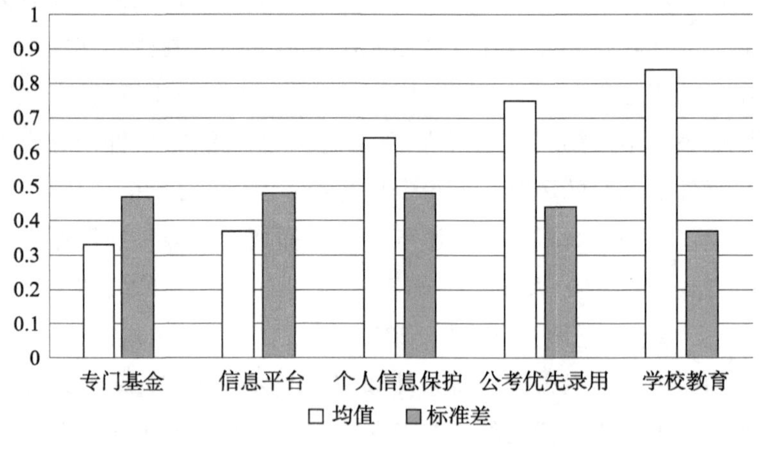

图 4－17　志愿服务支持保障健全规范情况

在经费支持保障上，各地对志愿服务经费来源一般笼统地规定为“政府资助、社会捐助和其他合法收入”。但一些地方有突破和创新，设置了专门的志愿服务基金会，例如，《北京市志愿服务促进条例》（2007 年）第二十三条规定：“本市依法设立志愿服务基金会。志愿服务基金应当用于：（一）对志愿服务活动的资助；（二）对因从事志愿服务活动遇到特殊困难的志愿者的救助；（三）对作出突出贡献的开展志愿服务活动的组织和志愿者的奖励；（四）与开展志愿服务活动有关的其他事项。基金的使用和管理依法接受有关部门和社会的监督。本市鼓励单位和个人向志愿服务基金会捐赠。”

此外，广东省、广州市、四川省、陕西省、黑龙江省等地也设置了志愿服务基金会，并且陕西省和广州市志愿服务活动经费来源中包括“基金（增值）收益”一项。《黑龙江省志愿服务条例》（2012 年）第二十七条规定志愿者组织和志愿服务活动经费可以来源于“国内、国外组织和个人的捐赠”，并且第二十九条规定“鼓励国内、国外组织和个人对志愿者组织和志愿服务活动进行捐赠”。

在统一信息平台建设上，最早从 2009 年开始出现在一些地方条例中。例如，《海南省志愿服务条例》（2009 年）第十二条规定：“志愿服务组织应当建立志愿者注册制度，完善志愿者注册的管理系统和志愿服务信息平台，鼓励志愿者注册长期参加志愿服务。注册志愿者管理办法由省志愿服务工作委员会制定。”这是对志愿服务组织提出的建设信息平台的规定，还有一些地方要求建立全域统一的信息平台，如《湖南省志愿服务条例》（2012 年）规定：“省志愿服务工作协调机构应当建立统一的志愿服务信息平台，无偿接受志愿者注册，为志愿者提供服务。”2017 年以后，地方条例中关于建设统一信息平台的规定就越来越多了。

在个人信息保护上，地方条例中一般都有诸如“未经志愿者本人同意，不得公开或者向第三方提供志愿者个人信息”的条款。在公考优先录用上，地方条例中一般会有以下规定：“国家机关招考公务员、国有企事业单位招聘人员、高等院校录取新生时，鼓励其在同等条件下优先录用、聘用和录取有志愿服务经历者。”（广州市志愿服务条例，2008：第二十三条）。在学校教育上，地方条例一般会规定教育部门将志愿服务纳入中等、高等教育环节中，一般会有如下表述："教育行政部门应当将培养青少年志愿服务意识、志愿服务能力纳入素质教育内容。高等学校和高级中等学校应当鼓励学生参加相应的志愿服务活动，将其纳入社会实践或者综合实践活动。"（浙江省志愿服务条例，2007：第二十五条；2018：第三十二条）。

第三节　志愿服务组织化：迈向一种伞状治理结构

本节主要探讨志愿服务组织化过程中的各个组织行动者以及它们之间形成的关系结构。首先探讨我国志愿服务领域中有哪些组织行动者及其发展状况；其次回顾我国社会组织管理体制的发展变迁；最后对以志愿服务联合会为中心的伞状治理结构进行探讨分析。

一、志愿服务组织：志愿服务领域中的组织行动者

（一）志愿服务组织内涵探讨

从传统上来说，志愿服务涉及三个主要的行动者：不计报酬地自愿贡献自己的时间去帮助他人的志愿者；为正式志愿服务提供机制的志愿服务组织；志愿服务组织和志愿者提供服务的目标对象。然而，现代的志愿服务环境与性质发生了重大转变，即政府发起的志愿服务活动或项目越来越普遍，无论是在西方先进工业化国家（De Waele et al.，2018），还是近些年我国志愿服务的发展，均呈现出第三方（政府、教育机构、企业等）深度干预的特征（Haski－Leventhal et al.，2010）。这样的趋势使得准确界定何为志愿服务组织变得越来越困难。

在一般理解上，志愿服务组织属于非营利组织的一类，或者就等同于非营利组织，因为志愿性就是非营利组织的特征之一，根据美国学者莱斯特·萨拉蒙对非营利组织结构特征的理解，非营利组织具有以下共同特征：①组织性（organized），即有一定的制度、结构和活动；②民间性（private），即独立于国家和政府体系之外；③非营利

性（not profit - distributing），即不以营利为目的，不分红；④自治性（self - governing），即能够独立自主决策和自主活动；⑤志愿性（voluntary），即组织成员并非受某种外在强制而是秉持志愿精神参加组织，其活动经费也来自自愿捐赠（Salamon，2004）。如果是在非营利组织比较发达的西方国家，将志愿服务组织等同于非营利组织也许还可以接受，但对于我国来说，要是将志愿服务组织等同于非营利组织或者非营利组织的一类，不仅会严重限缩志愿服务组织的范围，还会带来更大的理解困难。

在我国，对非营利组织有许多其他称谓，如民间组织、NGO、非政府组织、社会组织等，目前官方确定的称谓为“社会组织”，包括社会团体、基金会、社会服务机构三种合法形式，这三种形式在《中华人民共和国民法典》中属于“非营利法人”❶，这三类社会组织需要在民政部门登记注册成为法定的社会组织。这可视为狭义上的社会组织。但学者普遍认定，除了这些法定社会组织以外，社会组织至少还包括“草根”性社会组织和其他准社会组织。例如，张网成（2011）根据社会组织应该具有民间性的特征，认为社会组织指的是体制外的非营利组织，分为法律认可的社会组织、工商注册的非营利组织和尚未取得法律地位的非营利组织（“草根”组织）三类，这可以视为广义上的社会组织。然而，需要指出的，无论是狭义上的社会组织还是广义上的社会组织，它们的业务范围并非都会涉及志愿服务。例如，在珠海市的 2465 家法定社会组织中，业务范围中含有“志愿”字样的社会组织仅为 69 家，占比 2.8%；含有“公益或慈善”字样的社会组织为 207 家，占比 8.4%。虽然这是一个地市性的数据，但它从侧面表明将志愿服务组织等同于社会组织是极其不合理的。

在现代社会，政府、企业与社会组织构成了社会的组织基础，它

❶《中华人民共和国民法典》第八十七条规定：“为公益目的或其他非营利目的成立，不向出资人、设立人或者会员分配所取得利润的法人，为非营利法人。非营利法人包括事业单位、社会团体、基金会、社会服务机构等。”浏览网址：https：//www.pkulaw.com/chl/aa00daaeb5a4fe4ebdfb.html? keyword = %E6%B0%91%E6%B3%95%E5%85%B8。

们出于不同的原因都可能涉入志愿服务领域。志愿服务与社会组织在精神上同源，都强调自愿性、非营利性、公益性等，在结构上相互依赖，现代社会中，组织化的志愿服务越来越重要（张网成，2011）。然而，并非所有的志愿服务都是由社会组织提供的，社会组织仅是提供志愿服务的主体之一，因为企业或政府有时也会提供志愿服务（见图4－18），只有当社会组织的核心功能定位为提供志愿服务或为发展志愿服务事业而设立时，才称之为志愿服务组织。企业参与志愿服务有两种方式：一是成立专门的志愿服务组织，二是资助志愿服务组织开展某些志愿服务项目（沈杰，2009）。政府参与志愿服务的方式有时是直接参与，如一些党政机关成立党员志愿服务团队等，更多地则是间接参与，如提供政策与资金等。

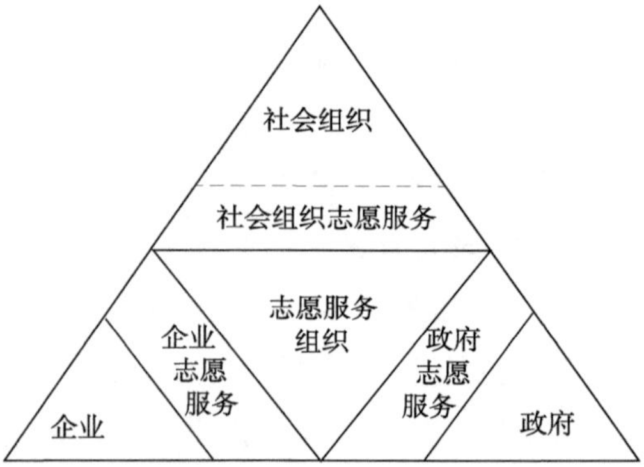

图4－18　志愿服务组织化示意图

来源：作者自行绘制。

在志愿服务实践中，我国官方一般认为志愿服务组织由志愿服务组织、志愿服务团体与志愿服务站三类构成。其中，志愿服务组织是指依法成立，以开展志愿服务为宗旨的非营利性组织，可以采取社会团体、社会服务机构、基金会等组织形式；志愿服务团体是指经社区或单位同意成立的，以开展志愿服务为宗旨，尚未依法登记的团体，通常采取志愿服务队等形式组建，一般也称为志愿服务团队；志愿服务站是指国家机关、企事业单位、人民团体、基层群众自治性组织及其他组织设立的用于开展志愿服务的相对固定的场所（民政部，

2020）。以上是一个包含狭义志愿服务组织界定的广义志愿服务组织界定，其中，第一类准确来说应该是志愿服务型的社会组织，也就是业务涉及志愿服务活动的一类社会组织，这类社会组织一般在民政部门登记注册，这可以视为志愿服务组织的狭义界定。第一、第二、第三类构成一个广泛的志愿服务组织概念。

因此，从广义上来看，符合以下两个特征的组织都可以称为志愿服务组织：一是有组织地开展志愿服务活动，而不是纯粹的个人行动，这就要求存在一个最起码的组织框架的约束，不管是正式的还是非正式的；二是以推广或从事志愿服务为己任（沈杰，2009）。考虑到我国国情，相比于西方非营利组织的特征，我国志愿服务组织具有志愿性、非利润分配性、公共利益性、起码的正规性及自治性、一定的独立性等特征（北京志愿者协会，2006）。

（二）志愿服务组织的发展情况

下面将从志愿者与志愿服务组织的角度来考察志愿服务组织的发展情况。从志愿者角度，主要考察志愿者提供了哪些志愿服务，以及这些志愿服务是由谁来组织的；从志愿服务组织角度，主要考察有哪些类型的志愿服务组织，以及它们的发展状况如何。

1. 从志愿者角度看

志愿服务活动形式多样，英国学者史密斯将志愿服务活动归纳为四种基本类型：①互助或自助（mutual aid or self－help），即人们为了社区的共同利益或共同的生活环境而贡献他们的时间和精力来帮助他人和自己，体现在医疗、饮水、教育等公共设施中；②博爱或为他人提供服务（philanthropy or service to others），博爱是指对全人类的爱，也是许多人做志愿服务的动机，其基础是一种“赠与式关系”，即人们自愿地付出时间和精力去帮助他人，并不期待他人反馈同样的好处和帮助，但客观上却存在“交换式关系”，即志愿者在提供志愿服务的同时也有所收获；③参与（participation），即人们为了参与社区和国家管理工作愿意付出时间和精力从事志愿服务，也愿意在决策中发挥作用；④倡导与运动（advocacy and campaigning），即人们为了自己或他人的利益付出时间和精力举办一些在本地区或全球范围的游说、辩论活动，期望借此改变某些社会政策和福利（Smith，2000；转引自丁元竹、江汎清，2001；张网成，2011）。

2019 年中国社会状况综合调查数据显示，我国志愿者近一年提供的志愿服务内容（见表 4－6），排在前六位的分别是环境保护（45.9%）、老年关怀（37.4%）、儿童关爱（28.3%）、扶贫济困（27.0%）、扶助残障（20.3%）、抢险救灾（14.1%）。这表明我国志愿服务活动虽然仍以互助或自助、博爱或为他人提供服务类为主，但参与、倡导与运动类的志愿服务也开始多起来，显示出社会对志愿服务活动需求的多样性。

表 4－6　志愿服务的主要领域

领域	频次	回应百分比（%）	个案百分比（%）
儿童关爱	728	13.1	28.3
青少年辅导	336	6.1	13.1
老年关怀	962	17.3	37.4
妇女维权/保护	175	3.2	6.8
扶助残障	521	9.4	20.3
支教助教	149	2.7	5.8
扶贫济困	693	12.5	27.0
医疗护理	222	4.0	8.6
法律援助	92	1.7	3.6
环境保护	1180	21.3	45.9
抢险救灾	362	6.5	14.1
国际援助	11	0.2	0.4
其他	119	2.1	4.6
合计	5550	100.0	215.9

来源：2019 年中国社会状况综合调查（CSS2019），样本数为 2572。

以上志愿服务活动的组织者（见表 4－7），排在前三位是工作单位/学校/组织/机构（68.8%）、个人发起（31.3%）、所在社区（村）委会（26.9%），而由志愿服务组织来组织提供的比例并不高（14.2%）。这表明在我国，志愿服务活动并非专属于狭义上的志愿服务组织，并且占比还不高；反而依靠政府、企业等组织来组织志愿服务更为流行，志愿服务的非正式组织也占据不少份额。

表4－7　志愿服务活动的主要组织者

类别	频次	回应百分比（%）	个案百分比（%）
个人发起	806	24.5	31.3
工青妇等群团组织	120	3.7	4.7
工作单位/学校/组织/机构	947	28.8	36.8
所在社区居（村）委会	693	21.1	26.9
政府部门及其相关机构	279	8.5	10.8
志愿服务组织	364	11.1	14.2
其他	76	2.3	3.0
合计	3285	100.0	127.7

数据来源：2019年中国社会状况综合调查（CSS2019），样本数为2572。

2. 从志愿服务组织角度看

有学者根据组织发起者划分出三类主要的志愿服务组织：一是由政府部门发起并推广的志愿者组织，典型形式是社区志愿者组织，典型代表诸如天津市和平区社区服务志愿者协会等，它的各级组织都与相应的民政部门联系在一起，在最基层是与街道居委会联系在一起，并接受相应组织的领导与指挥。据不完全统计，截至2010年年底，全国社区服务志愿者组织已有28.9万多个，社区志愿者人数达2990万[1]。社区志愿者组织开展了广泛的志愿服务活动，从服务对象看，面向老年人、残疾人、优抚对象提供社会福利服务，面向社区居民提供便民利民服务，面向社区内企业单位和机构团体提供后勤服务。二是由准政府部门发起并推广的志愿者组织，典型形式是青年志愿者协会，它是由共青团系统自上而下发起的，利用共青团中央和各级共青团的地方组织开展青年志愿者活动，其组织力量大、动员面广，特别适合开展大型的志愿服务项目，是我国另一个规模巨大的志愿者组

[1] 全国社区志愿者组织达到28.9万个　服务品牌594个。浏览网址：http://www.wenming.cn/cslm/tt_cs/201012/t20101205_24018.shtml。

织。据共青团中央统计，截至 2011 年年底，我国注册青年志愿者人数达到 3392 万，建立各类志愿服务站 17.5 万个❶。青年志愿者协会服务涵盖扶贫开发、社区建设、环境保护、大型活动服务、社会公益服务等。三是由民间自发发展的志愿者组织，这些组织由个人或其他组织自发创建，它们中有一些是在民政部门登记注册，有些是以商业身份通过工商部门注册登记，还有一些是没有登记注册的“草根”性志愿者组织（聂阳阳，2010）。

中国志愿服务联合会（2017）的研究报告指出，全国志愿服务信息系统❷提供的数据显示，截至 2016 年年底，全国在该系统登记的志愿服务团体数量达到 287516 个；到 2017 年 6 月，志愿服务团体数量增长到 342065 个。不同类型的志愿服务组织发展状况如下。

第一，按照组织功能划分（见图 4 – 19），统筹型志愿服务组织（国家、省、市联合会）占总数的 13.8%，支持型志愿服务组织（研究会、培训组织、促进组织等）占比为 6.4%，实施型志愿服务组织

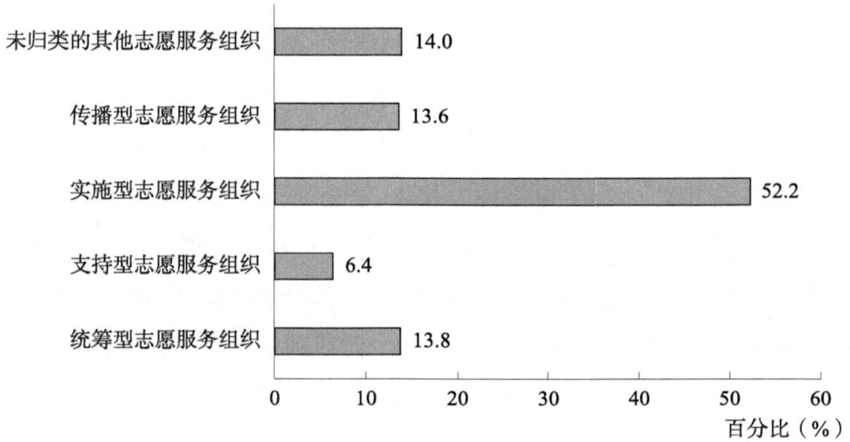

图 4 – 19　按组织功能划分的志愿服务组织情况

来源：中国志愿服务联合会（2017）。

---

❶ 中国注册青年志愿者总数逾 3000 万。浏览网址：http：//www.xinhuanet.com/politics/2012 – 12/18/c_114073391.htm。

❷ 全国志愿服务信息系统网址为 https：//chinavolunteer.mca.gov.cn。

（如社区志愿者协会、志愿服务总队、志愿服务团队等）占比为52.2%，传播型志愿服务组织（文化、媒体志愿组织等）占比为13.6%，未归类的其他志愿服务组织占比为14.0%。

第二，按照所属区域与机构划分（见图4－20），社区志愿服务组织占比为60.2%，农村志愿服务组织占比为5.5%，高校志愿服务组织占比7.7%，企业志愿服务组织占比8.1%，境外志愿服务组织在华机构占比为0.3%，未归类的其他志愿服务组织占比为18.2%。

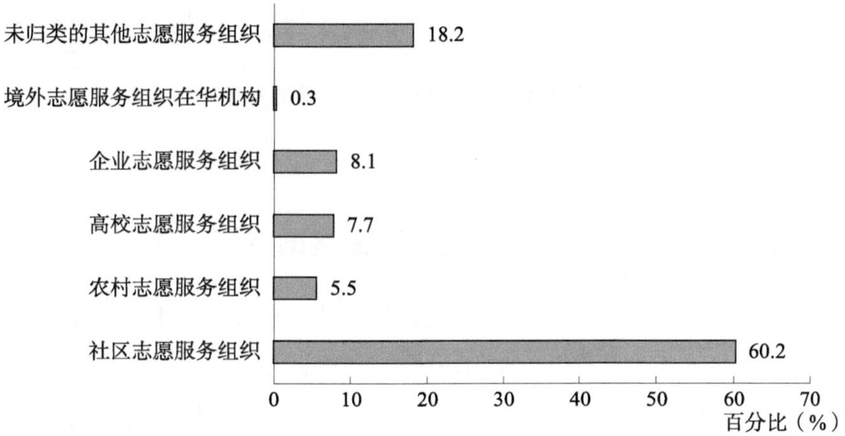

图4－20 按所属区域与机构划分的志愿服务组织情况

来源：中国志愿服务联合会（2017）。

第三，按是否登记注册来划分（见图4－21），民政部门登记注册的志愿服务组织占比为16.2%，工商管理部门登记注册的志愿服务组织占比为2.2%，挂靠在机关、单位、企业的团队占比为43.5%，挂靠在社区的团队为17.7%，挂靠在合法登记社会组织的团队占比为1.7%，高校社团占比为5.0%，自发的志愿服务团队占比为8.6%，未归类的其他志愿服务组织占比为5.2%。

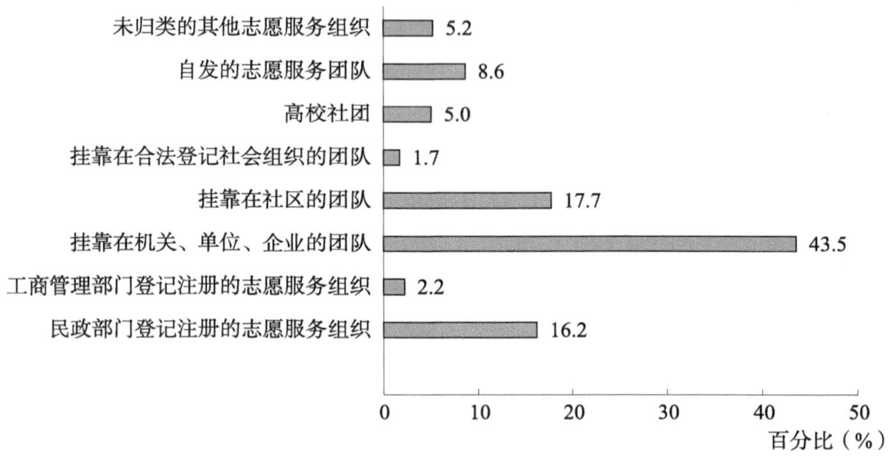

图 4－21　按是否登记注册划分的志愿服务组织情况

来源：中国志愿服务联合会（2017）。

二、改革开放后社会组织管理制度的变迁

改革开放以来，我国社会组织的发展呈现出几乎可称为“爆炸式增长”的突飞猛进的势头，其中虽经历了停滞或曲折，但发展的总体趋势无疑是非常显著的。影响社会组织发展的因素很多，其中，宏观的制度规范是一个重要变量，它对社会组织发展的影响过程相当复杂。伴随着社会组织的发展而建立起来的各种制度规范的总和构成了社会组织管理体制。我国社会组织管理体制经历了从“双重管理体制”到“统一直接登记体制”的转变，这种转变促使社会组织发展活力获得了充分的释放。以下根据王名等（2014）所著的《社会组织与社会治理》一书，将我国社会组织管理体制的变迁过程归纳为四个阶段。

第一阶段：放任发展分散管理阶段（20 世纪 70 年代末至 80 年代末）

改革开放之初，我国出现了一次结社的小高潮，涌现了大量社会组织，这些社会组织在体制上并没有相应的法律法规和制度框架加以规范，其内部运作和管理也没有统一的模式和模板加以约束，呈现出

"放任发展"社会组织的局面。尽管对社会组织规范管理的要求一再被提出来并出台了相应的规定，也对一小部分全国性社会组织进行了清理，但整体来看这一时期既没有颁布任何法规，也没有明确统一的管理体制，规范管理的有限要求以及对社会组织的审批和管理权限，实际上分散在各个不同的党政部门和相关人民团体，以及各级党政机关中，在社会组织体制上呈现出分散管理的特征。

在该阶段的末期，由于一些突发事件乃至政治波动的出现，危及了政治和社会稳定，执政党和政府开始采取严厉的管束政策，政府行政权力加大了对社会组织的管控力度，社会组织管理体制迈入"双重管理"阶段。

第二阶段：限制发展归口管理阶段（20世纪90年代）

政府通过制定和颁布相关法规，并对社会组织展开集中的"清理整顿"，实现了将社会组织管理权限统一归口到特定管理机关，取代了放任发展和分散管理的体制。1988年国务院通过并颁布《基金会管理办法》，其中规定，成立基金会不仅要有明确的公益宗旨和一定的注册基金，而且必须报经人民银行审核并由民政部门统一登记；1989年国务院通过《社会团体登记管理条例》并于同年10月25日开始实施，该条例明确规定，"申请成立社会团体，应当经过有关业务主管部门审查同意后，向登记管理机关申请登记"。以这部法规为标志，初步构建起以业务主管部门（单位）和登记管理机关为主体的所谓"双重管理体制"。1998年10月25日，国务院通过并颁布新的《社会团体登记管理条例》和《民办非企业单位登记管理暂行条例》，在制度上对双重管理体制做出了更加明确与细致的规定。

为落实法规中的归口管理，1990年6月，民政部门开始对社会团体进行集中"清理整顿"，其目的，一是在政治上要努力清除此前政治风波带来的自由化倾向，二是在行政上力求加强统一的登记管理。这次集中"清理整顿"历经一年，在1991年6月结束。第二次"清理整顿"开始于1997年4月，这次主要针对大量未被纳入统一登记管理体系的"民办非企业单位"的社会服务机构，并且一直延续到1999年10月。通过两次集中"清理整顿"，逐渐形成了将社会组织的管理权限统一到特定的管理机关即作为登记管理机关的民政部门，同时，保留了业务主管单位对社会组织的审查批准与日常监督职责。以业务主管部门和登记管理机关为主体的所谓“双重管理体制”成为规范和管理社会组织的一项基本制度。在2013年3月国务院正式启动社会组织管理体制改革之前，双重管理体制一直是我国社会组织管理体制的基石。

第三阶段：分类管理、分地区登记的过渡阶段（21世纪的前10年）

随着社会组织的快速发展，双重管理体制的弊端逐步凸显，为此，在民政部的主导下，社会组织管理体制改革在部分领域、部分地域以先行先试方式展开，逐步在全国范围内形成以分类、分地域登记为特征的过渡体制。分类、分地域登记指的是根据各地不同的发展阶段和对社会组织的性质、功能、结构等特点进行类别划分，分地分区、分门别类地将其纳入不同的系列进行登记和管理，并相应地采取不同的政策和制度形式加以规范与引导。在这一阶段，广东、安徽、湖北、北京、四川、天津、深圳等地积极探索突破双重管理体制的束缚，尝试开展直接登记体制改革；上海、山东、江西、陕西、宁夏、青岛等地出台文件，大力推动登记和备案双轨制的改革尝试。此外，各地在社会组织监管、执法、党建等方面也做出了许多积极探索。

第四阶段：统一直接登记阶段（2011年至今）

在各地探索的基础上，中央逐步明确了社会组织管理体制改革的总体思路。2011年3月，全国人大通过的“十二五”规划纲要中明确提出：“改进社会组织管理，建立健全统一登记、各司其职、协调配合、分级负责、依法监管的社会组织管理体系。”2012年11月8日，党的十八大报告首次正式提出要“加快形成政社分开、权责明确、依法自治的现代社会组织体制”。2013年3月14日，第十二届全国人民代表大会第一次会议通过了《国务院机构改革和职能转变方案》，在国务院职能转变中提出：

> 改革社会组织管理制度。加快形成政社分开、权责明确、依法自治的现代社会组织体制。逐步推进行业协会商会与行政机关

> 脱钩，强化行业自律，使其真正成为提供服务、反映诉求、规范行为的主体。探索一业多会，引入竞争机制。
>
> 重点培育、优先发展行业协会商会类、科技类、公益慈善类、城乡社区服务类社会组织。成立这些社会组织，直接向民政部门依法申请登记，不再需要业务主管单位审查同意。民政部门要依法加强登记审查和监督管理，切实履行责任。坚持积极引导发展、严格依法管理的原则，促进社会组织健康有序发展。
>
> 完善相关法律法规，建立健全统一登记、各司其职、协调配合、分级负责、依法监管的社会组织管理体制，健全社会组织管理制度，推动社会组织完善内部治理结构。

同年11月12日，中国共产党第十八届中央委员会第三次全体会议通过了《中共中央关于全面深化改革若干重大问题的决定》，在“创新社会治理体制”中提出：

> 激发社会组织活力。正确处理政府和社会关系，加快实施政社分开，推进社会组织明确权责、依法自治、发挥作用。适合由社会组织提供的公共服务和解决的事项，交由社会组织承担。支持和发展志愿服务组织。限期实现行业协会商会与行政机关真正脱钩，重点培育和优先发展行业协会商会类、科技类、公益慈善类、城乡社区服务类社会组织，成立时直接依法申请登记。加强对社会组织和在华境外非政府组织的管理，引导它们依法开展活动。

党的十八大以来，以统一直接登记和培育发展、统一监管为主要特征的新的社会组织管理体制正在我国范围内加紧构建。在新的社会组织管理体制构建过程中，志愿服务组织获得了优先支持与培育发展。

三、志愿服务联合会：一种志愿服务伞状治理结构

（一）全国性志愿服务伞状治理结构

随着志愿服务领域的不断拓展，志愿服务组织越来越多样化（汪

彩霞等，2017），志愿服务组织之间开始出现功能分化现象，除了最常见的直接提供服务的志愿服务组织（这类组织的主要功能是将志愿者与服务对象进行联结），还出现了促进志愿者与志愿服务组织之间、志愿服务组织之间、志愿服务组织与其他组织（政府、企业）之间进行联结的组织（王名等，2014），这类组织在学术与实务上有多种称谓，如“伞状组织”（徐宇珊，2016）、“支持性组织”（许莲丽，2018）、“枢纽型组织”（张荆红等，2018）、“基础设施组织”（Lorentzen and Henriksen，2014）、“中介组织”（Sanyal，2006）、桥梁性组织（Brown，1991）等。无论称谓如何，这类组织在功能上主要发挥联结功能、支持功能与规制功能，在表现形式上是促进志愿服务组织网络结构化。为了行文的方便，本书使用“伞状组织”或“伞状结构”来描述不同组织之间的联结现象，这种联结不限于志愿服务组织之间，还涉及志愿服务组织与其他组织之间的联结。

一般来说，组织联结模式大体上有三种：议题联盟、网络结构和伞状结构。其中，议题联盟是最弱的联结模式，各个组织之间的联结很松散，既不存在一个制度化的管理机构，也没有就倡导的某个议题形成长期的互动机制平台。网络结构的联结强度高于议题联盟，在某一具体议题上，组织之间的联结不是暂时性的，而是较为长期的，各组织之间形成松散、平等的合作关系并拥有共同的交流平台，可以联合开展某些活动，如联合倡议、定期举办内部研讨会或交流会、共同行动等，但是，各个组织之间同样不存在制度化的联合管理机构。伞状结构是最强的联结模式，组织之间建立了制度化的联合管理机构，联合管理机构在联合理事会的指导下运作，联合理事会是联合管理机构的最高决策机关。伞状结构下的组织之间彼此保持相对独立和自治，它们之间建立起信息和资源分享、组织制度构建和政策倡导的合作关系，也可以互相提供经费、设备和技术上的支持。制度化的联合管理机构则主要起到协调功能（王瑾，2012）。伞状结构中的核心组织成员为伞状组织，这类组织既有政府自上而下主动建构形成的，也有类似组织自下而上自发建构形成的（Lorentzen et al.，2014；徐宇珊，2016）。

在志愿服务领域，伞状志愿服务组织接近于许莲丽（2018）所说的我国行业性的支持型组织，它是志愿服务协调机制下提供整体支持的行业组织，其支持功能是全局性的，非常强大，具体表现在：第一，核心功能是全面协调，能够协调汇集党、政、群、团等多方力量，为志愿服务的整体发展争取政策、物质资金和人力等支持；第二，志愿服务整体规划与引领；第三，志愿服务指导和规范；第四，志愿服务组织、项目、志愿者的全方位支持。伞状志愿服务组织也类似于欧洲一些国家设置的志愿者中心，例如，丹麦志愿者中心通过支持地方社团之间的网络，以及向现有和新的志愿组织与行动提供支持和咨询，在许多情况下加强和改进了地方社团之间的内部合作，并促进了公共和私营组织之间的联系（Lorentzen et al.，2014）。

在我国政策实践中，行业性的支持性组织也被视为一种枢纽型社会组织，“枢纽型社会组织”的实践探索最早由北京市提出（卢建等，2011；刘轩，2012；卢磊，2018），之后在上海市、广州市等地继续演变发展（范明林等，2015；李宗克等，2015；姚迈新，2016）。2008 年 9 月，北京市出台了《北京市关于构建市级“枢纽型”社会组织工作体系的暂行办法》，提出“枢纽型社会组织”的概念，枢纽型社会组织是指由社会建设的有关部门认定，在对同类别、同性质、同领域社会组织的发展、服务、管理工作中，在政治上发挥桥梁纽带作用，在业务上处于龙头地位，在管理上承担业务主管职能的联合性社会组织。因此，北京市采取的政府认定的枢纽型社会组织，是具有联合性功能的社会组织中的一小部分，追求少而精。而在上海市或广州市，一般对枢纽型社会组织的内涵理解较为广泛，例如，范明林等（2015）认为枢纽型社会组织“是指在党和政府与各个领域中一般社会组织之间发挥着桥梁和纽带功能作用的组织”。然而，无论是北京还是上海或广州，三地对枢纽型社会组织的探索都特别突出发挥工会、共青团、妇联和社联、文联、残联等传统的群团组织的桥梁与纽带作用，在此基础上，不断延伸枢纽型社会组织的类型与层级，从市级向下延伸到社区级，从人民团体延伸到行业协会商会，甚至是某些发挥枢纽作用的基地平台，以及一般性社会组织。

枢纽型社会组织在国家与单个社会组织之间发挥中介（intermediation）与规制（regulation）作用，这种作用发挥是实现国家社会合作的重要因素。作为中介者，枢纽型社会组织整合其成员社会组织的利益诉求与意见建议，代表所属领域的社会组织与政府进行沟通；作为规制者，枢纽型社会组织对其成员社会组织履行部分政府管理职责，同时，以成员共识形式发展行业自律（张荆红等，2018）。

根据志愿服务的领域、区域不同，伞状组织及其形成的伞状结构既有特定领域型的，也有综合型的；既有国家层面的，也有地方层面的。目前，我国全国性志愿服务行业组织已有六家，分别为中国志愿服务联合会、中华志愿者协会、中国青年志愿者协会、中国文艺志愿者协会、中国助残志愿者协会、中国扶贫志愿服务促进会；23 个省份成立了省级跨领域的枢纽型志愿服务组织，多数较大的市也成立了地区志愿服务组织，初步形成了志愿服务的行业组织体系。[1] 这些行业组织基本上都是由政府自上而下主动积极建构的。以下着重介绍三个有影响的、综合性的全国性伞状组织，即中国青年志愿者协会、中华志愿者协会与中国志愿服务联合会（见表 4 – 8）。

表 4 – 8　全国性伞状志愿服务组织比较

组织	中国青年志愿者协会	中华志愿者协会	中国志愿服务联合会
英文名称	Chinese Young Volunteers Association，CYVA	China Volunteers Association，CVA	China Volunteer Service Federation，CVF
成立登记时间	1994 年 12 月 5 日	2011 年 5 月 16 日	2014 年 1 月 2 日
业务主管部门	共青团中央委员会	民政部	中共中央宣传部
注册资金	10 万元	10 万元	10 万元
社会组织类型	社会团体	社会团体	社会团体

[1] 《关于支持和发展志愿服务组织的意见》解读，浏览网址：http：//www.mca.gov.cn/article/gk/jd/shgzyzyfw/201607/20160715001163.shtml。

续表

组织	中国青年志愿者协会	中华志愿者协会	中国志愿服务联合会
业务范围	(一)加强思想政治引领，践行社会主义核心价值观，弘扬良好道德风尚，促进社会文明进步和和谐社会建设 (二)建立健全青年志愿服务体系，推进诚信建设和志愿服务制度化 (三)培养青年责任意识、规则意识、奉献意识，促进青年全面发展，培养社会主义建设者和接班人 (四)组织青年围绕扶贫、环保、济困、扶老、救孤、恤病、助残、救灾、助医、助学、应急救援、大型赛会等领域开展志愿服务 (五)规划、组织青年志愿服务活动，协调全国各地、各类青年志愿者组织开展工作 (六)依法依规开展海外志愿服务活动，与海内外志愿者组织、团体加强交流 (七)开展符合本协会宗旨的其他活动	(一)以《志愿服务条例》为遵循，贯彻国家其他有关志愿服务法律、法规和方针政策，宣传志愿精神，开展志愿服务事业，提高社会公众的认知度和参与度 (二)开展志愿者招募、注册工作，协助民政部完善志愿服务信息系统，建设内容完备、更新及时的志愿者人力资源信息库 (三)开展志愿服务相关培训和专业督导，加强志愿服务组织和志愿者能力建设 (四)回应志愿服务组织和志愿者的诉求，优化志愿者参与志愿服务活动的社会环境，维护志愿服务组织和志愿者的合法权益 (五)鼓励和动员志愿服务组织和志愿者在重大自然灾害、事故灾难等突发事件发生时，根据国家应急指挥机构的统一指挥、协调，及时有序开展志愿服务活动 (六)经政府有关部门批准，对有突出表现和贡献的志愿服务组织和志愿者进行表彰活动 (七)组织开展志愿服务理论和实践的研究活动，为政府制定志愿服务政策提供决策依据，开展志愿服务政策咨询，积极推动志愿服务立法相关工作 (八)开展与国际及我国港、澳、台地区志愿服务组织的交流活动，推进国际项目合作	(一)弘扬志愿精神，培育志愿文化 (二)加强对志愿者、志愿服务组织的团结引导，联合志愿服务力量，培育和壮大志愿服务队伍 (三)组织开展学雷锋志愿服务活动，协调指导会员开展志愿服务，打造志愿服务品牌，开展激励表彰 (四)加强全国志愿服务信息系统建设，推进志愿者、志愿服务组织注册、管理、评价机制建设 (五)协调会员力量，规范会员行为，反映会员诉求，维护志愿者和志愿服务组织的合法权益 (六)开展志愿服务培训和调查研究 (七)开展志愿服务国际交流合作 (八)争取党和政府有关部门支持，整合各类社会资源，积极推动志愿服务事业发展 (九)开展符合本会宗旨的其他活动

续表

组织	中国青年志愿者协会	中华志愿者协会	中国志愿服务联合会
会员规模	单位会员 470 个，个人会员 477 名	单位会员 117 个，个人会员 1281 名；10 个分支机构，4 个代表处，1 个实体机构	会员 120 个，分支机构 6 个，各级各类志愿服务组织 24 万个，实现了 31 个省份（港、澳、台地区除外）组织区域全覆盖
功能发挥评价	联合功能与支持功能强，规制功能弱	联合功能弱，支持功能强，规制功能弱	联合、支持与规制功能都强

来源：①中国社会组织公共服务平台（http://www.chinanpo.gov.cn/index.html）。②中国青年志愿者协会章程（http://zgzyz.cyol.com/content/2021-03/03/content_11482270.htm）、中华志愿者协会章程（http://www.chinesevolunteer.org/h-col-112.html）、中国志愿服务联合会章程（https://www.cvf.org.cn/cate/zc/）。

中国青年志愿者协会成立于 1994 年 12 月 5 日，是由共青团中央委员会作为业务主管部门、由青年志愿者组织和个人自愿结成的，全国性、专业性、非营利性社会组织，是当时我国唯一专门从事志愿服务的全国性社会团体。随后，在共青团中央和各级团委的推动下，全国各省市纷纷成立了青年志愿者协会，大多数市县也成立了青年志愿者协会，镇街、社区建立了青年志愿者服务站（点），构建了覆盖全国、功能多样的青年志愿服务体系（谭建光，2018b）。1998 年 8 月，共青团中央青年志愿者行动指导中心正式组建，承担中国青年志愿者协会秘书处的职能，负责全国青年志愿者工作的组织管理。目前，中国青年志愿者协会的单位会员主要为各级地方青年志愿者协会、高校青年志愿服务组织、基层青年志愿服务组织、企业和行业类青年志愿服务组织、基金会、互联网平台等，共 470 个。个人会员主要为优秀青年志愿者、青年志愿服务工作者、志愿服务相关领域专家学者、法律工作者、媒体从业人士、与志愿服务关系密切的企业界人士、基金会负责人等，共 477 人。[1] 中国青年志愿者协会由于成立时间长、活

[1] 中国青年志愿者协会简介，浏览网址：http://zgzyz.cyol.com/content/2021-03/03/content_11482259.htm。

动开展多、发展历史久等原因，在志愿服务领域影响非常大，特别是在2008年之前，在地方政策与实践中，中国青年志愿者协会扮演着事实上的志愿服务协调机构的角色，而且几乎是唯一的，没有竞争对手。

中华志愿者协会成立于2011年5月16日，是由志愿者、志愿服务组织以及关心支持志愿服务事业的单位或组织自愿组成的联合性、全国性、公益性非营利性社会团体组织，接受中央文明办和民政部的业务指导，其使命是维护志愿者权益、规范志愿者行为、提高志愿者素质、宣传和培育志愿文化（伊文，2011）。从中华志愿者协会章程与年度工作报告来看，其重点工作为志愿者注册登记、志愿者培训与志愿服务研究，同时承担一些志愿服务实务项目，也就是其主要发挥支持功能，而联结功能比较弱，这主要是由于中华志愿者协会没有覆盖全国的志愿者体系。中华志愿者协会能够依托的志愿服务组织大多数是基层的社区志愿者协会，省市层面的志愿服务组织体系基本上是断层的。

中国志愿服务联合会成立于2014年1月4日，是由志愿服务组织、志愿者以及相关单位、组织和个人自愿结合组成的全国性、联合性、非营利性社会组织，由中共中央宣传部作为业务主管，在中央精神文明建设指导委员会办公室指导下开展日常工作，积极履行“引领、联合、服务、促进”的职责。中国志愿服务联合会2016年的工作总结显示，联合会组织体系基本构建完毕，会员120个，分支机构6个，各级各类志愿服务组织24万个，实现了31个省份（港、澳、台地区除外）组织区域全覆盖。值得一提的是，中国青年志愿者协会、中华志愿者协会等全国性的志愿者协会或联合会都是中国志愿服务联合会的成员单位。

中国志愿服务联合会目前是我国最大的志愿服务联合组织，这主要得益于法规授权与国家最高领导人的高度重视。在法规授权上，根据国务院颁布的《志愿服务条例》第五条的规定：“国家和地方精神文明建设指导机构建立志愿服务工作协调机制，加强对志愿服务工作的统筹规划、协调指导、督促检查和经验推广。”中国志愿服务联合会就是在中央精神文明建设指导委员会办公室指导下成立的社会组织。在最高领导人重视程度上，2019 年 7 月 23 日，习近平总书记向中国志愿服务联合会第二届会员代表大会发来贺信，在信中对中国志愿服务联合会的职责定位提出明确期待（新华社，2019）："中国志愿服务联合会要认真履行引领、联合、服务、促进的职责，为广大志愿者、志愿服务组织服务他人、奉献社会创造条件。各级党委和政府要为志愿服务搭建更多平台，给予更多支持，推动志愿服务制度化常态化，凝聚广大人民群众共同为实现'两个一百年'奋斗目标、实现中华民族伟大复兴的中国梦贡献力量。"

我国目前基本形成了以中国志愿服务联合会为中心的伞状网络结构，从纵向上来看，构建起了中国志愿服务联合会→省（自治区、直辖市）志愿服务联合会→市（县）志愿服务联合会的多层级的组织体系；在横向上，各级志愿服务联合会广泛联结各领域志愿者、志愿服务组织与团体等。同时，由于各级志愿服务联合会直接接受同级文明办的业务指导，因此，中国志愿服务联合会还具有与党政部门直接沟通的条件与管道。

（二）地方性志愿服务伞状治理结构

在地方实践中，志愿服务联合会的构建有两种方式：一是由原属共青团系统的青年志愿者协会转设而来，如接下来要分析的北京市案例；二是另起炉灶新建志愿服务联合会，如下一章将要分析的中山市案例。北京市是我国志愿服务发展比较早的城市，本章第一节中提到的"综合包户"就是由北京共青团系统首创的。早在 1993 年，北京志愿者协会就在共青团北京市委的指导下注册成立，经过多年的志愿服务历练，尤其是在经历北京奥运会志愿者工作的考验后，被赋予了指导全市志愿者工作的职责，这一职责由《北京市志愿服务促进条例》（2007 年）授权确认。之所以授权给北京志愿者协会，而没有新建志愿服务联合会，立法者主要是基于以下几点理由（王爱声，2008）：第一，志愿者协会是专门从事志愿服务的非营利性社会组织，具有较强的行业性特点，根据章程承担规划、协调北京志愿服务行动和组织、指导志愿者提供志愿服务的社会功能，并承担由此产生的法律责任；第二，志愿者协会是各类从事志愿服务的组织中层次较高、综合性较强的一种组织，在组织、指导、协调志愿服务工作和自律管理方面富有经验；第三，志愿者协会在全市志愿服务活动的组织和开展中形成了积极的影响，为筹办奥运会贡献了力量，实施了一些重要的国际合作交流项目，日益得到社会各方面的认可，成为国内公益组织的先进代表；第四，志愿者协会已初步构建起范围广泛、内容丰富的志愿者组织体系。

北京奥运会结束后，北京志愿者协会转设为北京市志愿服务联合会，同时接受共青团北京市委与首都文明办的指导，至此形成了以北京市志愿服务联合会为中心的伞状网络结构。在这一伞状网络结构中，还有两家支持性社会组织，即北京市志愿服务基金会和北京市志愿服务发展研究会，为志愿服务联合会提供智力支持与资金支持（见图 4－22），这两家支持性社会组织是在北京奥运会结束后 1～3 年内成立的。北京奥运会后，北京市志愿服务联合会团体会员数量不断攀升，1993 年仅为 20 余家，2005 年为 90 余家，2008 年达到 246 家，2009 年有 345 家，2010 年为 7035 家，2016 年为 55687 家（许莲丽，2018）。

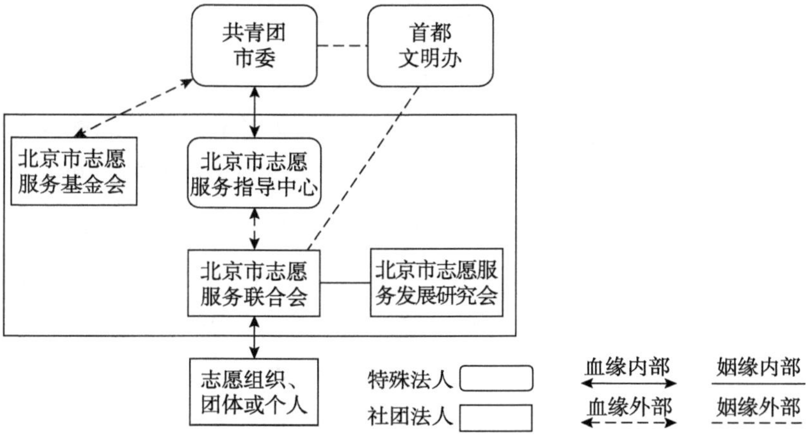

图 4－22　北京市志愿服务组织的网络结构

来源：作者自行绘制。

第四节　重大事件：一种志愿服务场域的形塑机制

在我国志愿服务发展过程中，一些重大事件形塑着志愿服务场域的形成与演进过程，成为推动志愿服务制度化的一种重要机制，它们被称为“场域设定事件”（Lampel et al.，2008）。尤其是四川汶川地震与北京奥运会常被看成是推动我国志愿服务发展的典型事件（沈杰，2009；张网成，2011），它们代表着两类不同性质的重大事件，前者是自然灾害，后者是赛事峰会。这些重大事件为不同社会行动者（包括个人或组织）之间建立联结、分享经验、沟通分歧、增进理解提供了社会空间或机会窗口，从而影响了相关行动者的意义系统、关系系统以及政策的制定等（Glynn，2008；Atsumi，2015）。本节主要考察诸如汶川地震与北京奥运会这些重大事件对志愿服务场域的意义系统、关系系统与政策制定的形塑作用，这些重大事件带来的形塑作用不仅影响到地方层面，而且具有全国层面的意义。

一、重大事件：汶川地震与北京奥运会

（一）以汶川地震为代表的自然灾害事件

中国是世界上自然灾害最严重的国家之一，呈现灾害种类多、分布地域广、发生频率高、造成损失重等特征（中华人民共和国国务院新闻办公室，2009）。2008 年 5 月 12 日 14 时 28 分 04 秒，在四川省阿坝藏族羌族自治州汶川县映秀镇附近发生里氏 8.0 级特大地震（以下简称“汶川地震”），破坏地区超过 10 万平方千米，地震影响波及大半个中国，全国 25 个省份有明显震感。截至 2008 年 9 月 25 日，汶川地震共计造成 69227 人遇难、17923 人失踪、374643 人不同程度受伤、1993.03 万人失去住所，受灾总人口达 4625.6 万人（汶川特大地震四川抗震救灾志编纂委员会，2017）。这是中华人民共和国成立以来破坏性最强、波及范围最广、救灾难度最大的一次地震。为纪念汶川地震遇难同胞，增强全民防灾减灾意识，经中华人民共和国国务院

批准，自 2009 年起，将每年 5 月 12 日定为全国“防灾减灾日”。

在抗震救灾及灾后重建过程中，政府的迅速行动获得了公众的高度认可，尤其是在政府信息公开和全民动员的举国体制上表现突出（蓝煜昕，2008），另一个突出特点就是志愿者、非政府组织（NGO）等民间社会力量在抗震救灾中首度集体亮相。汶川地震中，我国公众、企业和社会组织参与了紧急救援，深入灾区的国内外志愿者队伍达 300 万人以上，在后方参与抗震救灾的志愿者人数达 1000 万以上，接收境内外各类救灾捐赠款物近 760 亿元人民币（国务院新闻办公室，2009），这一数字超过了 1996—2007 年全国接收的救灾捐赠款物的总和（累计 557 亿元，其中捐款 420 亿元），打破了中国捐赠史上的纪录。[1] 来自北京、上海、广东、贵州、陕西、重庆、甘肃、福建等 19 个省份的 234 家国内民间志愿服务机构参与了汶川抗震救灾与灾后重建（北京志愿服务发展研究会，2014）。此外，先后有 170 多个国家和地区、20 多个国际组织向我国提供了 44 亿多元人民币的现金援助以及大批救灾物资。俄罗斯、日本、韩国、新加坡派出专业救援队伍，英国、日本、俄罗斯、意大利、法国、古巴、印度尼西亚、巴基斯坦政府和德国红十字会的九支医疗队共 223 名医疗技术人员参与四川和甘肃两省地震灾区的伤员救治工作（国务院新闻办公室，2009）。

汶川地震开启了民间社会力量参与政府主导的应急救援行动的先河，在随后的地震、水灾、台风等自然灾害中，民间参与救灾越来越活跃和训练有素，从个人到组织、从民间自发到官民协同、从单打独斗到平台共建，逐步走向专业化之路，并形成基金会筹款和资助、在地组织服务、平台网络支持等格局，成为政府所重视的力量，被嵌入中国社会的防灾救灾体系中（卢喜兰，2019）。

（二）*以北京奥运会为代表的赛事峰会事件*

百年奥运，中华圆梦。2001 年 7 月 13 日，时任国际奥委会主席

---

[1] 概况：5 · 12 抗震救灾各类捐赠总价值 937 亿元。浏览网址：http：//www. gongyishibao. com/zhuan/csdh/juanzeng/news1. html。

萨马兰奇宣布北京获得2008年奥林匹克运动会（以下简称“北京奥运会”）主办权，北京申奥成功，为百年奥运三问[1]交上了完美答卷，实现了中国人一百年的期待。2008年，中国向世界展示了一场“有特色、高水平”的奥运盛宴，为中国乃至世界留下了无比珍贵的记忆与财富。其中，北京奥运会志愿者工作就是这笔财富中的一项重要内容，它不仅保障了奥运会、残奥会的成功举办，更成为推动中国志愿服务事业发展的历史契机，是奥运会志愿服务发展史上的一个新的里程碑。

在奥运会、残奥会期间，约10万名赛会志愿者在近80个业务领域的3000余个工作岗位上提供志愿服务，累积上岗200余万人次，累积服务1600万小时左右，每日上岗率始终保持在99.5%以上，为赛事的成功举办提供了全面保障；40万名城市志愿者在北京市550个城市志愿服务站点上，提供信息咨询、语言翻译、应急服务及具有区域特色的服务，累积服务超过4000万小时，成为国际友人了解中国的一个重要窗口；百万社会志愿者活跃在各类公共场所，开展秩序维护、交通运行、治安巡逻、扶残助困等志愿服务，累计服务1.5亿小时，为维护社会和谐稳定做出了独特贡献；20万名啦啦队志愿者，与千万人次的文明观众一起，共同营造了“文明、热情、专业”的赛场氛围；奥组委前期志愿者为奥组委的工作运行提供了50万小时的志愿服务（北京奥运会志愿者工作协调小组办公室等，2009）。

北京奥运会是我国首次举办的世界级大型活动，并对标国际标准开展奥运会志愿者工作，积累了丰富的志愿者管理经验，这为北京奥运会后我国各城市举办各项赛事峰会树立了标杆。从表4－9中可以看出，志愿者服务已成为我国举办各项赛事峰会的标配，并且在实践中不断创新发展，这有力地推动了城市志愿服务的发展。

[1] 1908年《天津青年》刊发一份南开青年学子的投书，发出了著名的“奥运三问”：中国，什么时候能够派运动员去参加奥运会？我们的运动员什么时候能够得到一枚奥运金牌？我们的国家什么时候能够举办奥运会？

表 4-9 赛事峰会中使用志愿者情况

序号	名称	时间	主办城市	志愿者规模	资料来源
1	第 29 届奥林匹克运动会/第 13 届残疾人奥林匹克运动会	2008 年 8—9 月	北京市	170 万名志愿者，其中 10 万名赛会志愿者、40 万名城市志愿者、100 万名社会志愿者、20 万名啦啦队志愿者	北京奥运会志愿者工作协调小组办公室等（2009）
2	第 41 届世界博览会	2010 年 5—10 月	上海市	200 万名志愿者，其中园区志愿者 7.9 万余人、城市志愿服务站点志愿者 13 万余人、城市文明志愿者超过 100 万人	上海市审计局（2011）；李天宇（2010）
3	第 16 届亚洲运动会/首届亚洲残疾人运动会	2010 年 11 月	广州市	59 万名志愿者，其中赛会志愿者 9 万名、城市志愿者 50 万名	新华社（2010）
4	第 26 届世界大学生夏季运动会	2011 年 8 月	深圳市	赛会志愿者 2.2 万人、城市志愿者 25 万人、社会志愿者 100 万人	深圳市审计局（2012）
5	二十国集团领导人第十一次峰会	2016 年 9 月	杭州市	峰会志愿服务工作启动以来，新增注册志愿者 52 万人次，超过 100 万名城市志愿者提供志愿服务	董碧水（2016）

来源：作者自行整理。

二、重大事件对志愿服务场域的形塑过程

（一）对志愿文化—认知的形塑作用

1. 汶川地震对志愿文化—认知的形塑作用

汶川地震对志愿文化—认知的形塑作用，突出表现在以下两个方面。一是激发公众的志愿精神与公民责任意识。在汶川地震的相关文献中，有太多感性的文字，这些文字包括“一切为了灾区、全力支援灾区”“一方有难、八方支援”“中国挺住！四川挺住！汶川挺住！”“我们都是汶川人”“四川加油，中国加油”“我爱中国”等。这些文

字背后的关键字是“人性”“生命第一”“以人为本”“志愿精神”“慈善”“民族精神”“爱国”等，这些是汶川地震留给中国人的人文精神遗产（蓝煜昕，2008）。对于汶川地震的志愿行动现象，丁元竹教授认为，中华民族的传统文化本身就蕴含着这样一种志愿精神：帮助别人、乐善好施，在此次汶川地震后的救援工作中，这种美好的东西迸发了出来，汶川地震起到了激发中国人志愿意识与精神的作用（叶边等，2008）。汶川地震中的志愿行动充分表达和展现了一种共同责任意识，这种共同责任意识是爱国主义、公民权责意识以及志愿精神的综合（朱健刚等，2009）。汶川地震志愿者行动彰显了多维度价值，张胜康（2010）认为主要体现在文化价值、社会价值、个体价值和经济价值四个方面，在文化价值上，具有明确的文化导向和文化整合性，体现了中华民族的文化软实力；在社会价值上，强化了中国社会的凝聚力和向心力，在增强社会互信、催生公民社会责任感方面的作用显而易见；在个人价值上，提高了志愿者的社会地位，体现了志愿者作为人的个人价值；在经济价值上，汶川志愿者行动在抢救社会财富的同时，通过志愿者的个人劳动，还创造了巨大的经济价值。

二是促进公众参与问题沟通，在集体反思中不断成长。蓝煜昕（2008）对期刊与报纸中的相关文献进行分析发现，对汶川地震的关注焦点有应急与危机管理、灾后重建、民间参与力量、捐赠与慈善、人文精神遗产五个大类，其中，汶川地震中的志愿者、NGO 等民间力量的参与吸引了公众的大量注意力。对于汶川地震中的志愿者、NGO 现象，公众的看法一分为三：第一种观点主张志愿者、NGO 以及作为公民社会言论载体的大众传媒在抗震救灾中形成了一股巨大的力量洪流，预示着我国公民社会的到来，据此，有人将 2008 年称为“公民社会元年”，或者“NGO 元年”，或者“志愿者元年”等；第二种观点关注于汶川地震中民间参与表现出的一些无序状态，例如，志愿者无序进入导致的交通和接纳困难，缺乏专业志愿者，部分志愿者对志愿精神缺乏认知、目的存在偏差等；第三种观点从制度结构层面反思民间参与力量的整合问题，主张汶川地震中民间力量的无序固然有志愿者和 NGO 自身的组织问题，但同时也暴露出在政府的应急体系中没有为民间参与救灾提供足够的空间和途径（邓国胜，2009），据此提出需要构建政府与民间协同救灾的制度框架。

2. 北京奥运会对志愿文化—认知的形塑作用

北京奥运会对公众志愿文化—认知的形塑作用突出体现在以下两个方面。一是普及志愿文化、弘扬志愿精神，让“志愿者”在公众中流行起来。志愿精神与奥林匹克精神相伴而生，志愿服务发展与奥林匹克运动发展相辅相成，经过历届奥运会的锤炼，志愿者工作早已成为奥运会组委会工作的重要组成部分（北京奥运会志愿者工作协调小组，2006；Zhuang，2011）。北京奥组委将“高水平的志愿服务”作为北京奥运会追求的重要目标之一（第29届奥林匹克运动会组织委员会，2010）。北京奥运会志愿者工作的总体目标是：圆满完成奥运会、残奥会志愿者各项工作任务，通过志愿者服务奥运会、残奥会，以及服务社会的实践，弘扬奥林匹克精神和志愿精神，提升志愿者的综合素质，推动志愿服务的长远发展（丁元竹等，2008）。由此可见，奥运会的申办、筹备、举行等过程本身就是一种向公众推广、普及志愿文化与志愿精神的过程。北京奥运会和残奥会举办时间虽然相隔不足两个月，但是北京奥运会和残奥会志愿者工作通过长达五年的一系列志愿服务活动，让公众能够通过直接参与体验或借助各种传播渠道，对志愿服务有了充分的认识和理解，提升了社会公众对志愿者、志愿服务的认同感。据一项“奥运志愿者服务对中国社会影响”的调查显示，“让‘志愿者’变得家喻户晓”的题项均值为8.71分（满分为10分），“让志愿服务理念逐渐深入人心”的题项均值为8.31分（满分为10分）（魏娜，2010）。

二是促进志愿者管理知识与经验的传播。一方面，国际上通行的奥运会志愿规范和标准通过北京奥运会传播到了我国。20世纪90年代以来，奥运会志愿者服务从招募、选拔、培训、使用、管理、激励和评价等各个工作环节上积累了比较成熟的经验，确立了国际通行的标准（任海，2005）。北京奥运会志愿者项目“坚持奥运规则，遵循国际规则和世界一流水平开展各项工作，努力使北京奥运会志愿服务符合国际通行标准和规则”（李炳华，2005）。北京奥运会通过举办

“志愿服务与人文奥运”国际论坛、“国际志愿服务”系列讲座和“奥运会志愿服务”专题研究等活动，汇集了一批志愿者管理与研究人才，形成了一系列志愿服务专题研究成果，这些都成为传播志愿者知识与经验的有效载体。另一方面，北京奥运会积累的志愿者管理经验还通过一些大型赛事峰会向其他城市传播（见表4－9）。例如，2011年广州亚运会志愿者培训师资来源之一就是北京奥运会志愿者服务培训专家（王焕清等，2010）。

（二）对志愿网络结构的形塑作用

面对诸如汶川地震与北京奥运会这些重大事件，仅靠单一个体、组织甚至政府都是无法完美应对的，重大事件促使个体之间、组织之间、个体与组织之间展开了多层级的网络联合行动，以一种集体行动的方式来化解危机、达成目标，其结果就是形成了不同层级的网络治理结构。在汶川地震中，志愿网络结构更多的是自下而上、内生性地生成；而在北京奥运会中，志愿网络结构更多的是自上而下、外生性地生成。

1. 汶川地震对志愿网络结构的形塑作用

在汶川地震事件中，可以看到志愿者个体之间自发性的、临时性的结合，他们根据自身特征或关注的任务结合成不同的志愿者团队，这些团队大致可以分为三类：一是以职能命名的团队，如“老兵突击队”“512突击队”“灾后心理支持救援队”等；二是以具有象征意义的激励词组命名的团队，如“爱心彩虹桥”“爱心传递行动小组”“爱心蚂蚁国际志愿者服务队”等；三是以志愿者原有身份命名的团队，如“广东教师志愿者联盟”（蒋抒洁，2008）。尽管一些团队可能救灾的组织化、专业能力不足（邓国胜，2009），但就是凭借一腔志愿精神与热情，不仅给予了实质性的帮助，更重要的是为灾民注入了一股生命的希望和力量。

随着紧急救援工作的结束，这些临时的、非正式的志愿者团队大多数解散退出，志愿者个体回归各自的工作与学习，然而，其中的一些志愿者团队由于各种原因会衍生成正式的志愿者组织，有些在民政局注册成为社会组织，还有些在工商局注册成为公司企业，它们或者在灾区继续提供志愿服务，或者在公益慈善领域继续耕耘志愿服务事业，在此列举一二。社会组织类型的有：2009 年 10 月在北川县民政局注册成立的“北川羌族自治县羌魂文化传播中心”，其前身就是抗震救灾的志愿者组织“中国心志愿者团队”；2011 年 4 月在成都市民政局注册成立的“成都心家园社会工作服务中心”，是由长期为灾区服务的志愿者联合发起的（冯华，2011）；2013 年在深圳市民政局独立注册成立的“深圳市公益救援志愿者联合会”，其前身为深圳山地救援队，是一支于 2008 年汶川地震期间发起的民间专业应急救援组织。[1] 公司企业类型的有：2010 年注册成立的北京和众泽益管理咨询有限责任公司，它是一个志愿服务机构的支撑平台，其发起人在汶川地震期间在四川江油联合一些企业共同开展志愿服务（王忠平，2019）；2008 年 7 月成立的北京常民世纪科技有限公司，是由在四川灾区推广轻钢生态房和节能减碳、协力造屋理念的谢英俊乡村建筑工作室发起的（冯华，2011）。

除了以上从志愿者个体之间非正式结合到正式结合成立正式组织外，在汶川地震中，还有一个显著的新特征，那就是志愿者与 NGO 之间、NGO 与 NGO 之间的整体联合行动（徐辉，2008；邓国胜，2009；韩俊魁，2009）。汶川地震发生后，在灾区一线和 NGO 相对发达的其他地区陆续出现了大约 20 个大规模 NGO 集体性联合救灾行动（见表 4 – 10）。在这些 NGO 联合行动中，有的以某个支持性机构为核心，形成对其他草根救灾组织的行动资源支持；有的是 NGO 以松散的网络关系形式，在救灾过程中进行相互鼓励和信息分享；更典型的 NGO 联合则是以相对正式的、内部有分工、行动上形成密切配合的 NGO 联盟形式积极开展救灾行动。这些 NGO 救灾联合体把众多相对弱小的单个社会组织有效地凝聚在一起，互通信息、协调配合、优势互补，形成合力，在灾后紧急救援和社区重建过程中起了重要的历史

[1] 取自深圳市公益救援志愿者联合会在《中国应急救援》杂志上刊发的联合会发展介绍，2021 年第 1 期。

性作用（朱健刚等，2014）。当然，汶川地震中 NGO 联合行动，也必然要与政府部门之间有联动与合作，例如，四川省绵竹市遵道镇设立的“遵道社会资源协调办公室”，搭建了政府、企业与民间组织合作平台（邓国胜，2009）。因此，在一定意义上说，汶川地震就是一次中国整体联合行动的过程，既包括救灾主力政府和军队，也包括企业、NGO、志愿者、公民等。

表 4－10　以民间协作方式开展服务的地区性网络

地域	民间网络	成员组织数量
成都	NGO 四川地区救灾联合会办公室	24
成都	“5·12”民间救助服务中心	28
北京	北京民间公益组织联合行动	10
西安	陕西社会组织联合行动	13
重庆	重庆“5·12”抗震救灾民间救助中心	8
兰州	甘肃草根联合行动小组	7
厦门	厦门救灾援助行动小组	7
上海	上海“新驼峰行动”	5
贵阳	贵州民间救灾网络	18
广州	在粤川籍人士关爱行动	15

来源：朱健刚，王超，胡明．责任·行动·合作：汶川地震中 NGO 参与个案研究［M］．北京：北京大学出版社，2009：10。

志愿者与 NGO 在汶川地震中的集体参与引发了媒体和公众的关注，志愿精神与理念得到了广泛传播，志愿者与 NGO 的作用得到了政府的肯定与认同，为参与政府主导的应急救援体系开拓了空间与创造了机会。在 2008 年 6 月 8 日国务院颁布的《汶川地震灾后恢复重建条例》中，将“政府主导与社会参与相结合”列为地震灾后重建应当遵循的六大原则之一，提出“国家鼓励公民、法人和其他组织积极参与地震灾后恢复重建工作”。2008 年以后，在国家颁布的有关防灾减灾救灾的政策法规中，都有志愿者、社会组织等民间社会力量的相关表述。可以说，汶川地震中志愿者、NGO 等民间力量的参与实践，使其在我国应急管理体系中占据了一席之地。

2. 北京奥运会对志愿网络结构的形塑作用

北京奥运会志愿者工作是一项有目的、有计划的行动，除了圆满完成奥运会、残奥会志愿者服务外，还期望推动我国志愿服务长远发展。北京奥运会对北京市志愿服务的发展具有直接的提升作用，这突出表现在北京奥运会带来的志愿者组织的网络化与体系化上。一方面，北京奥运会衍生出了大量志愿者组织，据一项对 194 家志愿者组织的调查发现，2004 年后成立的志愿者组织占比为 61.4%，其中 2004—2007 年成立的占比为 45.7%，2008 年以后成立的占比为 15.7%（魏娜，2010），因北京奥运会而成立的、有影响力的典型志愿者组织有北京车友会、首都机场志愿者协会、环保之友等。另一方面，北京奥运会推动了志愿者、志愿者组织与政府之间的网络联结，具体有两种联结机制：一是通过北京市志愿者联合会（北京奥运会后由北京市志愿者协会转设而来）这个枢纽型组织来联结，在纵向上发挥政策上传下达的作用，在横向上联系和指导志愿者；二是通过转设的“志愿北京”信息平台来联结志愿者与志愿者组织，这个信息平台原先是北京市为奥运会打造的综合信息平台。志愿者联合会和志愿信息平台这两项志愿服务发展经验随后被国家及其他省份吸收与借鉴。

北京奥运会的另一个重要影响就是为志愿服务协调机制的构建提供了实践经验。在第二章里，我们介绍了目前我国志愿服务协调机制采取精神文明建设指导委员会模式，这种协调机制实质上就是一种由多方组成的委员会或协调小组的模式。在一定程度上，我国志愿服务协调机制的样板就来自北京奥运会志愿者工作协调小组的实践经验。北京奥运会志愿者的参与规模创下历届奥运会之最，志愿者项目包括奥运会、残奥会赛会志愿者项目，城市志愿者项目，社会志愿者项目，“迎奥运”志愿服务项目，奥组委前期志愿者项目，志愿者工作成果转化项目六个项目，以及一个“微笑北京”主题活动（陆士桢等，2009），其中城市志愿者项目和社会志愿者项目是北京奥运会首次确立的志愿者项目（魏娜，2010）。北京奥运会要让上百万的志愿者井然有序地在竞技赛场、城市与社区中提供志愿服务，除了志愿者自身的投入外，还必须有强有力的组织协调机制。为此，2005 年 2 月成立了北京奥运会志愿者工作协调小组，它由北京市委、北京市政府、北京奥组委三方共同组建，并接受三方的领导，其办公室设在北京市团委，具体工作开展主要依托北京市团委。协调小组成员单位包括北京市团委、北京奥组委人事部、北京奥组委志愿者部、北京市委宣传部、首都文明办、北京市委教育工委、北京市教委、北京市外办、北京市台办、北京市侨办、北京市总工会、北京市妇联、北京市残联等（见图4－23）。随后，北京市各区县仿照市级奥运会志愿者工作协调小组的模式也相继设立了区县一级的协调小组，这为推动奥运会志愿者工作的开展提供了强有力的组织保障机制。

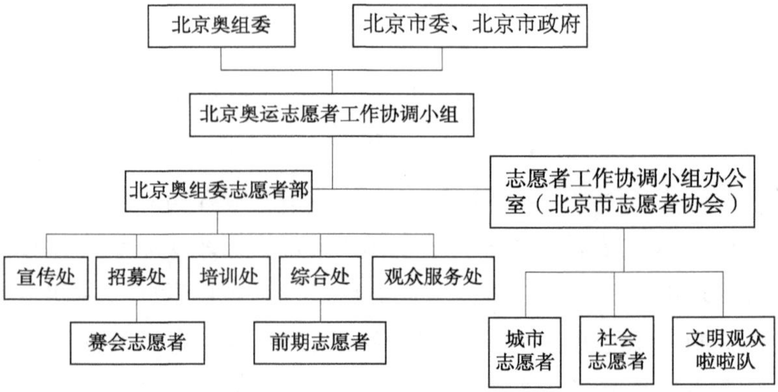

图4－23　北京奥运会志愿者工作协调机制

来源：魏娜．经验·价值·影响：2008北京奥运会、残奥会志愿工作成果转化研究［M］．北京：中国人民大学出版社，2018：18。

从图4－23来看，北京奥运会志愿者工作协调小组是一个连通政府与社会的组织协调机制，是一种政府与社会协同治理的雏形框架。《北京市志愿服务促进条例》（2007年）中提出的建立志愿服务工作协调机制，就是对北京奥运会志愿者工作协调小组实践经验的总结（王爱声，2008）。北京奥运会结束后，北京市依托奥运会志愿者工作协调小组，纳入了更多与志愿服务有关的部门和社会力量，形成了更加成熟的长效协调机制，统一组织、协调全社会的志愿服务工作。

（三）重大事件开启政策之窗的机会

汶川地震曾一度开启我国慈善立法政策之窗的机会。我国从2005

年提出慈善立法建议到2016年最终通过，历时十年之久。在这期间，汶川地震发生后，社会各界踊跃捐赠款物，公众慈善热情高涨，慈善立法再度引起社会关注。2008年10月，第十一届全国人民代表大会常务委员会公布立法规划，其中将慈善事业法列为一类立法项目，然而，由于国务院各部委对慈善立法态度不统一，慈善法在国务院的立法计划中，到了2009年仍处于二级名单中。虽然汶川地震没有直接促成慈善立法的通过，但是它激发出的志愿精神与慈善热情，为慈善立法工作奠定了良好的社会氛围（贺志峰等，2018）。

北京奥运会极大地推进了北京市志愿服务立法工作。北京是我国志愿服务发展比较早的地区，在北京成功申奥之前，已经有了比较好的志愿服务基础，尤其是在青年志愿者服务与社区志愿者服务领域。北京奥运会志愿者工作将北京志愿服务从共青团与民政业务推广为政府各个部门、全社会都关注的一项事业，这促使北京市在奥运会开幕的前一年，即2007年9月颁布了《北京市志愿服务促进条例》，这是一部着眼于改善奥运法制环境、推动志愿服务事业整体发展的促进性社会法规（王爱声，2008）。

汶川地震与北京奥运会推动了国家相关政策法规的出台。汶川地震与北京奥运会都是具有全国意义的重大事件，志愿者服务在这两个重大事件中都发挥了至关重要的作用，政府和社会对志愿者、志愿精神、志愿者组织都有了更多的了解和认知，这促使党中央和中央政府更加重视志愿服务事业的发展。为此，2008年10月9日，中央精神文明建设指导委员会发布了《关于深入开展志愿服务活动的意见》，在该意见的首段中指出："在迎接和举办北京奥运会残奥会、四川汶川抗震救灾等重大活动和重大事件中，志愿服务都发挥了突出作用。"在志愿服务活动形式上，提出要"着眼于大型社会活动顺利进行开展志愿服务""着眼于应急救援开展志愿服务活动"。

三、重大事件形塑志愿服务场域再分析

汶川地震与北京奥运会对志愿服务场域的形塑作用，并不是从无到有的形塑，而是加速与拓展了志愿服务场域。在汶川地震与北京奥

运会之前，我国已经出现了志愿服务这个场域，青年志愿者服务与社区志愿者服务已经开展了十余年，只不过这个志愿服务场域聚集的行动者不够多、公众志愿参与不够广、政府支持力度不够大等。而汶川地震与北京奥运会以悲情与喜情这两种感情色调，调动了全民的激情与参与意识，为应急救援与大型活动志愿服务领域注入了巨大能量，推动志愿服务从部门场域（仅限于共青团与民政部门）转向全社会普遍参与的志愿服务场域。

在场域演进过程中，场域设定事件向利益相关方提供了讨论、界定与争论议题的场所。场域设定事件虽然在性质上很短暂，但它们为参与者提供机会来认识共同利益与培育共同理解，而共同利益和共同理解对于场域的形成和持续是不可或缺的（Lampel et al.，2008）。汶川地震与北京奥运会虽然是两种不同性质的重大事件，前者具有突发性、难以预测性，而后者具有计划性、目的性，但是这两个重大事件对志愿服务场域的形塑作用却十分相似（见表4－11）。一是形塑公众的志愿文化—认知。汶川地震激发了公众慈善与志愿精神，促进了公民权责意识的觉醒，促使精英进行问题沟通与反思；而北京奥运会有目的地进行志愿文化与志愿精神的宣传，有力地提升了公众对志愿服务的认知与理解，让“志愿者”这个新的符号深入人心，同时促进了国际志愿服务知识和经验的传播与扩散。此外，汶川地震与北京奥运会发生于同一年，两个事件叠加对公众的志愿文化—认知的形塑效果更强。

表4－11　重大事件对志愿服务场域的形塑作用

事件	志愿文化—认知	组织—治理结构	政策立法
汶川地震	1. 激发志愿意识与精神 2. 促进公民权责意识的觉醒 3. 推动问题沟通与反思	1. 衍生救灾志愿组织 2. NGO组织网络化行动 3. 官民合作救灾的雏形	1. 推进慈善立法进程 2. 《关于深入开展志愿服务活动的意见》
北京奥运会	1. 提升公众对志愿服务的认知与理解 2. 促进志愿者管理知识与经验的传播	1. 衍生志愿服务组织 2. 志愿协调机构转设 3. 升级志愿基础设施	1. 《北京市志愿服务促进条例》 2. 《关于深入开展志愿服务活动的意见》

来源：作者自行整理。

二是形塑志愿网络组织—治理结构。汶川地震与北京奥运会都具有衍生志愿者组织、推动志愿者组织网络化行动、促进政府与社会协同治理的作用。汶川地震开拓了志愿者、NGO 等社会力量参与政府应急救援的空间和途径，而北京奥运会则为我国志愿服务协调机制的构建提供了实践经验。

三是开启志愿服务政策之窗的机会。汶川地震曾一度打开中国慈善事业立法的政策之窗，而北京奥运会直接促成了《北京市志愿服务促进条例》（2007 年）的颁布，并且汶川地震与北京奥运会促使中央颁布了志愿服务综合性法规。

尽管汶川地震与北京奥运会对志愿服务场域具有相似的形塑作用，但也要看到因事件性质不同所带来的形塑性质与方向上的差异。汶川地震对志愿服务场域的形塑方向是自下而上的，是社会力量参与到政府主导的领域；而北京奥运会对志愿服务场域的形塑作用是自上而下的，是政府主动动员社会力量参与。通过这种自上而下与自下而上的志愿服务场域的形塑，志愿服务场域正逐渐走向成熟与定型。

第五章　地方志愿服务制度化过程：中山市案例

本章以中山市为例探讨地方志愿服务场域形成与演变过程，重点分析中山市志愿服务的动力来源、历史渊源与促进策略，以及志愿服务制度化效果。第一节探讨全国文明城市评比表彰对激励地方落实志愿服务法规政策的作用，中山市实现了全国文明城市的“六连冠”。第二节探讨中山市慈善万人行为志愿服务发展留下的精神与组织遗产。第三节探讨中山市推进志愿服务制度化的策略，包括建设志愿服务信息平台、实施志愿服务积分政策、推行社工与志愿者联动等。第四节实证分析志愿服务规范化、专业化管理对志愿者持续服务的作用和效果。

第一节　全国文明城市评比表彰：志愿服务政策的传导机制

从第四章中可以发现，国家层面无论是在意识形态观念上，还是在政策法规构建上，抑或在志愿服务组织培育发展上，对志愿服务事业发展都越来越重视。整体来看，我国志愿服务发展过程既有“自下而上”探索的成分，更多的是一种“自上而下”推动的模式。然而，中央重视并不意味着地方会主动积极实践，特别是志愿服务又属于非经济领域。在经济领域，地方政府官员会因经济利益或谋求晋升而竞相追逐地方 GDP 增长，符合晋升锦标赛的理论解释（周黎安，2007）。在非经济领域，GDP 政绩——晋升锦标赛的解释并不适用，但却存在另一种为“荣誉称号”而竞争的锦标赛，即“评比表彰”，其中创建全国文明城市就是最典型的评比表彰项目之一。

一、评比表彰：全国文明城市创建活动

（一）评比表彰激励竞争的原理

评比表彰是一种鼓励同级政府之间竞争的激励手段，其实现机理是在具体行动中，中央政府通过设计清晰的指标展现政策目标，再通过差额选拔、逐级淘汰、动态更新，使想要获取该荣誉称号的地方官员持续参与项目竞争（文宏等，2020）。评比表彰的运作涉及上级与下级部门以及同级部门之间的参与，但不同主体涉入评比表彰的原因并不一样。就上级部门而言，设置评比表彰项目，一是可以发展出一系列指标来考核各级干部；二是通过制定评比表彰的参评标准，上级部门可以向下级部门及其干部宣誓其政策意图与目标；三是各级部门可能会试图通过拟定评比表彰项目，来维持本部门存在的合理性和正当性，以便能在政府职能改革或机构调整中维持本部门的“生存”（李振，2014）。就下级部门而言，一方面，评比表彰项目中的各种指标就是上级部门评估其工作的一种方式，获得“荣誉称号”自然被视为对其工作业绩的肯定，这可以为相关工作人员赢得荣誉、奖励和晋升机遇，例如，张天舒等（2020）的研究发现，荣获“全国文明城市”称号对地方官员晋升具有显著的信号功能，且比经济绩效与政治经历信号对官员晋升更具有解释力；另一方面，通过参加评比表彰，获得“荣誉称号”还能够提升城市知名度与美名度，进而提高对经济要素的吸引力，如增加外来投资与劳动力流入等（朱金鹤等，2021）。

运用评比表彰是中国共产党在革命年代形成并延续下来的一种明确工作方法（李振，2014），在我国非常盛行。然而，过多、过密的评比表彰也带来了一些负面问题，如加重基层负担、弄虚作假等，且一些评比表彰“水分大”“含金量不足”。2006 年 12 月，国务院办公厅转发了监察部等部门《关于清理评比达标表彰活动的意见》，进一步加大力度清理评比达标表彰活动。据新华网报道，2006—2009 年，

全国共清查出各种评比达标表彰项目148405个，保留了4218个项目，总撤销率为97.16%（黄小希等，2013）。

在各种全国性评比表彰项目中，国家文明城市是目前我国城市综合类评比中的最高荣誉，被誉为城市综合性称号中的“金字招牌”，也是最具价值的城市品牌，是反映城市整体文明水平的综合性荣誉称号（朱金鹤等，2021）。相较其他同类评比表彰，国家文明城市评比具有如下特征：一是评比内容较为全面地覆盖了公共福利和公共服务供给领域；二是评比周期更稳定且参与热度更高；三是评比方法与评比程序更加严谨（文宏等，2020）。

（二）全国文明城市评比表彰的激励机制

2003年8月25日，中央精神文明建设指导委员会印发《关于评选表彰全国文明城市、文明村镇、文明单位的暂行办法》（以下简称《办法》），在我国拉开了全国文明城市创建的序幕。《办法》规定，“全国文明城市”是中央精神文明建设指导委员会授予积极开展创建文明城市活动，物质文明、政治文明、精神文明建设协调发展，精神文明建设成绩突出，能够在全国发挥示范作用的城市的荣誉称号。全国文明城市评选标准包括八个方面：①组织领导坚强有力，创建工作机制健全；②思想教育深入细致，道德建设扎实有效；③创建活动蓬勃开展，人民群众广泛参与；④党政机关廉洁高效，社会风气健康向上；⑤科教文卫体稳步发展，社会事业全面进步；⑥社会治安良好，社会秩序井然；⑦基础设施较为完善，生态环境良好；⑧经济持续快速健康发展，居民生活水平稳步提高。具体考核工作依照《全国文明城市测评体系》进行。2005年10月27日，首批全国文明城市评出，共有9个地级市和3个城区，分别为张家港市、厦门市、青岛市、大连市、宁波市、深圳市、包头市、中山市、烟台市、天津和平区、上海浦东新区、北京市西城区。此后每三年评选一次，至今已经举办六届，表彰数量逐届增多，竞争程度日益加强（见图5－1）。

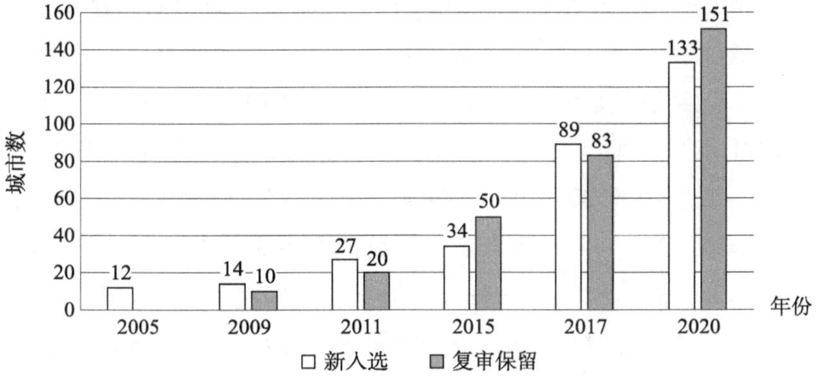

图 5-1　历届全国文明城市评比结果

作为典型的评比表彰项目，全国文明城市评比是中央精神文明建设指导委员会履行中央赋予精神文明建设职责与任务的重要手段，其目的之一就是调动地方政府开展精神文明建设的主动性与积极性。中央精神文明建设指导委员会办公室（以下简称“中央文明办”）通过设计《全国文明城市测评体系》，将中央意图与政策分解为具体指标，以荣誉称号为奖励，在评比城市之间引入标杆竞争，从而实现中央政策意图与目标。全国文明城市评比激励竞争的环节体现在创建活动的全过程。以下将参考刘思宇（2019）、文宏等（2020）等的已有研究，对全国文明城市评比表彰过程与机制进行阐述。

第一，清晰展现中央意愿的指标体系。

清晰、量化的测评指标是确保评比竞争顺利启动的前提与基础。一方面，中央文明办通过设计、调整评比标准来展现中央政策意愿，并制定易于测量与操作的指标体系，从而明确评比的考察范围与达标底线，有利于对参评城市进行横向同级比较，同时便于中央政府及其职能部门进行统一考核、检测与评估。另一方面，清晰、量化的指标体系，使参评城市有了完成“达标竞赛、全面对标”的依据，便于地方政府进行进一步的任务与指标分解。在任务明确的情况下，行政官僚体系才能发挥最大的效能。此外，全国文明城市的考核方式非常多样，包括听取汇报、材料审核、问卷调查、网络调查、实地考察与整体观察等，在测评期间，还时常使用不打招呼的暗访调查。

全国文明城市评比的主要依据是《全国文明城市测评体系》，该测评体系每届都会随着中央政策意图或工作重点的调整而修订。据本文整理，至少存在五个测评体系的版本，分别为2004年版、2008年版、2011年版、2015年版[1]、2017年版。比较各个版本的测评项目（见表5－1），其中2004年、2008年、2011年三个测评体系版本可视为一个群组，2015年、2017年两个版本可视为一个群组，两个群组内差别不大，而群组间差异较大，但群组之间仍保持一定的连贯性。对比2011年版与2015年版，有两个较大差异：一是2015年版增加了"牢固的思想道德基础，含理想信念教育、社会主义核心价值观建设、培育文明道德风尚3个测评项目"这个版块；二是首次提出创建文明城负面清单。变动的主要原因是2011—2015年发生了中央领导的换届，新一届领导班子的执政理念与政策意图被添加到新版的测评体系中，从中可以看出新一届领导更加重视思想道德建设。

表5－1　历届全国文明城市测评指标的变动

版本	基本指标	特色指标
2004年版	7个测评项，37项测评指标：廉洁高效的政务环境、公正公平的法治环境、规范守信的市场环境、健康向上的人文环境、安居乐业的生活环境、可持续发展的生态环境、扎实有效的创建活动	3个测评项目：创建工作集中宣传、荣誉称号、城市整体形象
2008年版	7个测评项目，同2004年版；30项测评指标	同2004年版
2011年版	9个测评项目，36项测评指标：廉洁高效的政务环境、民主公平的法治环境、公平诚信的市场环境、健康向上的人文环境、有利于青少年健康成长的社会文化环境、舒适便捷的生活环境、安全稳定的社会环境、可持续发展的生态环境、扎实有效的创建活动	3个测评项目：创建工作集中宣传、工作创新、荣誉称号、城市整体形象

[1] 此外，还有一个与2015年版接近的2014年版，虽然两个版本的测评结构设置不一致，但实质测评项目却基本一致，故本书选择了较新的2015年版。

续表

版本	基本指标		特色指标	
	第一版块	第二版块	第三版块	负面清单
2015 年版	牢固的思想道德基础，含理想信念教育、社会主义核心价值观建设、培育文明道德风尚 3 个测评项目	良好的经济社会发展环境，含廉洁高效的政务环境、公平正义的法治环境、诚信守法的市场环境、健康向上的人文环境、有利于青少年健康成长的社会文化环境、舒适便利的生活环境、安全稳定的社会环境、可持续发展的生态环境 8 个测评项目	1 个测评项目：长效常态的创建工作机制	共 30 条
2017 年版	同 2015 年版	与 2015 年版基本一致，部分表述有改动：促进青少年健康成长的社会文化环境、和谐宜居的生活环境、有利于可持续发展的生态环境	同 2015 年版	同 2015 年版

第二，层层选拔与动态复查的评选流程。

全国文明城市的评选流程设计了“差额选拔、逐级淘汰”和“落选补偿、动态复查”机制。通过差额选拔、逐级淘汰的评选流程，在地方政府之间引入竞争评比。全国文明城市评比的基本流程大致有五个环节（见图 5－2）：一是中央文明委下达各省创文先进城市名额，设置上限；二是各城市自愿申报，但必须获得“全国文明城市工作先进城市”的表彰，同时申报条件设有“一票否决”，若重点指标为 0 分，或市委常委、市政府副职以上领导干部违法犯罪结案不足一年，或申报前一年内发生重大事故，一律取消申报资格；三是逐级推荐，由各级文明委审核后择优逐级向上推进，省文明委测评后按照名额推荐先进城市；四是中央文明委资格审查，并委托专业调查机构审核测评；五是公示表彰。

通过落选补偿、动态复查的评后督促，保持参评城市争创全国文明城市的热情，由临时创建文明城市迈向常态化创建文明城市。具体督促策略为：一是参评但未获得表彰的城市可获得“全国文明城市工作先进城市”称号，提前拿到参与下一届评比的“入场券”，从而保持创建文明城市的热情；二是对于已获得表彰的城市，若想在下一届获得“全国文明城市”称号，仍需要接受每届的复查，复查通过者保留荣誉称号。

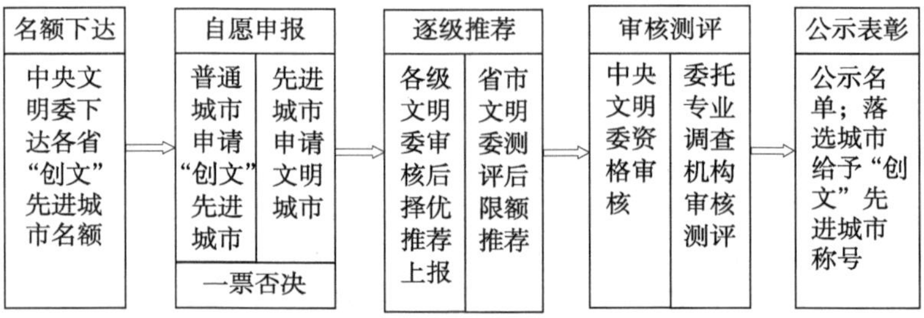

图 5－2　全国文明城市评比基本流程

来源：修改自刘思宇（2019）。

第三，评比反馈激励机制：保持竞逐全国文明城市的热情。

评比结果的反馈激励对于延续评比表彰所形成的竞争关系非常重要。在全国文明城市评比实践中，形成了各种各样的评比结果反馈激励类型，根据激励的方向与是否会被明显察知，可分为正向显性激励、反向显性激励、正向隐性激励、反向隐性激励四种类型（见表 5－2）。前两类激励类型在创建文明城市周期内就可以得到反馈，据《光明日报》报道，2017 年 4 月 7 日，2016 年地级以上提名城市（区）创建文明城市工作年度测评结果公布，其中有 2 个城市被取消提名城市资格，8 个城市因出现材料数据不符合事实问题被通报批评，同时对于排名靠前的地级市给予通报表扬（苏雁，2017）。后两类隐性反馈激励相对来说就不那么容易被察觉，但是从实证角度来看，获得全国文明城市荣誉称号确实会有后续长期的正向影响。

表 5－2　全国文明城市创建中的反馈激励类型

类型	正向	反向
显性	权威表彰、通报表扬、市长专访、经验推广等	公开通报批评、暂定资格等
隐性	提升城市竞争力，促进经济发展、官员晋升等；其他相关的物质奖励	影响官员晋升等；其他相关的物质惩罚

来源：作者自行整理。

二、志愿服务在全国文明城市评比中的地位

志愿服务是城市文明建设的重要构成部分，但不同阶段对志愿服务的地位有不同定位。在2004年版、2008年版与2011年版的《全国文明城市测评体系》中，与志愿服务直接相关的测评内容主要位于“Ⅰ-4健康向上的人文环境”里，此外零星地存在于“Ⅰ-5有利于青少年健康成长的社会文化环境”中，将志愿服务视为健康人文环境的重要表现形式。而在2015年版、2017年版中，与志愿服务直接相关的测评内容主要位于第一版块“牢固的思想道德基础”的“Ⅰ-3培育文明道德风尚”中，将志愿服务制度化视为培育文明道德风尚的重要途径。此外，在历届测评体系中，还存在大量与志愿服务间接相关的测评项目，如慈善捐（募）赠、献血、见义勇为等。

仔细比较五个版本会发现，志愿服务在历届全国文明城市测评体系的变动呈现以下五个特征（见表5-3）。

1. 紧跟国家志愿服务政策

2008年10月6日，中央精神文明建设指导委员会印发《关于深入开展志愿服务活动的意见》，之后，这份意见就出现在2011年版的测评体系中，设置了贯彻落实中央文明委《关于深入开展志愿服务活动的意见》的相关指标。2014年2月，中央精神文明建设指导委员会印发《关于推进志愿服务制度化的意见》，之后，这份意见就出现在2015年版的测评体系中，设置了落实中央文明委《关于推进志愿服务制度化的意见》的相应指标。由此可见，全国文明城市测评体系作为一种促进政策执行的机制，会及时反映国家最新的政策，包括志愿服务政策。

2. 志愿服务权重占比越来越大

从历届《全国文明城市测评体系》来看，志愿服务权重占比越来越大。具体来看，与志愿服务直接相关的测评内容，在2004年版中，

有5个志愿服务测评点，权重为4.2；[1] 2008年版中，有6个志愿服务测评点，权重为6.5；2011年版中，有11个志愿服务测评点，权重为12.3。虽然2015年版与2017年版暂缺权重数据，但是据理推断，权重也不会太低，应该在10.0左右。因为在2015年版与2017年版里，志愿服务测评点均为7个，并且其中一些测评点中还嵌套了更细小的测评点。

3. 志愿服务量化约束指标越来越多

从历届《全国文明城市测评体系》来看，量化的志愿服务指标越来越多，这些量化指标是衡量一个国家或地区志愿服务发展水平的关键性指标。在2004年版中，有1个量化指标，为“注册志愿者人数占城市人口总数的比例≥8%”；2008年版的这一量化指标与2004年版相同；在2011年版中，新增了1个量化指标，为“市民对志愿服务活动的认同和支持率≥90%”，另一个指标修改为“注册志愿者人数占城市建成区常住人口总数的比例≥8%”。在2015年版中，增加到4个量化指标，为“市民对志愿服务活动认同和支持率≥90%，注册志愿者人数占城市建成区常住人口比例≥10%，注册志愿者参加志愿服务活动的人数占注册志愿者总人数的比例≥70%，注册志愿者每年人均参加志愿服务活动的时间≥25个小时”。在2017年版中，减少了一个量化指标，为“注册志愿者每年人均参加志愿服务活动的时间≥25个小时”[2]，剩下3个量化指标。

4. 志愿者参与率达标门槛逐步提高

一个地区志愿者占总人口的比例，是反映该地区居民参与志愿服务情况的关键性指标。从历届《全国文明城市测评体系》来看，“注

[1] 在测评体系中，有些志愿服务测评内容是与其他测评内容关联在一起的，本书在计算权重时，仅计算志愿服务测评点所占的权重。例如，2004年版中，“3）建立全市性科普志愿者组织，并正常开展活动”是志愿服务的测评点，但该测评点并没有直接给出具体权重，而是隶属“科普设施和科普队伍”中的三个要点之一，“科普设施和科普队伍”权重为2.2，平均下来，每个测评点的权重即为0.7。

[2] 去除该量化指标的原因可能有二：一是该量化指标有违背志愿服务“自愿性”理念的疑虑；二是通过测评志愿者本人的直接指标来考核地方政府，可能会带来“强制”志愿服务，产生市民与政府之间的矛盾。

册志愿者人数占城市人口总数的比例”这一量化指标的达标门槛不断提高，从2004年版要求的8%，提高到2015年版的10%，再增加到2017年版的13%。城市志愿者占比指标的提高，一方面表明中央对参评文明城市提出了更高的期待，另一方面也显示出各地志愿服务整体水平在不断提升。但是，如果把门槛拉得过高，也不利于在参评城市之间展开评比竞争。一般情况下，这样的门槛标准在评比竞争环境中，肯定还会出现竞争加码现象。

5. 更加强调市民志愿服务的成效

除了志愿者参与率门槛不断提高，全国文明城市测评体系还对市民志愿服务的成效提出了更高的期望。在2011年版中，首次纳入“市民对志愿服务活动的认同和支持率≥90%”的指标，这一指标直接反映了市民对志愿服务的认识与态度。到了2015年版，在此基础上，又增加了两个衡量市民志愿服务成效的指标：一个是衡量志愿者活跃度的指标，即注册志愿者参加志愿服务活动的人数占注册志愿者总人数的比例要达到70%以上；另一个是衡量志愿者参与深度的指标，即注册志愿者每年人均参加志愿服务活动的时间至少为25个小时。在2017年版里，删减了衡量志愿者参与深度的指标，保留了市民志愿服务认同度与志愿者活跃度这两个指标。

表5－3　志愿服务在历届全国文明城市测评体系中的位置

版本	Ⅰ级指标	Ⅱ级指标	Ⅲ级指标	权重
2004年版	Ⅰ－4 健康向上的人文环境	Ⅱ－14 科学普及	科普设施和科普队伍 3）建立全市性科普志愿者组织，并正常开展活动	2.2
		Ⅱ－20 市民文明行为	人际关系 3）孤、老、残、弱得到志愿服务	3.0
		Ⅱ－21 社会公益事业	1）建立市民广泛参与的全社会性志愿者组织；2）注册志愿者人数占城市人口总数的比例≥8% 4）正常开展志愿者活动	2.45

续表

版本	Ⅰ级指标	Ⅱ级指标	Ⅲ级指标	权重
2008 年版	Ⅰ－4 健康向上的人文环境	Ⅱ－15 科学普及	Ⅲ－47 科普设施和科普队伍 3）定期开展全市性科普志愿者活动	2.08
		Ⅱ－16 市民文明行为	Ⅲ－52 人际互助 3）孤、老、残、弱得到志愿服务	3.01
		Ⅱ－17 社会道德风尚	Ⅲ－55 志愿者组织与活动 1）建立由文明办牵头，有关部门参与的志愿者活动领导机构 2）建立市民广泛参与的各类志愿者组织 3）建立志愿者注册登记制度，注册志愿者人数占城市人口总数的比例≥8% 4）采取有力措施，组织市民积极参加各种形式的社会志愿服务活动	4.8
2011 年版	Ⅰ－4 健康向上的人文环境	Ⅱ－14 科学普及	Ⅲ－47 科普设施和科普队伍 3）定期开展全市性科普志愿者活动	2.08
		Ⅱ－16 社会道德风尚	Ⅲ－50 志愿服务领导体制 1）贯彻落实中央文明委《关于深入开展志愿服务活动的意见》，建立志愿服务领导体系和协调机制 2）制定鼓励市民参与志愿服务的政策措施 3）依托中国志愿服务基金会建立社会化、多渠道的志愿服务筹资机制	3.8
			Ⅲ－51 志愿者队伍建设 1）建立市民广泛参与的各类志愿服务组织 2）建立全市性志愿者注册登记制度，注册志愿者人数占城市建成区常住人口总数的比例≥8% 3）宣传表彰志愿服务先进集体和个人	2.8
			Ⅲ－52 志愿服务活动 1）组织开展中央文明办安排部署的重点志愿服务活动 2）各部门和群众团体组织开展志愿服务活动 3）市民对志愿服务活动的认同和支持率≥90%	4.2

续表

版本	Ⅰ级指标	Ⅱ级指标	Ⅲ级指标	权重
2011年版	Ⅰ-5 青少年成长环境	Ⅱ-18 网络环境	Ⅲ-59 发挥社会力量作用 3）组织志愿者队伍，积极开展网络监督	2.38
2015年版	Ⅰ-3 培育文明道德风尚	Ⅱ-8 志愿服务制度化	Ⅲ-16 制度化建设 1）落实中央文明委《关于推进志愿服务制度化的意见》 2）大力弘扬志愿精神，积极培育志愿服务文化，市民对志愿服务活动认同和支持率≥90%，注册志愿者人数占城市建成区常住人口比例≥10%，注册志愿者参加志愿服务活动的人数占注册志愿者总人数的比例≥70%，注册志愿者每年人均参加志愿服务活动的时间≥25个小时 3）建立健全组织协调、注册培训、活动运行、服务记录、反馈激励等机制 Ⅲ-17 志愿服务活动 1）落实中央文明办《社区志愿服务方案》；确定社区志愿服务的工作流程和活动项目 2）开展关爱空巢老人、留守儿童、困难职工、残疾人志愿服务活动，开展党员志愿服务，开展文明旅游、文明交通、文明上网等志愿服务活动，组织专业志愿服务队开展志愿服务	—
		Ⅱ-12 网上精神文明建设	Ⅲ-23 网络文明传播 2）壮大网络文明传播志愿者队伍，加强网络评论的业务培训	—
	Ⅰ-5 公平正义的法治环境	Ⅱ-15 法治宣传教育	Ⅲ-29 全民普法教育 落实“谁执法谁普法”的普法责任制，加强普法讲师团、普法志愿者队伍建设	—

续表

版本	Ⅰ级指标	Ⅱ级指标	Ⅲ级指标	权重
2017年版	Ⅰ－3 培育文明道德风尚	Ⅱ－8 志愿服务制度化	Ⅲ－16 制度化建设 1）落实中央文明委《关于推进志愿服务制度化的意见》，落实《关于支持和发展志愿服务组织的意见》《关于公共文化设施开展学雷锋志愿服务的实施意见》 2）大力弘扬志愿精神，积极培育志愿服务文化，市民对志愿服务活动认同和支持率≥90%，注册志愿者人数占城市建成区常住人口比例≥13%，注册志愿者参加志愿服务活动的人数占注册志愿者总人数的比例≥70% 3）建立健全登记注册、服务记录、关系转接、兑换服务、褒奖激励等机制 4）以社区、公共文化设施、景区景点、窗口单位为重点，加强志愿服务站点建设 Ⅲ－17 志愿服务活动 同2015版	—
		Ⅱ－11 网络文明建设	Ⅲ－22 网络文明传播 2）壮大网络文明传播志愿者队伍，积极发挥作用	—

来源：作者自行整理。

三、“六连冠”的中山：不能丢的“金字招牌”

2020年11月，第六届全国文明城市评比结果公布，中山市顺利通过国家复查，成功保留“全国文明城市”荣誉称号，实现了全国文明城市评比“六连冠”，获得“六连冠”的战绩在广东省内仅有中山市与深圳市，即使放眼全国，成功实现“六连冠”的也不会超过九个地级市。因此，中山市在全国文明城市评比中，有“不能丢”的压力，哪一届领导班子丢了全国文明城市的“金字招牌”，都会面对极大的压力。另外，要保住“全国文明城市”的荣誉称号相当不容易，要面对周边城市的激烈竞争（见表5－4）。目前，珠江三角洲地区的九个地级市都已获得过“全国文明城市”的荣誉称号，故而每个城市都有保留荣誉称号的压力，彼此之间的竞争非常激烈，存在“不进则退”的竞争压力。例如，2020年6月，中山市委书记在中山市文明委全体（扩大）会议暨争创全国文明城市“六连冠”推进会上发出警告：“我们的‘创文’到了十分危险、十分严峻的地步”，同时提出了更严格的要求：“谁失分拿谁是问，谁丢分追究谁的责任”（吕婧，2020）。

表5－4　广东省地级市历届“全国文明城市”称号获得者情况

城市	获奖时间	城市	获奖时间	城市	获奖时间
广州	第三届	肇庆	第六届	茂名	—
深圳	第一届	惠州	第二届	阳江	—
佛山	第四届	汕头	第六届提名	云浮	—
东莞	第二届	潮州	—	韶关	第六届提名
中山	第一届	揭阳	第六届提名	清远	第六届提名
珠海	第四届	汕尾	—	梅州	第六届提名
江门	第三届	湛江	第六届提名	河源	第六届提名

来源：根据中国文明网（http：//www. wenming. cn/wmcs/）资料整理制作。

志愿服务作为全国文明城市评比指标中的一个重要部分，这种文明城市创建压力自然会传导到志愿服务组织身上，尤其是诸如青年志愿者协会、志愿服务联合会这些具有官方背景的组织。正如一位火炬开发区青年志愿者协会负责人所言：

> 我们区是中山的一个大的镇区，去年创建全国文明城市时，我们区担负很重的任务，志愿服务方面就扣了分。扣分之后，我们的党委副书记和团委书记要求必须对志愿服务重新重视起来，不能再扣分……区里面压得这么紧，扣一分都不得了，肯定会点名批评……（访谈对象FT02－09）

第二节 中山慈善万人行的志愿服务遗产

手相牵，心相连，万双脚步齐向前。
行行脚印似鲜花朵朵，齐齐奉献给公益乐园。
敬老助老应本分，扶危解困倍心甜。
中山兴盛文明事，齐行善举过新年。
——摘自《慈善万人行之歌》，陈锦昌词，文石耳曲

中山市现代意义上的志愿服务事业可以追溯到1988年的“88敬老万人行”，次年更名为“慈善万人行”，后来的中山市红十字会、中山市青年志愿者协会、中山市慈善总会等半官方社会组织都与“慈善万人行”密切相关。在政府部门强力的行政推动下，中山市不断扩大志愿服务范围与参与主体数量，志愿服务的组织网络体系目前已基本健全。

一、践行博爱理念：中山慈善万人行

（一）慈善万人行的概况

中山慈善万人行发端于1988年春节期间❶由民间文化人士发起组织的“88敬老万人行”，当时约有1.5万多人参加此次活动，在我国首创“步行敬老、义卖筹款”的区域慈善模式。在“88敬老万人行”大获成功的基础上，从1989年开始，敬老万人行改名为“慈善万人行”，由中山市红十字会❷代表政府牵头举办。“慈善万人行”沿袭了“88敬老万人行”节日游行、民间艺术汇演、善款全部用于公益慈善的基本做法，在此基础上，不断创新筹款形式，广邀市民、企业参

❶ 1988—2000年，慈善万人行开步于每年的正月初七，地点在孙文路一带；从2001年起，改为元宵节这一天在兴中道上汇集游行。

❷ 中山市红十字会成立于1988年9月10日，同年1月7日，中山市由县级市升格为地级市。

与，延续至今，从未中断。

作为中山市的城市品牌之一，慈善万人行在中山市居民中的影响力很大。一项问卷调查显示，64.2%的中山市常住居民为慈善万人行捐过多次款，15.1%的常住居民捐过一次款，17.0%的常住居民观看过慈善万人行活动，从未参与过慈善万人行的常住居民仅占3.8%（周秋光、贺永田，2011：181）。在募捐数额上，整体呈现出不断增长的趋势，2017年与2018年筹款金额均超过1亿元人民币，截至2018年，慈善万人行筹款总金额已超过14亿元人民币（见图5－3）。由慈善万人行发起的公益项目超过100个，涵盖医疗卫生、教育、困难群体救助、特大自然灾害救助等领域。

30多年来，慈善万人行项目为中山市赢得了诸多殊荣，先后获得中央文明委“全国精神文明建设创新奖”、中国红十字会“全国十大公益品牌奖”“南粤慈善奖”，更在2008年荣获我国公益慈善领域最高政府奖——“中华慈善奖”中“最具影响力慈善项目”奖项。2010年5月，中山市以“博爱·和谐——让城市更美好”为主题的慈善万人行活动亮相上海世界博览会，这是我国唯一以慈善为主题进行展示的城市（中山市红十字会，2018）。

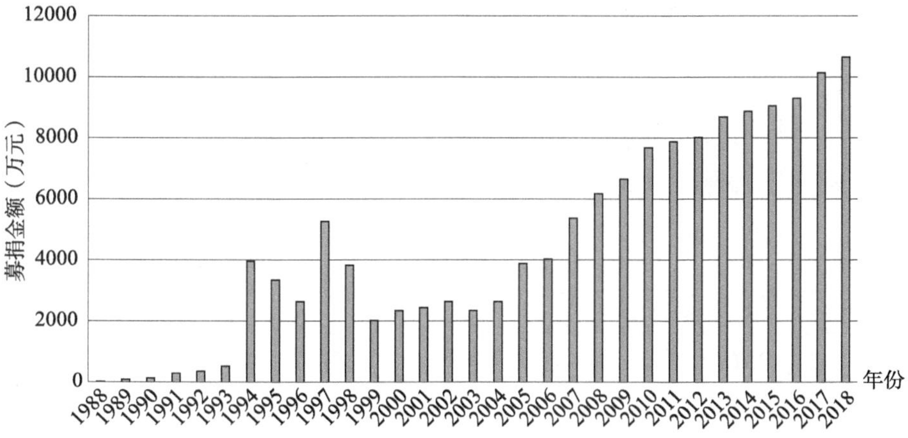

图5－3　中山市慈善万人行历年募捐金额（1988—2018年）

（二）慈善万人行经久不衰的原因

中山慈善万人行长久的生命力与吸引力，引起了人们对其原因的追问，除了改革开放后中山市经济快速发展、人民富裕起来这一物质基础外，深厚的人文价值底蕴与精巧的制度设计也是推动慈善万人行持续发展的关键密码（杨团，2007；吴春燕等，2010；黄煜升，2010）。此外，中山市毗邻我国港、澳地区，旅外华侨众多也是其公益慈善事业得以持续发展的有利条件。

1. 深厚的人文价值底蕴

澡雪轩（2013）认为，慈善万人行的文化属性决定了其长久的生命力与吸引力。其文化属性包括三个维度。

第一，博爱友善的价值属性。从慈善万人行历年主题（见表5－5）来看，虽然每年因应政治需要而赋予了不同主题，但对博爱精神的宣扬是其永恒的基调。“博爱”是中山这座城市特有的精神元素，在2004年展开的“中山人精神大讨论”中，“博爱”以排在首位的位置，与“创新”“包容”“和谐”一同被定为新时期的中山精神。

表5－5　中山慈善万人行历年主题

年份	主　题
1988	娱乐升平贺龙年，万人敬老众心坚
1989	救死扶伤，扶危济困，敬老助残，助人为乐
1990	万马奔腾，共襄善举
1991	欢乐祥和满中山
1992	需要您捐出善款，更需要您奉献爱心
1993	中山是孙文的故乡，中山是慈善的殿堂，中山是博爱的源泉，中山是人道的桥梁
1994	博爱欢乐传万家
1995	您的一片爱心，可以挽救一条生命；您的点滴捐款，可为筹建博爱医院添砖加瓦
1996	倾情教育，作育英才
1997	救死扶伤，敬老助残；我为人人，人人为我
1998	救死扶伤，扶危济困，敬老助残，助人为乐，我为人人，人人为我
1999	救死扶伤，扶危济困，敬老助残

续表

年份	主　题
2000	救死扶伤，扶危济困，敬老助残
2001	救死扶伤，扶危济困，敬老助残
2002	救死扶伤，扶危济困，敬老助残
2003	救死扶伤，扶危济困，敬老助残
2004	救死扶伤，扶危济困，敬老助残
2005	救死扶伤，扶危济困，敬老助残
2006	救死扶伤，扶危济困，敬老助残
2007	隆重庆祝中山慈善万人行举办20周年，积极为市、镇红十字会筹集资金，为建设两个适宜的和谐中山作贡献
2008	救死扶伤，扶危济困，敬老助残
2009	救死扶伤，扶危济困，敬老助残
2010	博爱欢乐传万家
2011	博爱欢乐传万家
2012	博爱中山，和美幸福
2013	传承博爱精神，弘扬文明新风
2014	传承博爱精神，共建和美家园
2015	传承博爱人道精神，建设更加美丽中山
2016	践行中山精神，共建博爱家园
2017	弘扬博爱精神，共建美好家园
2018	弘扬博爱精神，共创美好生活

来源：广东省中山市红十字会，中山市慈善万人行总指挥部（2017），1988—2017年中山市慈善万人行三十年巡礼（内部资料）。

第二，社会仪式的符号属性。从第二届开始，慈善万人行公开征集了徽号（见图5-4）、主题曲❶、纪念明信片等标识系统，这些符号标识系统伴随着慈善万人行年复一年地重现，已然成为中山人公共生活领域的一个重要社会仪式，变成了一种习惯力量。

❶ 主题曲包括《慈善万人行之歌》《我们与爱同行》《倾情教育　作育英才》《颗颗慈善心》等。

图 5－4　中山慈善万人行徽号

来源：吕伟雄. 我生命的夏天：中山改革腾飞亲历者口述回忆［M］. 广州：广东人民出版社，2015。

第三，“新民俗”的行为属性。民间艺术汇演一直是慈善万人行的固定项目，这为传统民俗艺术创造了展示平台，一些曾经销声匿迹的传统民间艺术在慈善万人行活动中重获新生，如黄圃飘色、古镇云龙、沙溪鹤舞和凤舞、起湾沙龙、濠头金龙、西区木龙等民间艺术表演迅速发展成为富有地方特色的民俗文化，成为中山市特有的文化景观。

2. 组织化的动员结构

如果说首届慈善万人行即“88 敬老万人行”的动员方式更多的是基于朴素的敬老情感来驱动的话，那么之后的慈善万人行则更多的是通过组织和社会网络来实现，是一种理性化的组织动员结构。每年的慈善万人行一般持续三个月左右，在此期间，市委、市政府会组建一个慈善万人行的临时指挥部，负责统一筹划万人行活动期间的一切事务，总指挥由副市长担任，活动结束后，临时指挥部就会解散。而临时指挥部解散后的日常事务则由常设机构——中山市红十字会承担。这种组织动员结构称为“平战结合”模式，即每年慈善万人行活动举办期间，根据实际需要筹组临时指挥部，保持相当大的组织弹性；在非举办期间，则由中山市红十字会履行相关职责，这样就维持了相当的稳定性。这种变与不变相结合的组织结构使慈善万人行能够更好地适应边界需求，具有超强的组织动员能量。正如杨团（2007）指出的：万人行的动员结构超脱了中国现实社会中的一般性社会工作，的确形成了一种你中有我、我中有你、公私交融、和谐共进的社会动员结构。与其说这种结构是政府主导结构，不如说它是一种中国社会形态下的准公民社会结构。

3. 便于向外学习借鉴

我国慈善事业的现代化进程始终受到西方慈善事业的影响，基本上走的是一条向西方学习的道路（周秋光等，2011）。中山慈善万人行的起源与发展同样具有向外学习借鉴的印迹。这得益于：一方面，中山市地处沿海，毗邻我国港、澳地区，便于接触西方慈善思想与实践。“88 敬老万人行”就是在借鉴香港公益金百万行[1]的基础上提出来的创新方案。据“88 敬老万人行”发起人之一、时任中山市文化局社文股股长欧白石回忆，当时有人提议：“香港电视里，经常有一个公益金百万行的广告，我们能不能学着去筹款?”随后，一群文化人以香港公益金百万行为创意来源，提出了一个在春节期间进行的敬老活动的方案，该方案得到了中山市委、市政府常务会议的支持，决定“试一试”（转引自万咏梅，2011）。另一方面，中山市是我国著名侨乡，据中山市外事侨务部门相关资料显示，中山市有 80 多万华侨华人和港、澳、台同胞旅居在近 90 个国家和地区，海外和我国港、澳地区的中山社团共有 200 多个（转引自万咏梅，2011）。海外华侨和港、澳同胞一直有回馈家乡的义捐传统，据不完全统计，1978—2008 年，海外侨胞及港、澳同胞为中山市公益事业捐资赠物折合人民

---

[1] 香港公益金百万行开始于 1968 年 11 月 8 日，其行政经费来自香港赛马会的赞助以及各项基金的投资收益。该基金会实行董事会制，在董事会之下设有四个委员会和多个筹划委员会，均由志愿者组成。每年通过“公益金百万行”等各种筹款活动，呼吁市民踊跃捐款，并将市民所捐赠善款全部拨给香港 130 多个慈善组织和社会福利机构，为老人、伤残人士、儿童、青少年、问题家庭、精神病康复者等提供全面服务（周秋光、贺永田，2011：53）。

币 14.3 亿元。[1] 每年的慈善万人行游行队伍中，总有由海外乡亲游行团、香港乡亲游行团、澳门乡亲游行团等组成的多个方阵。在一定程度上，这些众多旅居海外以及港、澳地区的中山同胞和其家属扮演着联系中山市与海外以及港、澳地区慈善事业的桥梁的角色。

（三）慈善万人行的志愿服务遗产

经过 30 多年的发展，慈善万人行与中山这座城市已融为一体，30 多年的积淀为这座城市留下了丰富的物质与精神遗产，其中，志愿服务就是慈善万人行的精神遗产之一，正如曾任慈善万人行六年（1988—1993 年）总指挥的时任中山市副市长吕伟雄（2015）口述回忆：

> 作为“慈善万人行”活动的执行者，我心里明白，发动捐款不是我的本职责任，我的根本责任应该是通过“慈善万人行”着重培养中山人的“公益精神”。公益精神就是一种为社会志愿服务的精神，应成为中山人的核心价值观之一。公益精神的培养，才是“慈善万人行”活动的本质要求。

据相关统计，每年参与慈善万人行的志愿者达到 2000 名。[2] 可以说，在中山市，志愿服务与慈善万人行相伴而生、相互促进、共同成长，从某种意义上来说，志愿服务本身就是慈善形式的一种，即服务捐赠。正如中山市红十字会常务副会长所言：

> 第一，中山市自从有慈善万人行开始就有志愿服务了，因为慈善万人行这个活动就是以志愿服务的形式进行的，早在 1988 年就开始了；第二，志愿服务是中国红十字会，也是国际红十字运动的七项基本原则之一；[3] 第三，中山市红十字会真正把慈善

---

[1] 中山商报，2008 年 4 月 16 日，浏览网址：http：//www. gqb. gov. cn/news/2008/0416/1/8662. shtml。

[2] 文明中山网，2018 年 12 月 20 日，浏览网址：http：//www. wenming. cn/zyfw/tp/201812/t20181210_4930912. shtml。

[3] 国际红十字会运动确立人道、公正、独立、志愿服务、统一、普遍等七项基本原则，被各国红十字会普遍接受。

万人行列为志愿服务工作开展应该是在1996年左右，当时中山市红十字会借鉴港澳地区经验，成立了红十字义务工作者委员会。（访谈对象FT02－11）

“88敬老万人行”主要由一些文化人士发起，但要组织这种大型活动，仅靠文化局的工作人员是不够的，为此，筹办组通过中山广播电台向社会发出了招募“义工”[1]的倡议，社会反应强烈，特别是一些青少年学生纷纷应召加入义工队伍。据统计，“88敬老万人行”期间，义工们共制作了1.5万支印有“88龙年行好运　敬老万人行”字样的三角形小旗，筹得善款五千多元。沿袭“88敬老万人行”这一做法，义工（或志愿者）部就成为以后慈善万人行指挥部的一个标配职能部门，而作为慈善万人行的牵头单位，中山市红十字会也在理事会下成立了志愿者工作委员会，该委员会的一项重要职责就是“动员和组织社会各界的力量支持慈善万人行等活动”（周秋光等，2011）。另外，共青团中山市委员会（以下简称“团市委”）响应“88敬老万人行”的倡议，招募了300名青年义工（志愿者），向大会提供后勤保障、秩序维持等志愿服务，这被视为中山市青年志愿服务的萌芽。

由此可见，中山慈善万人行弘扬的博爱精神、公益精神，以及基于这些精神的慈善实践，成为中山市志愿服务发展的不竭动力之源，尤其是青年志愿者、红十字会志愿者、文艺志愿者等的发展更是直接受益于慈善万人行活动。

二、中山市志愿服务发展历程

具体而言，中山市志愿服务发展历程可划分为三个阶段：行政推动阶段（1978—1999年）、多元探索阶段（2000—2010年）与整合创新阶段（2011年至今），以下对各阶段做扼要回顾。

第一阶段：行政推动阶段（1978—1999年）。改革开放前，为响

[1] 受我国香港地区“义工”称呼的影响，中山市早期对“志愿者”也沿用“义工”这一称呼，后来响应国家要求统一改为“志愿者”。

应全国“学雷锋做好事”的号召，中山市共青团开展了许多具有志愿服务内容与性质的活动与运动，其中一个典型事件就是组成“青年突击队”，为社会发展进行义务性、突击性的工作，奉献热情和力量。改革开放后，中山市政府部门、群团组织开始探索服务社会、服务大众的新方式。中山市具有深厚的社会文化基础，“博爱”精神是其核心要义，这与志愿精神不谋而合，在借鉴我国港、澳地区以及国外经验的基础上，中山市早在 1988 年就开始举办每年一度的慈善万人行活动，并持续至今。

在慈善万人行活动的淬炼下，1988 年 9 月中山市红十字会成立，并成为慈善万人行的常设组织机构，在善款筹措、管理和使用，以及游行当天的常务活动中发挥重要作用（周秋光等，2011）。随后，志愿服务成为中山市红十字会的重要工作内容，并在其内部成立了一个志愿者工作委员会，不断发展志愿服务队伍（访谈对象 FT02 - 11）。团市委学习借鉴我国港、澳地区的做法，为首届慈善万人行招募 300 名青年志愿者提供后勤保障、秩序维护等志愿服务支持，这标志着中山青年志愿服务开始萌芽。在“学雷锋、树新风”的基础上，1996 年中山市青年志愿者协会正式成立，同年开通“心声”市民热线，招募志愿者接听市民来电咨询：

> 心声热线成立以后，我接听了很多电话。我记得当时第一个电话是一名残疾人打进来的，他说他需要帮助，需要人看望。那怎么办呢？我们就组成一个援助志愿者团队帮助他，后来有了环保部、艺术团，等等，就变成一个大部门。当时我也在里面做了十年青年志愿者。（访谈对象 FT01 - 01）。

2000 年 4 月，中山市慈善总会经过两年多的筹备宣告挂牌成立，负责全市社会慈善捐助与发放工作，志愿者工作也是其重要内容。

第二阶段：多元探索阶段（2000—2010 年）。进入新世纪，中山市志愿服务在不断完善其组织网络体系（向社区基层延伸）的基础上，积极探索多元化发展，这体现在以下两个层面：一是服务内容的多元化，从最初的政策宣传、解决纠纷、扶助弱势群体、吊丧问疾、学生教育与边缘人员服务等，到开始关注应急救灾、亲子公益等新领域。2002 年，在团市委、中山市青年志愿者协会的推动下以及香港拯溺总会等友好团体的支持下，隶属中山市青年志愿者协会直属总队的拯溺团正式成立。2007 年 1 月，中山市青年志愿者协会成立急救医疗辅助队；同年 4 月，成立防震减灾志愿服务队，承担地震科普知识宣传、地震前兆预测、地震应急救援等工作。2009 年 3 月，成立消防志愿者服务队，进行消防安全知识普及推广、救灾及受灾人员心理辅导等工作（中山市青年志愿者协会、市地震办，2008；张网成，2011）。2009 年 11 月，中山市成立广东省首支水上防污志愿服务队（中山市海事局，2009；王税丽，2015）。二是服务主体更加多元，虽然政府部门、群团组织仍然是推动志愿服务发展的主导力量，但这一阶段民间公益组织也得到了相当程度的发展，随着社会组织体制改革的深入推进，一些民间性的志愿公益团体也逐步走入公众视野，如本次调研中访谈的中山市坦洲镇健身操协会、坦洲镇爱心群友会等组织，最初都是从一些志愿互助团队发展起来的。志愿服务主体与内容的多元化，使得“青年志愿者”一词很难涵盖各类志愿服务，故而，2005 年 3 月，中山市青年志愿者协会加挂中山市义工工作者联合会，试图统筹协调全市志愿服务工作。

第三阶段：整合创新阶段（2011 年至今）。党的十八大以来，党和政府高度重视志愿服务工作的制度化建设，根据上级指导精神，2010 年 2 月 26 日，中山市志愿者联合会正式成立，它是在统筹全市志愿者组织的基础上，由中山市文明委统一领导、中山市文明办牵头，以共青团为依托，社会各界共同参与的新型志愿服务体系。中山市文明办、中山市志愿者联合会依托市志愿服务中心等阵地，结合“志愿中山”系统，融入“互联网 + 公益”思维，打造“信息 + 阵地”双平台联动体系，整合全市公共资源，推动志愿服务的专业化、制度化和常态化发展。在健全组织网络体系的同时，2013 年 1 月，中山市委办公室、中山市人民政府办公室转发《关于构建“社工 + 志愿者”联动体系的方案》（以下简称《方案》），积极推进社工人才和志愿者联动发展，促进社会治理创新。根据《方案》精神，中山市“博爱100”全民公益行动、“中山市博爱行动义工”“专业社工　全民义工”等项目应运而生，以上政策、行动与项目有力地推动了中山市志愿服务向全民化、专业化、常态化发展。

在政府各项措施的推动下，中山市民间志愿服务创新热情得到激发，这体现在组织形态、项目内容与管理方式三个方面。在组织形态上，出现了兼顾社会目标与经济目标的社会企业，如以文化保育为核心业务的尚古传统文化推广中心、以自然教育为核心业务的叮咚荒野学堂等；在项目内容上，不再仅仅强调服务他人，还注重个人（家庭）收获与成长，如中小学里的亲子义工、以家庭教育为核心的“雁阵飞”项目等；在管理方式上，开始尝试志愿者专业化探索，如注重志愿者专业知识与服务岗位的适配度、为自发性志愿服务团队赋权增能、配备专业社工督导志愿者等。

三、中山市志愿服务的组织体系

从组织志愿服务的主体来看，中山市志愿服务涉及政府部门、群团组织以及社会组织等，主要的志愿服务组织或团体包括中山市青年志愿者协会体系、中山市红十字会、中山市志愿者联合会，以及各政府部门联合发起的专项行动或指导成立的志愿服务总队，如慈善万人行、“博爱100”公益创投、博爱行动义工、党员志愿服务总队、文化志愿者总队、应急减灾服务队、禁毒志愿者总队等。在社会组织方面，截至2016年，中山市登记在册的各类社会组织达2175家，其中最活跃的一类社会组织为社会工作服务机构，它们在提供服务过程中，动员大量志愿者协助提供服务。除了正式登记注册的社会组织外，还有许多草根志愿团队在基层从事各类志愿服务活动，根据“博爱100”官方数据，六届“博爱100”先后动员2083个社会组织和草根志愿团队参加申报，这充分彰显出中山市有着深厚的民间志愿服务传统与力量。

1. 中山市青年志愿者协会

中山市青年志愿者协会成立于1996年，它是伴随着中山市志愿服务事业的发展而不断完善健全的，从早年为慈善万人行提供青年志愿者开始，到目前各级青年志愿者协会健全发展，志愿服务领域遍地开花，引领着全市志愿服务事业不断发展。从某种程度上来看，中山市青年志愿者协会体系的发展历史就是中山市现代志愿服务事业发展史的缩影，这可以从中山市青年志愿者协会发展历程大事记（见附录E）中看出来。中山市青年志愿者协会体系拥有全市最大规模的志愿者。

2. 中山市红十字会

中山市红十字会于1988年9月成立，成立之后就一直承担慈善万人行的具体执行工作。它以“三救·三献”和志愿服务为核心业务，大力开展人道传播、人道救援、应急救护和红十字青少年工作。1997年，24个镇区依法相继成立了镇区红十字会。近些年来，红十字会依托“博爱家园”大力开展阵地建设，已经在88%的基层村居成立红十字会组织。同时，在中山市红十字会治理架构下成立专门的志愿工作委员会，发展与管理志愿服务队伍建设，目前有志愿者近两万人。

3. 中山市志愿者联合会

2008年10月6日，中央精神文明建设指导委员会发布《关于深入开展志愿服务活动的意见》，要求“各级文明委要加强统筹，把各方面的力量动员起来，形成齐抓共管的工作格局”。根据这个意见的精神，2010年2月26日，中山市志愿者联合会[1]正式成立，这是一家接受中山市文明委统一领导、中山市文明办指导的新型伞状志愿服务组织，它以统筹协调不同领域、不同部门、不同行业的志愿服务活动为职责，首批单位会员有76家志愿者组织，涵盖正式登记注册的民间社会组织、镇区青年志愿者协会、中山市红十字会和其他系统的志愿服务组织以及社会各界人士。在市级层面，志愿服务协调机制已完成由共青团市委—市青年志愿者协会转型到市文明委（办）—市志愿者联合会；但在镇区层面，大部分仍由团委指导的青年志愿者协会来扮演统筹协调角色，只有少数镇区（如小榄镇）与市级同步完成转

[1] 中山市志愿者联合会秘书长一职由中山市文明办志愿服务科负责人兼任。

型，形成文明委（办）—志愿者联合会的协调机制。关于地方志愿服务的协调机制，中山市志愿者联合会负责人有如下一段描述：

在文明办的文明系统还没有介入志愿服务工作之前，团省委和中山市方面很早就已经介入志愿服务工作中了，所以我们过去经常说志愿服务工作其实都放在团委，后来中央要求由中央文明办来统筹全国志愿服务，要求各地也由文明系统来统筹。到了省这一级，咱们广东省就有点不一样了，因为广东省的团省委做志愿服务做得比较早，虽然没有明确由团省委负责统筹全省的志愿服务工作，但事实上的工作接近于协助统筹，甚至在个别领域已经起到了统筹的作用，所以严格意义上还是在逐步过渡，目前省一级的志愿服务工作，主要是实务工作还是落在团省委。相比之下，中山市目前应该是全省内志愿服务工作完完全全放在文明办的两个地级市之一，除了中山市以外，还有一个是惠州市，其他地级市基本上还是由团省委、团市委来负责推动工作。由此可见，虽然国家法规政策确定了由文明委（办）来建立协调机制，但在实践中，共青团系统的青年志愿者协会仍在一定程度上发挥着事实上的协调功能。（访谈对象 FT02－07）

第三节　中山市促进志愿服务制度化的策略

一、网络优化策略："志愿中山"信息平台

志愿服务信息系统是发展壮大志愿者队伍、合理配置志愿服务资源、提升志愿服务效能的重要载体，是推进志愿服务规范化、制度化发展的重要措施（民政部，2015）。2017 年国务院颁布的《志愿服务条例》中包含许多推进志愿服务信息化建设的规定，初步建构起了志愿服务信息收集机制、告知机制、保护机制以及传播机制（高和荣等，2017）。在我国，志愿服务信息系统既有政府主导建设的，例如，

在国家层面有诸如全国志愿服务信息系统、“志愿云”“志愿汇”等[1]（张莉萍等，2019），省级层面有诸如广东志愿者信息管理服务平台即“i 志愿”平台等[2]，市级层面有诸如中山市的“志愿中山”等；也有民间草根志愿服务组织创建的，例如，武汉在线义工联盟就是草根志愿者组织搭建的网络社区，主要以 BBS 和 QQ 群相配合的方式进行志愿者活动组织与管理（刘锐等，2018）。对于地方城市而言，既可以免费使用上级部门开发的信息系统，也可以自行开发志愿服务信息系统，而中山市既有市级志愿服务信息系统，同时也在使用省级志愿服务信息系统。

（一）“志愿中山”信息平台的开发与使用

“志愿中山”[3] 是由中山市志愿者联合会主导开发的志愿服务信息平台，于 2015 年 6 月 6 日正式上线（见图 5－5）。根据信息系统基于的信息技术特征，“志愿中山”属于 Web2.0 时代的志愿服务信息

图 5－5 “志愿中山”微信小程序界面

---

[1] 全国志愿服务信息系统由民政部主导开发的网址为 https：//chinavolunteer. mca. gov. cn；此外，还有中央文明办主导开发的“志愿云”，网址为 https：//www. zhiyuanyun. com/；共青团中央主导开发的“志愿中国”，网址为 https：//www. zyz. org. cn/及其移动版“志愿汇”App 等。

[2] “i 志愿”平台网页版及 App 版网址为 https：//www. izyz. org/。

[3] “志愿中山”网址为 https：//www. zyz0760. com/portal/index. jhtml，接入口分为手机 App 与微信小程序。

系统，其构成要素是基于手机 App 或微信小程序，开发面向个人用户、组织用户、管理者的应用端。其功能定位类似于电商平台的信息联结模式，即以开放的信息展示和筛选，促进志愿者、志愿服务项目、志愿服务组织之间的信息共享，并通过前台验证、后台复核技术强化志愿服务记录的可信度与公信力（王平，2021）。

“志愿中山”是中山市志愿者联合会履行志愿服务协调统筹职责的两大平台之一，用来处理志愿者、志愿服务组织、志愿服务项目等的在线相关信息。另一个平台为阵地平台，它是一种线下的志愿服务或公益服务的共享场地，为此，中山市志愿者联合会推出阵地平台建设的“十百千”计划，即在全市范围内建立数十个志愿服务中心、上百个志愿服务站以及上千个志愿服务点。中山市志愿者联合会通过构建信息平台与阵地平台的联动体系来协调推进全市志愿服务发展。对于志愿者而言，“志愿中山”可以实现志愿者注册、找志愿服务活动、找志愿服务组织、找志愿服务阵地、打印志愿时数证明等功能；对于志愿服务组织，可以实现招募信息发布、志愿者签到、志愿者签离等管理功能。此外，“志愿中山”平台为全市每位志愿者统一投保意外伤害保险，同时，还提供志愿服务在线培训课程。截至 2021 年 8 月，“志愿中山”信息平台累计注册志愿者 134295 人，进驻 3687 个志愿服务组织或团体，开展了 62151 项志愿服务活动，平台志愿服务时数为 1604181 小时。

经过五年的发展，“志愿中山”已成为中山市志愿者获知志愿服务活动信息的主要管道，调查显示，56.9% 的志愿者通过“志愿中山”寻找周边志愿服务活动机会，中山志愿服务网占比为 32.2%，志愿服务机构招募占比为 33.0%，社区居委会占比为 30.6%（见表 5－6）。从数据上看，“志愿中山”之所以获得了广泛使用，主要在于中山市志愿者联合会采取了多种推广策略：一是借助创建全国文明城市给各镇街、各部门下达注册志愿者指标任务（访谈对象 FT02－10）；二是成为出具志愿服务积分入学证明资料的指定单位之一；三是注册登记门槛较低。

表5-6 志愿者寻找志愿服务活动的渠道

选项	频次	回应百分比（%）	个案百分比（%）
“志愿中山” App	1136	26.5	56.9
中山志愿服务网[1]	644	15.0	32.2
朋友/亲戚介绍	506	11.8	25.3
志愿服务机构招募	659	15.3	33.0
媒体宣传广告	195	4.5	9.8
单位组织安排	450	10.5	22.5
社区居委会宣传	611	14.2	30.6
其他	93	2.2	4.7
合计	4294	100.0	214.9

来源：中山市志愿者基本情况问卷调查（2018）。

（二）信息平台的制度化功能及其挑战

1. 衔接需求供给

促进志愿者、志愿服务组织与志愿服务相关部门之间的信息沟通，让志愿者快速找到感兴趣的志愿服务活动、志愿服务组织找到志愿者，从而实现志愿服务供需的有效衔接，这应该是 Web2.0 版志愿服务信息系统的基础应用功能。当志愿者在系统中自行完成注册登记（若未进行实名认证，有些功能会受限）后，就可以按照一定规则发布或查询志愿服务项目和活动信息，并根据区域、时间、活动内容等信息筛选出感兴趣的志愿服务活动。例如，在“志愿中山”的活动矩阵中，可以按照镇区、服务类型、组织类型筛选出最新的志愿服务活动信息。同时，系统中注册认证的志愿服务组织也能通过双向选择，在更大范围内招募满足活动要求的志愿者。

然而，志愿者与志愿服务组织通过信息平台实现供需匹配并非特别容易，这个匹配过程会受限于某些因素与条件。对于一次性的志愿服务活动，或者当志愿服务活动要求的专业能力不高时，也就是需要

[1] 中山志愿服务网是由中山市民政局委托中山慈善总会开发的志愿者信息系统网站（http：//zyzs. zsnews. cn/），目前用户较少。

的是普通的、一次性志愿者时，“志愿中山”提供了广泛招募志愿者的渠道。中山市有志愿服务积分入学的鼓励政策，对于有积分需求的志愿者，更愿意通过“志愿中山”去寻找更多的志愿服务活动，加上“志愿中山”设计的理念之一就是低门槛、全民义工。例如，一名志愿工作管理者曾说道：

“志愿中山”系统的出现很大部分是起推动作用，那是因为积分政策，积分是认系统上的证明，有的志愿者急于积分，赶在入学之前，我会拼命要求志愿组织开展活动，让大家有参与的机会。可能这场活动不需要志愿者，但下面的志愿者会推动我做活动、开放人数，志愿者来了就会没事做，这又是系统不好的方面。（访谈对象 FT01－05）

然而，对于一个长期性的志愿服务项目，当需要志愿者做出长期承诺并维持长期关系，甚至期待志愿者参与志愿服务项目的前期工作时，却很难通过“志愿中山”平台找到合适的社会志愿者。例如，一位扎根社区开展社会工作服务的机构资深社工提道：

以前没有这个平台时，志愿者都是我们在社区一个一个挖掘并建立关系的，可以让他们前期参与。但是“志愿中山”上的志愿者，你只能看到某某某报名，让他们前期过来，他们说不行，有时会迟到，岗前培训也没时间……确实比较难控制。（访谈对象 FT01－04）

另一位负责机构志愿者的一线社工也提到了用“志愿中山”招募志愿者的弊端，为此，他们会使用“志愿中山”与机构自建志愿者群同时招募：

在“志愿中山”上招募的志愿者很多次是活动开始十分钟前还有十个人，但是活动开始前一两分钟就退出两三个人，这种情况对活动影响很大。但是即便在平台上反馈了这种情况，对他们的影响也不大，对于他们的约束力很小，下一次他们还是会这样，退出的现象还是没有改变。所以我们每次活动都做两手准备，就是在“志愿中山”上招募的同时，也在我们自己的志愿者群里招募一定的人数，两边一起招募，以确保志愿者人数的确定性和稳定性。(访谈对象 FT11－06)

2. 规范志愿服务

从纯技术角度上来说，志愿服务活动的各个环节流程都可以转换为志愿服务信息系统的数据元。根据《志愿服务信息系统基本规范》[1] 这个行业标准，志愿服务信息系统的数据类别分为志愿者信息管理数据元、志愿团体信息管理数据元、志愿服务项目信息管理数据元、培训信息管理数据元、表彰奖励信息管理数据元、志愿服务时间信息管理数据元、评价投诉信息管理数据元、志愿服务证书信息管理数据元、审核信息管理数据元，以上九个数据类别涵盖了志愿服务活动的基本环节流程。在某种程度上，这就等于将志愿服务的规范镶嵌于信息系统数据元中。故而，通过优化志愿服务信息系统的开发与应用，就能够促进志愿服务活动规范化发展，这种制度化功能的实现逻辑可称为“规则镶嵌技术”。正如中山市志愿服务联合会负责人所言：

“志愿中山”平台不仅是一个工具，其实也带着我们对志愿服务的理解，以及希望志愿服务怎么做，这种规则性的东西已经嵌入了平台中。我举个简单的例子，比如过去做完志愿服务之后，可能不会集中说两句小结一下，起码在一些农村社区，甚至镇区里都没有，做完志愿服务直接就走了。这样对志愿服务的体制改良、对志愿者的激励都不好，于是，我们就在平台上增加了签离时间，过去主要是签到设定，报个名、签个到就算两个小时，不管你是提前走了还是迟到了，所以不真实、不准确。现在，既有签到的时间，还有签离的时间，建议在集合之后、签离之前组织感谢一下大家、小结一下工作、分享一下体会、安排下一步的工作，说完之后再签离。我们可以通过平台上的规则来实现这些目

[1] 志愿服务信息系统基本规范，民政行业标准编号：MZ/T 061 －2015；浏览网址：http：//xxgk. mca. gov. cn：8011/gdnps/pc/content. jsp? id＝14235&mtype＝1。

的，类似这种很多都嵌在这个平台里面。（访谈对象 FT02－07）

然而在实践中，想要仅凭优化技术就使镶嵌于技术中的规则或理念变为现实，则显得过于理想。若监督奖惩机制缺乏或力度较小，镶嵌于技术中的志愿服务规范并不会自发地发挥作用，反而会出现一些志愿服务的投机行为、虚假行为等，❶ 而有效的监督奖惩机制的建立又需要投入更多资源与成本。

3. 统一协调机制

我国志愿服务发展具有鲜明的党政部门主导推动特征，政出多门、条块分割、重叠重复的工作机制使得推动志愿服务制度化陷入困境（徐若兰，2016）。志愿服务涉及多元化的主体，既包括志愿者和志愿服务组织，还有企业和政府部门，如何对不同主体进行协调整合，从而实现政策目标的一致性与连续性，成为志愿服务领域能否善治的关键所在（王平，2021）。数字治理理论主张信息技术和信息系统在公共部门改革中的重要作用，从而构建公共部门扁平化的管理机制，促进权力运行的共享，逐步实现还权于社会、还权于民的善治过程（韩兆柱等，2016）。在“数字政府”改革下，❷ 将志愿服务与互联网信息技术进行结合就成为数字政府建设的一个具体领域，具体来说，就是通过志愿服务信息系统的建设，打破部门信息壁垒、破解志愿服务碎片化症结，形成统一的志愿服务协调工作机制。

然而在实践中，却出现了不同层级、不同部门各自开发与推广志愿服务信息系统的现象。在信息系统推广过程中，以行政手段或政策诱因由上级向下级摊派注册志愿者指标，从而形成在同一个区域中存在两套甚至多套志愿服务信息系统同时运作的情况。用于破解志愿服

---

❶ 不少受访者对“志愿中山”平台存在的漏洞有抱怨，如听讲座、跳广场舞、参加小组工作活动都能打卡时数，对此争议很大，还有为满足志愿者需要而开展志愿服务活动的现象等。

❷ 2015 年 3 月，国务院总理李克强在当年的《政府工作报告》中首次正式提出“互联网＋”的战略构想；2015 年 7 月，国务院印发《关于积极推进“互联网＋”行动的指导意见》；2017 年 10 月，中国共产党第十九次全国代表大会报告中出现了“数字中国、智慧社会”的提法。

务发展中的部门壁垒与碎片化症结问题的信息系统，反而进一步地砌高了部门壁垒、扩大了碎片化。同时，还造成志愿者或基层志愿服务组织无所适从。在中山市，目前有两套志愿服务信息系统同时在市级层面使用，并且这两套信息系统启用的时间相差不大。在访谈中，不少受访者抱怨两套信息系统同时运作带来的困扰：

系统太多对于我们是一个很大的压力。就是因为志愿者用起来很麻烦，所以我们一直不敢推“i 志愿”，但是上面又有指标，所以我们折中一下就只能在团员青年里面推。就发动广大团员青年注册“i 志愿”，稍微和“志愿中山”进行一点差异化。(FT01－02)

现在中山市在用“志愿中山”平台，广东省又推“i 志愿”平台，其实中山市也是广东省的一个市，中山市也要完成广东省给予我们的“i 志愿”的任务。……有任务指标，所以我们现在操作的话，就让团委的青年志愿者用“i 志愿”，让其他社会志愿者用“志愿中山”，而且弊端是两个平台的后台数据是不通的。(FT01－05)

此外，在志愿服务信息系统中，各个志愿服务主体之间并非一种扁平化的关系，而是一种类似科层制的等级关系，主要体现在志愿服务管理权限的分发上，例如志愿者发起一项志愿服务活动需要多级层层审核（张莉萍等，2019）。“志愿中山”也是通过层层授权来实现管理的，不同主体之间是一种权力关系，而非平等的合作伙伴关系。

我就是一个管理者，我们是如何实现的呢？在网上，我们后台只有两三个人，其实真正管理的只有两个人，这两个人是通过“志愿中山”赋权的。我们有四种管理员，有后台的系统管理员，有每个组织的组织管理员，组织管理员还可以授权其他的志愿者骨干做活动管理员，组织管理员和活动管理员发布活动后，现场管理员负责签到签退，还可以授权其他人帮忙签到签退，这就是临时管理员。(FT02－07)

二、资格竞逐策略：志愿服务积分入学

（一）积分制的背景与设计

我国长期以来实行以城乡二元结构为基础的户籍制度，并赋予城乡户籍差异化的福利待遇。随着城乡人口迁移、城市化进程不断加快，户籍制度的弊端逐渐显现，阻碍了流动人口在迁入地平等享受基本公共服务，如教育、医疗、保障住房等。然而，户籍制度又不可能一刀切地废除，否则城市人口、资源、环境也将难以承受。因此，实施流动人员积分落户就成为一种改革户籍制度的折中方案。在 2014 年 7 月国务院出台的《关于进一步推进户籍制度改革的意见》[1] 中，提出建立健全积分落户制度。

中山市是最早面向非户籍流动人口推行积分制改革的城市，全市流动人口占比将近一半（见图 5－6），有些经济重镇比例更高。为解决流动人口子女升学难、上学贵等问题，2007 年中山市在小榄镇开始试点积分入学，2009 年 12 月在全市流动人员中试点实施积分制管理，积分制主要应用于落户、随迁子女义务教育入学，以及保障性住房等。随后，积分制改革在我国多个大中城市开始推动，如佛山（2010

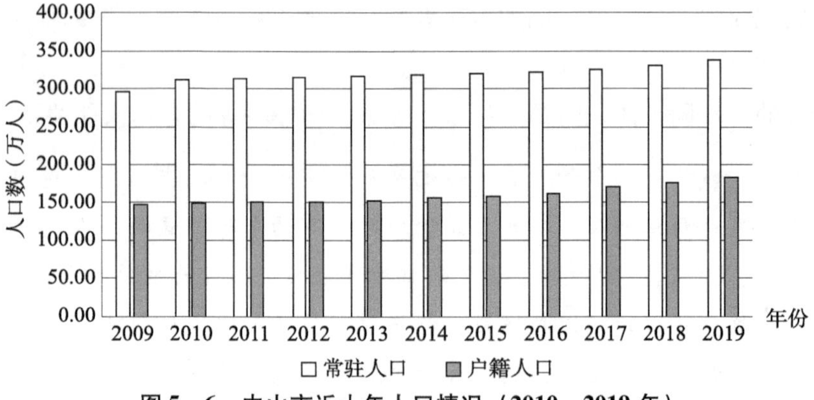

图 5－6　中山市近十年人口情况（2010—2019 年）

来源：中山市统计局（2020）。

[1] 关于进一步推进户籍制度改革的意见，浏览网址：http：//www. gov. cn/zhengce/content/2014－07/30/content_8944. htm？ trs＝1。

年）、深圳（2010 年）、广州（2010 年）、珠海（2010 年）、宁波（2011 年）、天津（2013 年）、上海（2013 年）、东莞（2014 年）、青岛（2015 年）、北京（2015 年）等。据统计，截至 2014 年上半年，通过积分奖励方式，共有 14765 人取得入户中山市资格，37781 名外来务工子女取得入学资格。[1]

自 2009 年以来，中山市政府先后印发 8 个版本的积分制管理规定及相应的实施细则，最新版是 2020 年 3 月 10 日印发的《中山市流动人员积分入学管理规定》与《中山市流动人员积分入学管理实施细则》，经过多年不断完善，中山市积分制管理已趋于成熟稳定，从积分用于入户、入学、保障性住房申请到目前基本用于流动人员子女入读公立学校申请。以 2020 年版为例，积分制的计分标准由基础分与附加分两部分组成，其中基础分指标包括个人素质、参保情况和居住情况三项内容，附加分指标包括人才岗位、专利创新、表彰奖励、社会贡献、纳税情况、社会教育六项内容。[2] 在不同年份版本里，基础分指标与附加分指标会根据社会治理需要与其他政策变动而动态调整，有些版本中，会有违反计划生育规定或违法犯罪等的扣减分指标。积分制管理采取个人自愿、分区申请、统一管理的模式，并按照总量控制原则对申请积分入学（入户）的流动人员按其所得积分高低进行分区排名，排名在公布指标数内的，可按有关规定获得相关待遇。

有学者对十个城市的积分制进行比较分析，发现相比于其他城市，中山市属于吸纳型积分制，该类型积分制的显著特征就是非常注重申请者的社会贡献，如志愿服务、无偿献血、社会捐赠等，因此，对低学历、低技能、低收入人群更具包容性与接纳性（张小劲等，

---

[1] 该统计数据来自 2014 年 4 月中山市文明办常务副主任元维社在社区志愿服务制度化工作座谈会上的发言，发言题目为“构建社工 + 志愿者联动机制 推进社区志愿服务制度化建设”，浏览网址：http：//www. wenming. cn/syjj/dfcz/hb _ 1679/201407/t20140708 _ 2049184. shtml。

[2] 中山市流动人员积分入学管理规定（2020 年），浏览网址：http：//www. zs. gov. cn/gkmlpt/content/1/1698/post_1698561. html#645；中山市流动人员积分入学管理实施细则（2020 年），浏览网址：http：//www. zs. gov. cn/gkmlpt/content/1/1698/post _1698574. html#645。

2017），这一点显然与中山市“博爱、创新、包容、和谐”的城市精神相一致。以下为2020年版中社会贡献积分的计分标准。

近5年内在中山市从事社会服务按以下标准计分：

1. 参加志愿服务满50小时积4分，此后每满10小时积1分，最高限50分。

2. 参加无偿献血每满100毫升积1.5分，机采血小板每1U积3分，最高限15分。成功实现骨髓（造血干细胞）捐献，积50分（此项积分不受近5年限制）。

3. 充分发挥先锋模范作用，积极参与各项社会服务，在中山市两新组织党建综合服务管理平台取得相应积分的，每满1000积分积0.5分，最高限30分。

4. 充分发挥道德模范在精神文明建设中的引领作用，获文明系统评为“中山好人”的加50分，“广东好人”的加75分，“中国好人”的加100分。

志愿服务是社会贡献积分中的重要计分指标，而且志愿服务最高积分在不断提高（见表5－7），从2009年的最高限10分，提高到2010年的15分，再提高到2012年的20分，一直到2019年的最高限50分，并保持至今。按照最新计分标准，要获得最高限50分，需要近五年内累计提供志愿服务510小时。

表5－7 中山市历年志愿服务积分标准

年份	志愿服务类别标准	最高积分
2009	在我市参加义工、青年志愿者等工作每满1年加1分，最高分限10分（即参加义工、青年志愿者满十年及以上者均加10分），其中一年内服务100小时及以上才记为一年	10
2010	参加志愿者等工作服务每满50小时积2分，最高分限10分；在中山市内参加志愿者等工作服务每满50小时再积1分，额外积分最高限5分	15
2012	参加志愿者等工作服务每满50小时积2分，最高分限10分；在中山市内参加志愿者等工作服务每满50小时再积2分，额外积分最高限10分	20
2013	同2012年一致	20

续表

年份	志愿服务类别标准	最高积分
2014	参加志愿者等工作服务每满50小时积2分，参与禁毒宣传和网络文明志愿服务每满25小时积2分，最高分限10分；在中山市内参加志愿者等工作服务每满50小时再积2分，额外积分最高限10分	20
2016	参加志愿服务满50小时积4分，此后每满10小时积1分，最高限20分	20
2019	参加志愿服务满50小时积4分，此后每满10小时积1分，最高限50分	50
2020	同2019年一致	50

注：申请日前5年内志愿服务时数有效。

来源：作者自行整理。

（二）积分制对志愿行为的激励效果

中山市积分制管理在制度设计上，鼓励流动人员对中山市多做社会贡献，尤其是志愿服务、无偿献血等，那么积分制对流动人员志愿服务行为的激励效果如何呢？以下从积分制对志愿行为的激励结果与过程两个角度进行分析。

1. 积分制对志愿服务的激励结果

在政策激励结果上，由于难以获得中山市全市相关积分入学入户数据，本书仅以中山市南朗镇为例进行说明（见表5－8），截至2019年年底，中山市南朗镇常住人口为112493人，非户籍人口67104人，占比59.65%。从表5－8可以看出，申请积分入学的人数逐渐提高，可见让随迁子女入读公立学校是流动人员最大的刚性需求。由于2009—2015年积分制管理政策变动较大，以及志愿服务注册登记系统不健全等原因，这一阶段使用志愿服务积分申请入学的比例几乎为零，而使用无偿献血积分的比例逐年提高。2016年以后，积分制管理政策趋于稳定，且2015年6月“志愿中山”正式上线，志愿者多头注册登记开始归口管理。故而2016—2019年，在积分入学申请者中，通过志愿服务、无偿献血来积分的申请者占比都呈现逐年提高趋势，并且在入围者中这一比例更高。以2019年为例，申请积分入学者1050件，在这些申请者中，使用志愿服务积分的69件，占比6.3%，使用无偿献血积分的139件，占比13.2%；最终入围积分入学名单的有711件，入围比例为67.7%，在这些入围者中，使用志愿服务积分的52件，占比7.3%，使用无偿献血积分的113件，占比15.9%，这显示出提高社会贡献积分有助于提高入围概率。

表5－8 中山市南朗镇志愿服务积分入学情况

年份	阶段	件数	志愿服务类	志愿服务类占比（%）	无偿献血类	无偿献血类占比（%）
2019	申请	1050	69	6.6	139	13.2
	入围	711	52	7.3	113	15.9
2018	申请	988	11	1.1	95	9.6
	入围	711	9	1.3	76	10.7
2017	申请	894	7	0.8	84	9.4
	入围	668	7	1.0	71	10.6
2016	申请	742	8	1.1	66	8.9
	入围	609	7	1.1	60	9.9
2015	申请	784	1	0.1	44	5.6
	入围	420	0	0.0	28	6.7
2014	申请	572	3	0.5	22	3.8
	入围	360	3	0.8	18	5.0
2013	申请	404	2	0.5	23	5.7
	入围	298	2	0.7	20	6.7
2012	申请	434	1	0.2	23	5.3
	入围	241	1	0.4	13	5.4
2011	申请	183	3	1.6	6	3.3
	入围	183	3	1.6	6	3.3

来源：中山市南朗镇流动人口管理办公室提供数据。

2. 积分制对志愿服务的激励过程

相比于政策激励结果，积分制政策的激励过程更加复杂。分析激励过程时，至少要考虑两个志愿服务主体，一个主体是志愿服务组织方，另一个主体是有积分潜在需求的流动人员，这两个志愿服务主体相互影响。

就志愿服务组织方而言，它们是组织开展志愿服务的主体，同时也是出具志愿服务时数证明资料的机构。2009年、2010年、2012年、

2013 年与 2014 年颁布的积分制政策规定，申请者“应提供志愿者组织出具的证明”，而对志愿服务资料的核查部门则规定“市志愿者组织负责审核本系统内机构为个人出具参加活动情况的证明核查”。这样的规定导致核查困难，工作量巨大。在 2015 年之前，中山市有多个志愿服务注册登记系统，有青年志愿者系统的“i 志愿”平台（省级平台），有民政系统的中山志愿服务网，还有分散于其他地方的注册登记形式，如红十字会志愿者、文化艺术志愿者等，对于单个志愿服务机构，还有自制的纸质注册登记记录。每个系统内都有大量的志愿者组织或机构，实际核查操作无法有效快速开展。这与前文提到中山市南朗镇 2009—2015 年的申请者很少使用志愿服务积分的情况相一致。因此，2009—2015 年，志愿服务积分这一条款基本没有落地执行，也就无从谈起激励效果了。

这一局面在 2016 年之后有了很大改观，中山市文明办指导的中山市志愿者联合会启用（市级平台），多头注册登记记录的局面逐渐归口为两个系统，一个是市级平台，另一个是省级平台。因此，在 2016 年、2019 年、2020 年的积分制政策中看到，申请者应提供的资料改为“应提供中山市志愿者联合会、团市委志愿者组织出具的证明”，核查主体为“市文明办……负责中山市志愿者联合会出具的志愿服务情况证明的核查”“团市委负责……青年志愿者服务情况的核查”。因此，2016 年以后，志愿服务积分的政策输送体系才算真正运作起来。

整体来看，获取志愿服务积分来申请入户入学，尤其是用来积分入学，已成为大部分流动人员从事志愿服务活动的重要动机，但是这种积分带动的志愿服务可持续性较低。例如，中山市共青团系统推动的社区学院设有很多兴趣课程班，这些课程班除了要求按时出勤，还要求从事一定时数的志愿服务，才能获得结业证明与志愿服务时数，有时候需要亲子一起参加，由于课程符合多方面需求，因此非常火爆。正如一位中山市火炬开发区青年志愿者协会专职秘书长所言：

受访者：……每个人过来参与（志愿服务）活动的目的都不一定，有的真的是想在业余时间做一些有意义的活动，有的是出于某种目的，比如想尽办法获取一个时数，帮助积分入学入户。我们这边的需求特别大，真的特别大，很厉害。

访问者：你刚才说的需求特别大，是哪一种需求？

受访者：积分，因为志愿服务占的比例比较高。我们社区学院办的那个班也是，每次都是秒杀来报名，因为学位就这么多，你让孩子读书的话，他想尽办法来读。但是都是来充个数，他真真正正来参与的，要慢慢地让他先有第一步的感受，再慢慢地留住他，都是这样把他感染，是不是每次都能成功呢？不是的。（访谈对象 FT02－09）

一位中山市西区驻点的机构社工在谈到不同来源的志愿者时说道：

……第二个就是政策性的比如积分入学的需求。人们可以通过做志愿者来积分，所以有一大部分人是每年的年初参加志愿活动，因为好像是四月份截止，年初会涌现出一大批这部分积分入学的志愿者，需要很长时数的志愿服务，他们就很热衷。（访谈对象 FT11－06）

一位中山市三乡驻点的机构社工在谈到志愿者的年龄特征时说道：

……为什么现在志愿者大部分是二十岁到四十岁，因为中山有一个积分入户入学的政策，参加志愿活动可以积分，所以他们积极性很高。（访谈对象 FT02－08）

另一位中山市古镇公益园驻点的机构社工在谈到机构所属的文明劝导队成员来源时说：

受访者：外地的居多，也有本地的，他们本身热爱公益，外地的主要是为了积分，中山有积分入学的政策，但是很多人后来有一个改变。他们刚开始来有这个目的，慢慢地他们的孩子不需要积分了，但是他们还会来，这是出于一种感动。

访问者：我们文明引导队有几成是“新中山人”？

受访者：九成以上都是“新中山人”，都是为了积分入学。

访问者：有的人是拿了积分就不做了，那继续做的比例多吗？

受访者：10% ~28%，之前我们在这方面没有做统计，后来通过与志愿者队伍负责人沟通，我们发现有这些例子，骨干的会稳定一些，但是其他成员随时都会变。(访谈对象 FT11 -06)

对于有适龄随迁子女的流动人员而言，志愿服务积分确实能激励他们来参与志愿服务，但大部分只是工具性地参与志愿服务活动，对志愿服务提供过程关注度不高，主要关注是否能获得志愿服务时数，是一种理性的志愿服务参与。他们中只有一小部分能够在参与过程中获得价值与意义，愿意持续性地参与，但这需要其他因素与条件的配合，如项目的吸引性、志愿者管理水平、是否获得参与意义等。正如小榄镇公益事业发展中心[1]负责人所言：

最底层的那些志愿者可能每年都不一样，但是在我们的核心成员中，有三十五位志愿者领队，这些人其实从第一年就加入了我们菊花会，我们现在做菊花会工作已经五年了，他们一开始跟其他志愿者一样，外地的是为了积分，本地的是为了好玩，过来支持。但是能够支持五年的话，其实他们很多都已经完成积分了。……他们是真正在志愿服务工作当中，觉得这件事情有意义，并且他们可能在这个团队当中已经形成了一个朋友圈，他们觉得每年开会或者每年开展某项志愿服务活动，就是我们这帮朋友的一个聚会。(访谈对象 FT01 -05)

因此，积分制对于激励流动人口来参与志愿者活动比较有效，但是对于留住志愿者的激励效果很小，要想把这些志愿者留住持续服务，更多地还是依赖志愿服务组织的作用发挥。此外，积分制也产生了一些负面的效果，例如，有积分需要的志愿者倒逼志愿者服务“虚开”活动；功利化的积分志愿服务损害了志愿服务精神，让一些民众形成“志愿者是因为积分才去做的，不积分不做志愿者”的

[1] 小榄镇公益志愿服务中心是一家伞状志愿服务组织，旗下有 1400 个草根志愿服务组织或团队，它们以备案制形式存在，公益志愿服务中心主要为这些组织或团队提供项目设计、骨干培养、财务支持等。它们在志愿服务制度化建设中，还借助和众泽益（http: //www. hcvcchina. com/）这家专业第三方力量的协助。

错误认知。

三、专业化策略：社工+志愿者联动

中山市是较早推动社工与志愿者“三进三服务”的城市，获得了省内外的肯定，“三进”是“进社区、进学校、进企业”，“三服务”是“老人服务、青年服务、异地务工人员服务”（广东青年职业学院社工系等，2013）。同时，中山市注重通过“志愿服务岗位化建设”“志愿服务专业化队伍建设”来推进志愿服务发展，其发展模式甚至被归纳为“专业支持促进志愿服务制度化”模式（丁勇等，2015；谭建光，2015a）

（一）志愿服务“专业化”的不同论点

在志愿服务研究与实践中，“专业化”发展是志愿服务领域一个重要的话题，然而，关于志愿服务专业化的内涵却有不同的论点与版本。本书并不侧重于在学理上探究各种论点的来龙去脉，而是根据文献资料与访谈资料，梳理志愿服务专业的几种论点，从而凸显志愿服务“专业化”存在的内在张力。

1. 志愿服务专长论

志愿服务专长论将志愿服务专业化等同于招募有一技之长的志愿者来从事志愿服务，认为这些志愿者提供的服务才能解决服务对象的复杂问题，这种志愿服务才显得比较专业和高端，该论点对于只会奉献体力劳动的志愿者有歧视之嫌。志愿服务专长论的一个典型表述如下（张科，2010）：

> 志愿服务按照服务过程和内容可分为非专业化服务和专业化服务两种，非专业化服务是指技术含量较低的一般性服务活动，如大型活动中的后勤保障工作；专业化服务是指具有某项专业知识、技能或获得专业资格的人士提供的服务，如心理康复、翻译、义诊、支教、法律援助、维修等。提供低端的非专业服务是志愿服务得以广泛开展的基础，但随着社会和志愿服务的发展，对专业化服务的需求必将越来越大……

2. 志愿服务成长论

根据志愿者从事志愿服务的时长、资历、经验等，志愿者群体分为资深志愿者、骨干志愿者与普通志愿者。随着经验和技能的增长，当一个志愿者从普通志愿者成长为骨干志愿者或资深志愿者时，这就是一种志愿服务专业化，特别是一些资深志愿者会主动学习一些专业服务手法与技巧，基本上能达到半专业化的状态。正如一位受访者在谈到中山市一些早期义工时说：

> 老一批的义工其实挺社工化的，可以说是半社工，因为他们在中山市没有开始社工服务之前，其实可能会觉得有一些需求是他们力所不能及的，一批现在的中年义工其实在12年前已经开始尝试去接触社工的理念跟服务手法。（访谈对象FT01－03）

3. 志愿服务关系论

社会工作起源于志愿服务，与志愿服务存在着千丝万缕的联系。从当下社会工作界的角度来说，探讨志愿服务专业化时常与社会工作专业发展关联在一起，主张社工只有通过与志愿者建立平等合作的关系，才能在社区中充分整合各种社会资源为社区居民提供符合本地需求的专业服务（童敏，2011），在社工与志愿者的合作中，两者优势互补、共同成长。这种论点的典型代表就是社工与志愿者联动发展，正如一份2013年广东省民政厅、共青团广东省委员会与广东省精神文明建设委员会办公室联合印发的《关于推进社会工作者与志愿者联动工作的实施意见》的政策文件所述："……有效整合社会工作者和志愿者资源，构建"社工引领志愿者、志愿者协助社工"的互动服务格局，推动志愿服务的常态化、社会化与专业化……"

4. 志愿服务管理论

志愿服务管理论将志愿者等同于受薪雇员一样对待，志愿者除了没有固定薪水，其他与正式雇员一样，要想调动志愿者的工作积极性，就必须对志愿者进行科学的人事管理，包括招募、培训、激励、奖惩等。这种论点主张除了对志愿者进行人力资源管理，还要对项目以及整个机构进行管理。似乎只要能够建立完善、科学的管理制度，志愿服务就会出成效。一些政府部门的领导一般对这种论点比较赞同，正如一位受访者所说：

……我在团委待了十几年，领导们三番五次地说，希望对志愿者形成一套科学的管理体系，如果我不在他也不在，谁来运营都一样，理论上就像企业一样。但我说不行，我的“歪理”就是这样，志愿服务活动靠一个人，这个队伍里有那么一两个人就行了……（访谈对象 FT01－01）

在以上四种志愿服务专业化论点中，社工与志愿者联动发展得到了我国社会工作学界、政府部门的极力推动。中山市是较早推动社工与志愿者联动发展的城市，其中最具名气的就是中山市在 2013 年发起的中山市博爱 100 公益创投活动（以下简称“博爱 100”），至今已经举办八届，取得了比较好的成绩。

（二）博爱 100：社工与志愿者联动的载体

1. 因联动需要而设立博爱 100

博爱 100 就是为落实社工＋志愿者联动发展而设立的。2013 年，中山市委办公室、市政府办公室在创新社会治理语境下推动社工＋志愿者联动发展，出台一号文件《关于构建“社工＋志愿者”联动体系的方案》（中委办〔2013〕1 号），在建立联动制度、培育联动组织、创新联动项目、强化联动激励与充实联动资源五个方面提出联动的主要内容。为了落实方案要求，受邀专家学者与基层干部反复讨论，提出以贯彻党的坚持以人民为中心理念指导、弘扬孙中山先生“博爱精神”，启动“博爱 100、公益 1＋1＋1”[1] 创投活动，鼓励镇区、村居的志愿者、志愿组织、公益机构、社工机构等申报公益志愿服务项目，通过评审和资助，普及关爱和服务广大群众的优秀项目（广东省社工与志愿者合作促进会，2020）。在访谈博爱 100 运营方[2]总监时，

---

[1] “博爱 100 公益 1＋1＋1”模式中的“博爱”是指弘扬中山城市精神之博爱精神，“100”是指每届重点支持一百个公益项目、公益项目要百分之百公开透明，从而传递百分之百爱心。三个“1”分别是指党政部门搭建平台、社会组织具体实施、市民与企业积极参与。

[2] 博爱 100 的运营方为中山市博睿社会工作服务中心。

她对博爱100的缘起描述道：

> ……博爱100这个活动是从2013年开始的，2013年1月份的时候，市委市政府发了一号文件，这个文件是关于推动社工+志愿者联动的方案，这个文件出来之后，他们说用一个什么样的方式能够更好地让社工跟志愿者合作呢？然后就想到这种公益创投的方式，于是2013年的时候，就有了博爱100这个活动，它的缘起就是这样。……因为有这么一个文件，然后加上一些其他的动力，当时的社会组织的这种政策，还有中山本身的博爱精神，这种土壤，还有慈善捐赠，这些民间的捐赠还是挺多的，对吧！有各个方面的一些土壤加上政策的推动，就有了这样一个创投活动。（访谈对象FT01－04）

博爱100的运行过程包括广泛的项目征集、第三方专业团队评审、“最强公益”展演决赛、中期末期评估等环节。博爱100从首届只有一个主版块，发展到目前共有八个版块，包括主版块、镇区版块、社区公益、逸仙杯、工益春笋、同心公益周末、专业社工全民义工、红色创投（见图5－7）。博爱100的版块设置会随着中山市社会治理的需要而动态调整。每届产生若干市级优胜项目、品牌项目以及最强公益项目。最强公益项目要参加最终的公开竞赛，评选出金奖、银奖、铜奖。

图5－7 中山市博爱100公益创投活动官网

来源：http：//boai100. zszf. org. cn/front/home/index. html.

在博爱100的八个版块中，以志愿者或志愿服务直接命名的有两大版块，分别是中山市民政局主办的“专业社工、全民义工”、团市委主办的“逸仙杯”学生志愿服务大赛。其中，“专业社工、全民义工”是广东省民政厅统一部署的试点工作，[1] 其目的在于发挥社工人才的专业性和义工队伍的广泛性及人力资源优势，拓展社会工作服务范围，增强服务效果，培育发展志愿服务组织，达到双方相互协作、共同开展服务的目标。

截至2020年，中山市共举办了八届博爱100公益创投活动，每年实施500～600个公益项目，形成了市、镇、社区三级社会公益服务体系。据统计，2013—2019年，博爱100共吸引2694个社会组织和草根志愿团队参加申报，凝聚了30万人次志愿者参加，征集了9401个公益项目，落地实施3910个，投入种子资金2959.2万元人民币，撬动部门配套和社会捐助总资金6699.93万元人民币，直接服务市民群众超330万人次。[2]

2. 社工与志愿者联动的方式

（1）联动规则设计

联动规则设计就是权威部门通过制定联动规则来硬性引导社工与志愿者联动合作。每届博爱100公益创投活动，市级相关职能部门都会联合印发实施方案，[3] 对相关事项做出安排。其中，在申报项目评审标准中，设置社工＋志愿者联动项目加分项，分值为5分，联动项目标准为：一是项目必须由社工与志愿者共同参与；二是遵循社工＋志愿者联动的项目化、岗位化与专业化原则。这种联动规则的设置吸引了大量社工机构的参与，据运营方估计，在全部申报项目中，接近一半的申报项目有社工机构参与其中，并带动大量志愿者参与。

---

[1] 2016年2月，广东省民政厅印发《关于开展“专业社工 全民义工”试点工作的通知》，提出三年试点工作安排。

[2] 该数据来自中山市民政局政府信息公开网站，浏览网址：http：//www.zs.gov.cn/zsmzj/gkmlpt/content/1/1840/mmpost_1840220.html#1293。

[3] 历届博爱100实施方案可在博爱100官方网站查询，浏览网址：http：//boai100.zszf.org.cn/front/home/index.html。

联动规则设计必须有政府的持续支持与参与才能发挥成效，博爱100是一个由跨政府部门、自上而下发动的活动，社会参与面非常广泛，这是博爱100的一个重要优势。正如博爱100运营方负责人所言：

> 我觉得博爱100有一个挺好的（条件），就是动员，自上而下地做这种动员，因为我个人觉得这种动员方式比较符合国情，因为政府的影响、党的号召力是最强的，然后再从上到下地动员，这种发动式的面很大。（访谈对象FT01－04）。

（2）辅导义工团体成长

辅导义工团体就是对申报项目的社会组织或草根志愿团体进行项目能力与组织能力的咨询辅导，以协助其顺利完成项目或发展为正式组织。博爱100非常注重提升社会组织能力和孵化草根志愿团队，除了给予入选公益项目种子资金扶持外，还通过点对点和一对一的项目优化、项目跟踪督导和严格评估，不断提高项目的整体质量。具体辅导方法有：①每年开展2期公益训练营，每期超过200人参加；②开展项目优化辅导，每年一对一辅导100个项目；③开展菁英成长计划，每年选拔50多名公益项目骨干重点培育；④优秀项目示范分享等。在博爱100的扶持下，有一批志愿团体走上了规范化运营的道路，或注册为社会组织，或注册为公司。在与运营方负责人的访谈中，她举了好几个例子，例如，一批跳广场舞的大爷大妈在博爱100项目中发展成中山市坦洲镇健身操协会，会员有800多人；又如，中山市小榄镇有一个推广环保的志愿团体，在博爱100的扶持下，注册成为小榄镇绿饰文化创新中心。

（3）义工专业辅助

义工专业辅助就是由某个服务领域的专业社工或社工机构基于服务对象的多方面需求而组建多支义工队伍来辅助提供服务，从而形成相互支持的服务输送网络。中山“专业社工　全民义工”试点工作就是用来充分发挥社工与义工优势的联动尝试，选取一批社工机构擅长的服务领域实施义工专业辅助的试验，通过社工与骨干义工的再学习、再教育过程，如举办培训、研讨会、工作坊等，逐步将社工与义工队伍磨合成为一个专业的服务输送网络。“专业社工 全民义工”项目主管在访谈中描述了一个中山市三乡镇退伍军人关怀服务案例，它的义工队很有特色，得到了评估专家的好评：

……三乡这个义工队有一个是老兵互助组织，组织里有一个退伍的年轻人负责探望弱势的优抚对象，有一个摄影师和一个小学生记者，他们两个出版了一本叫《红色三乡》的手册，还有一个比较健壮的优抚对象负责做政策宣传跟爱国教育。我觉得这样就能够把整个领域的不同的人都带动起来，无论是健壮的老兵，还是体弱的老兵，还有新的退伍人员，还有一些社会人士去加入优抚服务，这样就能够把整个系统里面不同的社会力量融合起来……（访谈对象 FT01－03）

据了解，这个退伍军人关怀服务是由中山市扬帆社会工作服务中心开发的，该服务是以三乡镇社工综合服务中心为平台，服务辐射三乡镇各村居退伍军人，联动各类义工，一方面为退伍军人提供关怀服务，回应其不同层次的需求；另一方面倡导退伍军人守望相助，并以服务继续反馈社会。

3. 社工与志愿者联动模式面临的质疑

社工与志愿者联动发展模式在推动过程中也遭到了其他论点的质疑，这些质疑主要集中在社会工作专业能力上，认为社工太年轻，虽然文书工作做得好、说得好，但做的事情和义工差不多。

第四节　志愿服务制度化对志愿者保持的效果[1]

一、志愿服务制度化对志愿者保持的作用机制

现代志愿服务是一种组织化的集体行动，而非零星的个人行为，

[1] 本节部分内容已发表于《青年探索》2020 年第 6 期。

而志愿服务组织是这种集体行为的组织载体。在现代社会，任何组织都深受各种制度的形塑与影响，制度对组织既有使能功能，又有限制作用（斯科特，2010）。在政府加大志愿服务制度化建设过程中，志愿服务组织的内部管理实践深受外在宏观政策环境的影响。在宏观政策层面上，本节主要聚焦于志愿服务活动规范化与志愿服务专业化两个方面。在规范化方面，《志愿服务条例》规定开展志愿服务活动需要签订协议、购买保险、进行岗位培训等；在专业化方面，由于社会工作与志愿服务具有深厚的历史关联性以及现实的互补性（纪文晓，2010；童敏，2011），推进社会工作者与志愿者合作联动发展已成为一种重要的政策选择，在开展志愿服务活动时，社工督导志愿者成为一种实务模式（彭华民，2010）。

志愿服务事业的发展离不开公众广泛、持续的社会参与，而促进社会参与正是推进志愿服务制度化的主要目标之一。在公众志愿服务参与上，本书将聚焦于志愿者保持。现有文献中有大量有关志愿者保持的研究，这些研究主要回答“一旦人们决定参与志愿服务，有什么因素能促使志愿者留在（或离开）组织”（Rochester et al.，2016）的问题。归纳起来，这些因素可分为个体人口社会特征、组织管理特征与政策脉络因素三大类，其中政策脉络因素与组织管理特征都可视为志愿服务制度化的外在表现。

第一，在个体人口社会特征方面，性别、年龄、教育程度、婚姻等人口特征常被用来解释志愿者保持，如老人志愿者留在组织的时间可能更长，有更高教育程度的志愿者更可能留任，已婚或抚养小孩的志愿者更可能持续提供服务。此外，具有特定助人性格或态度、特定动机类型或强度的志愿者，其留在志愿服务组织中服务的时间更久。然而，人口社会特征与志愿者保持之间并非直接关联，不同研究之间存在不一致或模糊之处（Locke et al.，2003；Rochester et al.，2016）。

第二，在组织管理特征方面，有学者将影响志愿者行为的组织因素划分为志愿者管理与工具、组织对志愿者的态度与价值，以及组织的结构特征三个大类别因素集（Studer et al.，2013）。学者们基本达成共识的主张是，清晰的、发展的、支持的与欣赏的组织管理方式，可能鼓励志愿者留下来继续提供服务；而不良的志愿服务管理包括不足的督导、贫乏的交流、缺乏培训、任务匹配不当、对志愿者的低价值感或负面情绪缺乏回应等，可能造成志愿者选择离开志愿服务组织（Locke et al.，2003；McBride et al.，2012）。

第三，在政策脉络因素方面，政策环境变化影响着一个组织支持志愿者的能力。在现代社会中，政府会基于各种理由，通过立法、竞创活动、支持性行动与诱因等措施积极促进志愿服务事业的发展（De Waele et al.，2018）。政府对志愿服务发展的介入可能带来积极效果，也可能产生消极影响。例如，越来越多的志愿服务组织从政府获取资助项目，这不仅模糊了有酬工作与无酬工作的边界，还造成志愿服务活动更加形式化与官僚化，同时限缩了志愿者的服务角色（Kramer，1994）。

本书假设志愿服务制度化通过形塑志愿服务组织的管理与服务实践，进而影响到志愿者持续服务的意愿与行为。接下来，将从志愿者的视角来量化分析志愿服务制度化对志愿者持续服务意愿的影响效果。志愿服务制度化通过“是否签订协议”“是否购买保险”“是否岗位培训”“是否有社工督导”“是否有物质收益”五个变量来测量。志愿者保持通过询问志愿者继续留在机构提供服务的意向或态度来测量（Walker et al.，2016）。

二、志愿服务制度化对志愿者保持的实证分析

（一）志愿服务制度化的状况

根据相关法规，志愿服务组织在开展志愿服务活动时，要根据实际需要与志愿者签订志愿服务协议，为志愿者购买意外保险，对志愿者进行岗前培训等，这是志愿服务规范化管理的重要内容。问卷调查显示，在签订志愿服务协议方面，54.2%的志愿者表示有过与志愿服务组织签订志愿服务协议的经历，其中18.3%的志愿者表示与每家服务过的志愿服务组织都签订过志愿服务协议，16.4%的志愿者表示与大多数志愿服务组织签订过志愿服务协议，19.6%的志愿者表示与少

数志愿服务组织签订过志愿服务协议（见表5－9）。在志愿服务实践中，志愿服务组织会根据实际需要来选择口头协议或书面协议。

表5－9　签订志愿服务协议的情况

选项	频次	回应百分比（%）	累积百分比（%）
每个都签了	367	18.3	18.3
大多数都签了	328	16.4	34.7
少数签了	392	19.6	54.2
从未签过	917	45.8	100.0
合计	2004	100.0	—

来源：中山市志愿者基本情况调查问卷数据（2018）。

在购买意外保险方面，61.9%的志愿者表示有过志愿服务组织为自己购买人身意外伤害保险的经历，其中21.1%的志愿者表示每家服务过的志愿服务组织都为自己买了意外保险，18.7%的志愿者表示大多数服务过的志愿服务组织都为自己买了意外保险，22.2%的志愿者表示少数服务过的志愿服务组织为自己买了意外保险（见表5－10）。

表5－10　购买人身意外伤害保险的情况

选项	频次	回应百分比（%）	累积百分比（%）
每个都买了	422	21.1	21.1
大多数都买了	374	18.7	39.7
少数买了	445	22.2	61.9
从未买过	763	38.1	100.0
合计	2004	100.0	—

来源：中山市志愿者基本情况调查问卷数据（2018）。

在志愿者培训方面，83.8%的志愿者表示在提供志愿服务之前接受过两三项培训内容[1]（见表5－11）。志愿者培训内容主要围绕着志愿服务理念（58.4%）、安全知识（46.7%）、团队意识（46.3%）、志愿者的权利与义务（39.9%）、志愿服务技能（39.6%）与经验分

[1] 据2019年中国社会状况综合调查数据显示，志愿者参加过志愿服务培训的比例仅为33.6%。

享（30.8%）展开。

表5-11　志愿服务前接受的培训内容

选项	频次	回应百分比（%）	个案百分比（%）
没有任何培训	323	5.1	16.2
志愿服务理念	1164	18.3	58.4
志愿服务技能	789	12.4	39.6
团队意识	925	14.6	46.4
项目开发能力	194	3.1	9.7
资金筹集技巧	77	1.2	3.9
相关法规政策	290	4.6	14.5
安全知识	932	14.7	46.7
项目管理能力	199	3.1	10.0
志愿者的权利与义务	796	12.5	39.9
经验分享	615	9.7	30.8
其他	47	0.7	2.4
合计	6351	100.0	318.5

来源：中山市志愿者基本情况调查问卷数据（2018）。

整体来看，中山市在志愿服务规范化方面达到了比较高的水平，志愿服务组织对志愿者进行岗前培训基本是标准动作，购买意外保险与签订志愿服务协议的比例也比较高。这显示出中山市志愿服务组织对志愿服务活动规范化管理比较重视，正如小榄镇公益事业发展中心负责人所言：

对于志愿者，一开始，我们会觉得是一份热心、一份热诚，但是慢慢地做着，我们觉得需要一些制度上的规范，告诉他们我们可以做什么、有什么是不可以做的，因为现在好多法律、志愿服务条例、慈善法都出来了，我们觉得在社会上不是靠一颗爱心、一份热情做事情就可以了，得给他们一些指引，还有对于志愿者也是一个保障。以前可能没有考虑这么多，现在我们为什么会有这个制度，我们想要规范，如果志愿服务组织要招募志愿者，得为志愿者准备一些保险、一些餐饮、一些基本的工具，还有如果确实工作超出志愿者的能力范围，不能让志愿者直接去做。如果活动比较重要的话，要跟志愿者签协议，等等。（访谈对象 FT01－05）

在志愿服务专业化方面，中山市通过社工与志愿者联动来提高志愿服务专业化水平，社工督导志愿者是具体联动方式之一，数据显示，58.3%的志愿者表示在志愿服务过程中接受过社工的督导（见表5－12）。

表5－12　志愿者接受社工督导的情况

选项	频次	回应百分比（%）	累积百分比（%）
有接受过督导	1169	58.3	58.3
没有接受过督导	835	41.7	100.0
合计	2004	100.0	—

来源：中山市志愿者基本情况调查问卷数据（2018）。

一般来说，志愿者因志愿服务而获得的物质收益可视为志愿服务组织对志愿者的一种物质激励措施。表5－13显示，接近一半志愿者表示曾因志愿服务而获得一些物质收益，具体来看，获得交通补贴（16.7%）、餐食或住宿（10.5%）的比较多，还有部分志愿者获得了薪水或生活津贴。

表5－13　志愿者的物质收益情况

选项	频次	回应百分比（%）	个案百分比（%）
因自愿付出的时间而获得薪水	116	5.0	5.9
获得交通补贴或免费交通	328	14.0	16.7
个人的志愿开支得到报销	122	5.2	6.2
因志愿服务而获得生活津贴	81	3.5	4.1
获得一份长期健康或意外保险	168	7.2	8.6
获得餐食或住宿	207	8.9	10.5
其他	304	13.0	15.5
以上皆非	1012	43.3	51.5
合计	2338	100.0	119.0

来源：中山市志愿者基本情况调查问卷数据（2018）。

（二）制度化对志愿者保持效果的回归分析

1. 志愿者保持特征分析

频次分析显示，69.9%的受访者表示在未来1年（不考虑生活重大变故）中，非常肯定或肯定会留在目前机构继续提供志愿服务，25.5%的受访者要视情况而定，4.6%的受访者表示非常不肯定或不肯定。也就是说，有约七成志愿者有继续在目前机构提供服务的意愿，约三成志愿者可能不会再持续提供服务。需要指出的是，这里测量的仅是志愿者在目前机构留任的主观意愿且指向未来，而实际的留任行为会更加多样，例如，志愿者不在目前机构继续提供服务，可能会转向其他志愿服务组织，也可能不再提供任何志愿服务。

列联表卡方检验显示，志愿服务制度化与志愿者持续服务意愿之间也存在显著性差异（见表5-14）。具体来看，相对于未签订过协议者，签订过协议的志愿者，其持续服务的意愿较高；相对于未购买过保险者，购买过保险的志愿者，其持续服务意愿较高；相对于未接受任何培训者，接受过岗位培训的志愿者，其持续服务意愿较高；相对于未接受过专职社工督导者，接受过督导的志愿者，其持续提供服务意愿较高；相对于未接受过任何物质收益者，曾接受过物质收益的志愿者，其持续服务意愿反而较低。这显示出，规范的、良好的志愿者管理有助于保持志愿者持续提供服务。然而需要指出的是，目前还有不少志愿服务组织并未落实志愿者规范化管理，45.8%的志愿者表示“从未签过”志愿服务协议，38.1%的志愿者表示志愿服务组织“从未买过”意外伤害保险，16.2%的志愿者表示在通过机构提供服务之前“没有任何培训”。

表5-14　变量描述性统计

变量		确定留任者 n（百分比，%）	不确定留任者 n（百分比，%）	卡方检验
年龄	18~35岁	641（62.6）	383（37.4）	57.576***
	36~59岁	687（78.6）	187（21.4）	
	60岁及以上	72（67.9）	34（32.1）	

续表

变量		确定留任者 n（百分比,%）	不确定留任者 n（百分比,%）	卡方检验
性别	男性	434（66.5）	219（33.5）	4.957**
	女性	956（71.3）	384（28.7）	
学历	初中及以下	242（74.2）	84（25.8）	20.109***
	高中/中专	432（75.5）	140（24.5）	
	大专及以上	723（65.8）	375（34.2）	
婚姻状况	未婚	259（54.6）	215（45.4）	69.936***
	丧偶/离异	63（78.8）	17（21.2）	
	已婚及事实婚姻	1072（74.5）	367（25.5）	
就业情况	全职	988（70.8）	407（29.2）	5.342*
	兼职	98（74.2）	34（25.8）	
	无工作	309（65.9）	160（34.1）	
家庭照顾	需要照料家人	993（73.0）	368（27.0）	19.369***
	无须照料家人	407（63.3）	236（36.7）	
签订协议	有签协议	823（75.7）	264（24.3）	38.646***
	未签过	577（62.9）	340（37.1）	
购买保险	有买保险	919（74.1）	322（25.9）	27.215***
	未买过	481（63.0）	282（37.0）	
岗前培训	有培训	1213（72.2）	468（27.8）	26.184***
	无培训	187（57.9）	136（42.1）	
社工督导	有督导	910（77.8）	259（22.2）	84.938***
	无督导	490（58.7）	345（41.3）	
物质收益	有接受	641（64.6）	351（35.4）	25.649***
	未接受	759（75.0）	253（25.0）	

注：*、**、*** 分别表示在10%、5%、1%的水平上显著。

此外，志愿者的各个人口社会变量与其持续服务意愿之间均存在显著差异（见表5-14）。具体来看，在年龄组别上，18~35岁青年组持续服务的意愿较低，36~59岁中年组最高，而60岁及以上老年组居中。在性别上，女性较男性具有更高的持续服务意愿。在教育程度上，初中及以下、高中/中专两个组别的持续服务意愿相当，反而是大专以上的意愿最低。在婚姻状况上，已婚或离异/丧偶志愿者的持续服务意愿较高，而未婚志愿者最低。在家庭照料与就业情况方面，相对于无须照料家人者，需要照料家人者持续提供志愿服务的意愿较强；相对于无工作者，全职与兼职工作者持续服务意愿较高，这可能与一般的常识之间存在落差，志愿服务需要志愿者贡献空闲时间，而需要照料家人者、全职工作者的空闲时间相对较少，持续服务的意愿应该较低才对。然而，从另一方面来看，需要照料家人和全职工作在某种程度上也代表志愿者有比较好的人际关系网络，其人生阅历较为丰富，故而拥有的社会资源会较多，这就使得志愿者更愿意承担社会责任。

2. 志愿者保持模型的拟合计算结果

为考察志愿服务制度化对志愿者保持的影响，本书共设置六个Logistic嵌套模型（见表5－15）。模型一分析了年龄、性别、学历、婚姻、就业情况与家庭照顾等人口社会变量对志愿者保持的影响。在模型一的基础上，采取逐步回归方法，依次加入协议签订、保险购买、岗位培训、社工督导与物质收益变量，建立另外五个Logistic模型。以上六个模型均通过总体模型的显著性检验，伪决定系数逐步增大，表明了模型的解释能力不断提高。

模型一～模型六的结果显示，在人口社会变量中，性别、婚姻状况对志愿者持续服务意愿影响显著，在性别变量上，以女性作为参照组，男性志愿者持续服务意愿低于女性，男性约是女性的75%（似然比为0.744～0.794）；在婚姻变量上，以已婚志愿者为参照组，未婚志愿者持续服务意愿仅为已婚志愿者的55%左右（似然比为0.531～0.571），也就是说，已婚女性志愿者更有可能持续提供志愿服务。家庭照料状况在模型一中在显著程度为10%的水平下达到显著性影响，需要照料家人者的持续服务意愿是无须照料家人者的1.2倍（似然比为1.211），在其他模型中，家庭照料变量的影响却消失了，这显示出家庭照料对志愿者保持的影响受到志愿服务制度化因素的影响。对需要照料家人的志愿者而言，如果志愿服务的管理无法符合他们的一些特殊需要，如时间、地点上的要求，他们可能就无法持续提供志愿服务，只能选择优先照顾家庭。同样地，教育程度中的高中/中专组在模型一中在显著程度为10%水平下达到显著性影响，是对照组大专及以上的1.2倍（似然比为1.240），但这种影响在其他模型中却消失了。

在志愿服务制度化变量上（模型二～模型六），协议签订模型（模型二）显示，签订协议对志愿者持续服务意愿的影响为正向作用，在显著程度为1%的水平下通过显著性检验，与服务机构签订过志愿服务协议的志愿者，其持续服务意愿是未签过协议者的1.8倍（似然比为1.816）；购买保险模型（模型三）显示，保险购买对志愿者持续服务意愿的影响为正向作用，在显著程度为1%的水平下通过显著性检验，获得过机构购买的保险的志愿者，其持续服务意愿是未获得保险者的1.4倍（似然比为1.407）；岗位培训模型（模型四）显示，岗位培训对志愿者持续服务意愿的影响为正向作用，在显著程度为1%的水平下通过显著性检验，在服务前接受过岗位培训的志愿者，其持续服务意愿是未接受过任何培训者的1.5倍（似然比为1.588）；社工督导模型（模型五）显示，专职社工督导对志愿者持续服务意愿的影响为正向作用，在显著程度为1%的水平下通过显著性检验，在志愿服务中接受过专职社工督导的志愿者，其持续服务意愿是未接受社工督导者的2倍（似然比为2.055）；物质收益模型（模型六）显示，物质收益对志愿者持续服务意愿的影响为反向作用，在显著程度为1%的水平下通过显著性检验，从志愿服务活动中获得过物质收益的志愿者，其持续服务意愿会降低，仅是未接受过物质收益者的50%（似然比为0.535）。

如果将“签协议、购保险、做培训”视为志愿服务规范化管理，即志愿服务组织在相关政策法规要求下做出的保障志愿者权益的管理行为，这是一种合规化管理，形象地说就是要完成“规定动作”；而将“社工督导志愿者”与“物质收益”视为志愿服务专业化管理，即在合规化管理基础上，志愿服务组织更加注重对志愿者的过程管理，注重维系与志愿者的关系，关注志愿者的志愿感受与体验，善于协助志愿者挖掘志愿服务的价值与意义等。那么，从模型二～模型六的伪决定系数变化来看，志愿服务专业化管理比规范化管理更能够促使志愿者持续提供服务，这与现有研究的共识结论基本一致，即清晰的、发展的、支持的与欣赏的组织管理方式，可以鼓励志愿者留下来继续提供服务（Locke et al.，2003；McBride et al.，2012）。

表5-15　志愿者保持的模型拟合计算结果

解释变量	模型一	模型二	模型三	模型四	模型五	模型六
常数项	0.604**	0.351	0.236	-0.056	-0.084	0.073
年龄组（60岁及以上）						
18~35岁	-0.062	-0.054	-0.04	-0.074	-0.186	-0.038
36~59岁	0.397	0.381	0.372	0.349	0.253	0.348
性别（女性）						
男性	-0.230**	-0.269**	-0.281***	-0.265**	-0.270**	-0.296***
学历（大专及以上）						
初中及以下	0.078	0.086	0.112	0.108	0.02	0.037
高中/中专	0.215*	0.2	0.199	0.202	0.159	0.153
婚姻（已婚）						
未婚	-0.560***	-0.577***	-0.612***	-0.609***	-0.612***	-0.633***
离异/丧偶	0.266	0.269	0.235	0.273	0.228	0.215
家庭照顾（无须照顾）						
需要照料家人	0.191*	0.16	0.16	0.137	0.117	0.14
就业情况（无工作）						
全职	0.183	0.173	0.148	0.162	0.156	0.112
兼职	0.185	0.164	0.151	0.169	0.21	0.229
有签协议（未签过）		0.597***	0.417***	0.438***	0.330***	0.360***
有买保险（未买过）			0.341***	0.262**	0.237**	0.288**
岗前培训（无培训）				0.463***	0.282**	0.300**
社工督导（无督导）					0.720***	0.751***
物质收益（未获得）						-0.625***
卡方值	100.11***	134.300***	143.421	154.724***	199.004***	233.530***
对数似然值	2302.147	2267.957	2258.836	2247.534	2203.253	2168.727
伪决定系数	0.07	0.094	0.100	0.107	0.136	0.159

注：括号内为对照组；*、**、*** 分别表示在10%、5%、1%的水平上显著；$n=2004$。

综上分析，在志愿服务制度化因素中，志愿者越是被规范化管理对待，如按政策规定签订协议、购买保险、提供岗位培训，志愿者持续提供服务的可能性就越高。如果机构还能为志愿者提供专职社工督导，那么志愿者持续服务的可能性会更高。需要注意的是，在志愿服务过程中，志愿者得到的物质收益不能保障他们会持续提供服务，甚至会出现相反的效果。此外，在社会人口变量中，性别与婚姻状况对志愿者持续服务意愿影响显著，即女性相对于男性来说，更可能持续提供志愿服务；已婚志愿者相对于未婚志愿者，更可能持续提供志愿服务；而全职或兼职工作、需要照料家人对持续提供志愿服务的影响可能是正向而非负向，但这种影响并不稳定，会受到其他因素的交互影响。

三、合规性—关系性志愿服务管理

以上实证分析揭示，若志愿服务制度化形成了规范化、优良的志愿服务管理风格，将有助于保持志愿者持续提供服务，这种志愿服务管理风格具有两层意涵：一是合规性管理，即志愿服务组织能否按照相关政策规定保障志愿者的基本权益，例如开展志愿服务要签订口头或书面的志愿服务协议、购买意外伤害保险、对志愿者进行适当的岗前培训等；二是关系—价值管理，这是一种专业化的志愿服务管理风格或文化，是以志愿者为中心、注重维护与志愿者的关系、善于发掘志愿服务价值与意义的管理，例如为志愿者提供有针对性的实务督导，不仅要协助志愿者顺利完成志愿工作，更要引导志愿者发掘志愿服务的价值与意义，让志愿者感知与体验到志愿服务的“美”。这种关注关系与价值的管理对志愿者具有长期的激励作用，比物质激励的效果更显著，有时候物质收益不仅不会提升志愿者持续提供服务的意愿，反而可能会降低他们的意愿，出现反效果。从本质上来说，志愿服务是一种道德实践活动，精神价值回报是激励志愿者持续提供志愿服务的核心动力。

塑造规范化、优良的志愿服务管理风格，对志愿服务组织而言，要重视维护与志愿者的关系，注重以价值回报来激励志愿者。一方面，在开展志愿服务活动前，志愿服务组织要根据实际情况与志愿者签订正式文本协议或口头协议，协议约定的过程是权利义务明确化的过程；要尽可能地为志愿者购买意外伤害保险，购买保险不仅具有降低心理不确定性的功能，在关键时刻还具有实质性的帮助；无论志愿服务活动复杂程度如何，进行一定的岗位培训是必要的、不可省略的环节。在志愿服务活动中，要配备专职社工或资深志愿者，能够对志愿者的知识能力或负面情绪做出及时督导支持，这一点非常重要；在志愿者激励上，要更注重精神激励、价值分享，而不要纠结于缺乏物质激励，当然，开展志愿服务活动必要的物质条件还是要具备的。对志愿服务主管部门而言，要积极推动《志愿服务条例》的落地执行工作，深化社工志愿者联动机制，为志愿者服务营造支持性政策环境。另一方面，要积极地在志愿服务组织中推广社工督导志愿者的模式，这里的“社工”可以是专职社会工作者，也可以由资深志愿者来担任。建议地方政府在规划社会服务项目（或志愿服务项目）时，对社工督导志愿者做出指标规定，以便推动志愿服务高质量发展。

第六章 研究发现与展望

第一节 研究发现与讨论

本书将志愿服务视为由志愿者、志愿组织、其他相关机构与组织构成的、总体上获得认可的制度生活领域，是一种志愿服务场域；志愿服务制度就是为志愿服务提供稳定性与有意义的规则性要素、规范性要素和文化—认知性要素，以及相关的活动与资源；志愿服务制度化过程就是志愿服务场域形成与演变的过程。遵循 Alford（1998，2011）提出的多重探究典范，依据三角鉴定的研究策略，使用多种资料与方法来探讨我国志愿服务制度化过程，重点考察国家制度环境变迁及其对地方志愿服务场域的作用机制，以及地方志愿服务场域形成与演进的动态过程。具体来说，本书主要探究并解释了以下问题：①在宏观层面上，我国志愿服务制度环境发生了哪些变迁？其特征是什么？②在中观层面上，国家志愿服务制度如何向地方传导影响？地方又是通过哪些机制与策略促进志愿服务发展？其特征是什么？③在微观层面上，志愿者或志愿服务组织在面对制度要求时，会呈现出哪些行为特征？④在志愿服务制度化过程中，是否存在内在紧张或矛盾？其表现是什么？

一、研究发现

1. 宏观国家层面

在宏观国家层面上，本书整体探讨了我国志愿服务在意识观念、政策法规、志愿服务组织化以及志愿服务重大事件等方面经历的或正在经历的变迁，研究发现如下。

第一，在志愿服务意识观念上，中国共产党人发起的学雷锋活动及其塑造的雷锋精神是我国志愿服务最直接的文化—认知来源，这为国际志愿服务观念的本土传播提供了文化脚本。我国志愿服务出现在“后革命时期”学雷锋活动的实践中，这一时期雷锋形象精神塑造的主基调是助人为乐、奉献社会，这与志愿服务追求的精神价值基本相通，而“学雷锋志愿服务”正是建构两者内在关联的观念框架。“学雷锋志愿服务”建构与塑造的方向可称为“一个中心、三个基本面”。“一个中心”是指学雷锋志愿服务是中国共产党领导下的志愿服务公益事业，50多年的学雷锋活动实践始终体现着中国共产党的意志观念，同时，志愿服务也基本上是在学雷锋的话语体系下起源的，更进一步地说，将学雷锋活动与志愿服务进行联结与融合，提升到国家高度上，仍然是中国共产党在新时代的主动建构。“三个基本面”就是将学雷锋志愿服务作为一种文明道德实践，重在提升公众的文明素质；作为一种社会治理实践，重在拓宽公众的社会参与渠道；作为一种福利服务实践，重在满足公众的多样化需要。

第二，在志愿服务规制要素上，我国志愿服务政策法规制定呈现出从分散探索到顶层设计的变迁特征。分散探索分为纵向的部门探索与横向的地方探索，部门探索以共青团系统与民政系统最为典型，它们较早地对青年志愿服务与社区志愿服务出台了相关政策规范，2000年以后，其他党政部门系统也逐步开始规范本部门系统志愿者的参与。地方探索主要是指在专项志愿服务立法上，地方要先于国家，各地方的志愿服务立法实践为国家专项综合立法积累了丰富经验。1999年，广东省颁布了我国首部志愿服务条例，比全国人大《中华人民共和国慈善法》早了17年，比国务院《志愿服务条例》早了18年，在国务院《志愿服务条例》颁布之前，已有50多个地方立法模板。在部门探索与地方探索的基础上，2008年以后，中央层面开始对志愿服务发展进行全方位顶层设计，明确提出要推动志愿服务制度化建设，并出台了一系列效力级别较高的规范性政策。2016年全国人大通过

《中华人民共和国慈善法》，2017年国务院颁布《志愿服务条例》，目前《志愿服务法》也在酝酿中，至此，可以说我国志愿服务事业已成为一个相对独立的社会政策领域。

第三，在志愿服务组织化上，正式登记注册的非营利组织在我国并不是组织志愿服务活动的中坚力量，反而是政府、企业、社区、学校等发起的志愿服务团队或设置的志愿服务站提供了大量志愿服务活动或机会。在社会组织管理体制改革背景下，志愿服务组织获得了优先支持与培育发展。随着志愿服务领域的不断拓展，志愿服务组织越来越多样化，志愿服务中的各类行动者之间逐步出现复杂的联结，其中一个显著特征就是形成了以各级志愿服务联合会为中心的伞状治理结构，志愿服务联合会发挥中介性、规制性、支持性等功能。伞状治理结构从纵向上来看，形成了中国志愿服务联合会→省（自治区、直辖市）志愿服务联合会→市（县）志愿服务联合会的多层级的组织体系；从横向上来看，各级志愿服务联合会广泛联结各领域志愿者、志愿服务组织与团体等。同时，由于各级志愿服务联合会直接接受同级文明办的业务指导，因此，志愿服务联合会还具有与党政部门直接沟通的条件与管道。

第四，在我国志愿服务制度化过程中，诸如汶川地震与北京奥运会这些重大事件是一种推动志愿服务场域加速成型的重要力量，其作用机制在于形塑了公众志愿文化—认知、志愿服务治理结构以及开启了志愿服务立法的机会之窗。具体来看，在形塑公众的志愿文化—认知方面，汶川地震激发了公众的慈善与志愿精神，促进了公民权责意识的觉醒，促使精英进行问题沟通与反思；而北京奥运会有目的地进行志愿文化与志愿精神的宣传，有力地提升了公众对志愿服务的认知与理解，让“志愿者”符号深入人心，同时促进了国际志愿服务知识与经验的传播和扩散。在形塑志愿服务治理结构上，汶川地震与北京奥运会都具有衍生志愿者组织、推动志愿者组织网络化行动、促进政府与社会协同治理的作用。汶川地震开拓了志愿者、NGO等社会力量参与政府应急救援的空间和途径，而北京奥运会则为我国志愿服务协调机制的构建提供了实践经验。在开启志愿服务立法的机会之窗上，汶川地震曾一度打开中国慈善事业立法的政策之窗，而北京奥运会直接促成了《北京志愿服务促进条例》的颁布，并且汶川地震与北京奥运会促使中央颁布志愿服务综合性法规。

2. 中观地方层面

在中观地方层面，本书以中山市为案例，考察地方志愿服务场域形成与演变的过程，重点探讨了政策传导机制、历史渊源与具体推动策略三个方面，研究发现如下。

第一，在政策传导机制上，中央运用评比表彰激励竞争机制调动地方落实中央颁布的志愿服务政策，而这也成为地方城市重视发展志愿服务的动力来源之一。在我国的各类城市评比中，“全国文明城市”荣誉称号的含金量最高，竞争也最为激烈。志愿服务是精神文明建设的重要组成部分，并随着时代发展而被赋予不同意涵与比重。比较历届《全国文明城市测评体系》版本中的志愿服务指标，呈现出紧跟国家志愿服务政策、志愿服务权重占比越来越大、志愿服务量化约束指标越来越多、志愿者参与率达标门槛逐步提高、更加强调市民志愿服务的成效等特征。中山市 2005 年获得首届“全国文明城市”荣誉称号，一直保持至今，每届评比表彰都是全城动员参与，地方政府有不能丢掉这一荣誉称号的巨大压力，而要保住“全国文明城市”的荣誉称号，也是相当不容易，要面对周边城市的激烈竞争。

第二，在志愿服务历史渊源上，中山市现代意义的志愿服务可追溯到 1988 年的“88 敬老万人行”，该活动一直持续至今，从未间断，已成为中山人的一种惯例性年度盛会。从某种程度上看，慈善万人行就是一种地方性志愿服务重大事件，对志愿文化传播、志愿治理结构都有形塑作用。慈善万人行弘扬的博爱精神、公益精神，以及基于这些精神的慈善实践，成为中山市志愿服务发展的不竭动力之源，尤其是青年志愿者、红十字会志愿者、文艺志愿者等的发展更是直接受益于慈善万人行活动。更重要的是，慈善万人行衍生或哺育了中山市红十字会、中山市青年志愿者协会等志愿服务组织，同时，也调动了政府部门、学校、社区、企业、社会组织等参与慈善捐赠或开展志愿服务活动。

第三，在具体推动策略上，中山市主要采取了网络优化策略、资格竞逐策略与专业化策略，这些策略既具有中山市地方特色，也具有一定的普遍意义，在其他地方的志愿服务发展中也能看到类似策略。网络优化策略就是通过开发与推广“志愿中山”信息平台，将志愿者、志愿服务组织与其他部门联结在一起，实现需求供给衔接、规范志愿服务过程与统一协调管理等。资格竞逐策略是将志愿服务嵌入积分入学政策中，对有积分入学需求的流动人员，可以通过参与志愿服务获得相应积分，这已成为流动人员参与志愿服务的直接诱因。因为子女教育是刚需，故而志愿服务积分对流动人员就成为一种强激励。专业化策略是通过社工与志愿者联动机制的载体——“博爱100”公益创投活动实现的，联动方式有联动规则设计、辅导志愿者团体成长、志愿者专业辅助。以上三种具体推动策略，虽然达到了一定的预期效果，但也遭遇到不少挑战。

3. 微观志愿者层面

在微观志愿者行为上，本书从志愿者视角实证分析了志愿服务制度化的效果，即志愿服务的规范化、专业化对于保持志愿者持续服务的效果。研究发现，志愿者接受规范化、优良的志愿服务管理，有助于保持其持续提供服务。这种志愿服务管理包含两层意涵：一是合规性管理，即志愿服务组织能否按照相关政策规定保障志愿者的基本权益，例如开展志愿服务要签订口头或书面的志愿服务协议、购买意外伤害保险、对志愿者进行适当的岗前培训等；二是关系—价值管理，这是一种专业化的志愿服务管理风格或文化，是以志愿者为中心、注重维护与志愿者的关系、善于发掘志愿服务价值与意义的管理，例如为志愿者提供有针对性的实务督导，不仅要协助志愿者顺利完成志愿工作，更要引导志愿者发掘志愿服务的价值与意义，让志愿者感知与体验到志愿服务的“美”，这种关注关系与价值的管理对志愿者具有长期的激励作用，比物质激励的效果更显著，有时候物质收益不仅不会提升志愿者持续提供服务的意愿，反而可能降低他们的意愿，出现反效果。

二、进一步的讨论

综上，从文化—认知要素、组织治理结构、规制性要素、激励机制、推动策略、重大事件等方面来看，我国志愿服务制度化框架已基本成型，并且这套志愿服务制度化框架主要由党和政府来主导创建，其他诸如专业人员、社会运动、协会/社团等社会力量参与的力度相对较弱，尽管在特定条件下（如汶川地震中）也会看到民间社会组织的作用力道，但整体来说，社会力量仅扮演配角或很快就会被政府替代。新制度主义强调“制度企业家”有多个面目，既有个体行动者，也有集体行动者，包括国家、专业人员、协会/社团、社会运动者以及普通参与者等各类行动者（斯科特，2010）。然而，在我国志愿服务制度化过程中，作为制度性能动者的主要是党和政府，其他形式的“制度企业家”发育并不健全，发挥的作用乏善可陈。因此，我国志愿服务制度化机制主要来源于 DiMaggio 等（1983）所讲的强制性趋同机制，这种制度趋同变迁主要来源于政治影响力和合法性问题，政府法令可以直接作用于志愿服务场域中的相关组织。需要特别指出的是，这种党政主导型的志愿服务制度化存在一些内在的张力与矛盾，需要警惕防范。

第一，谨防志愿者雷锋化。“学雷锋志愿服务”目前仍是一个松散的观念框架，之所以这么说，是因为志愿服务与学雷锋活动之间既存在相通的地方，也存在一定程度上的内在张力。例如，志愿服务除了利他主义外，并不排斥在利他行动中附带物质利益，如补偿开支甚至低报酬等，这一点与雷锋形象及其精神存在某种程度上的内在张力，因为无论是雷锋本人，还是在塑造的雷锋形象中，利己价值不仅不被提倡，而且是要抵制的观念；再如，学雷锋活动是一种政治生活实践，是以“集体”为优先的，体现一种爱党、爱国的集体主义价值，而志愿服务则是一种日常生活实践，是以“个体”为优先的，追求一种为己与利他的辩证统一（曹刚等，2009）。在观念倡导上，以“活雷锋”隐喻“志愿者”并没有问题；但在实践中，公众可能将志愿者雷锋化，认为志愿者帮忙做事是他/她的义务，要无条件地去做，不能讨价还价，持有这种观念的公众还不在少数，正如一位受访者所言：

我感觉其实社会上有某些部门、某些机构，他们对志愿者的看法……会觉得志愿者是富余劳动力，觉得我有什么事情干不了，你不是志愿者吗？你得过来帮忙，你不是发扬雷锋精神吗？你就得过来，这是我非常不认可的一种想法，但也不能避免民间有这样的想法。（访谈对象 FT01－05）

此外，据中山市志愿者基本情况调查数据显示，58.0%的受访者认为中山市志愿服务事业发展存在的主要问题是“大多数居民对志愿服务不了解”，在全部选项中位列第一，这折射出志愿者形象在民间仍未扎根筑牢。

第二，谨防志愿服务官僚化。“党政主导”是我国推动志愿服务制度化的显著特征，也是志愿服务事业繁荣发展的最大保障。这不仅体现在志愿服务政策法规的制定上，还体现在志愿服务治理结构的设计上，甚至体现在党政部门直接组织志愿服务活动，如在党政系统中号召开展“党员志愿服务”等，也就是说，党政部门在志愿服务发展中时常身兼裁判员与运动员的双重角色。科层治理高度依赖理性，在目标与方向明确的情况下，能够发挥强大的体制动员能量（蓝煜昕等，2020）。然而，志愿服务具有多元的价值与目标追求，有时志愿服务过程本身就是目标追求之一。故而，在志愿服务场域中强力嵌入一个科层治理结构，将使志愿服务不可避免地沾染上一些官僚陋习，出现各式各样的形式主义，例如：

我们学校要我们500个人注册，满足学校的志愿者数量，这已经完全扭曲了志愿者的宗旨；每个月要给镇区评分，数量不够的话就打低分；预备党员想要转正，必须在平台上注册，达到时数要求，否则就不能转正……（访谈对象 FT02－10）

此外，据中国社会状况综合调查（CSS2019）显示，21.1%的受访者认为当前志愿服务存在的不足是“形式主义，不讲求实际成效”，

20.4%的受访者认为是“志愿服务项目主要靠团组织分派，缺乏自主性”，二者合计占到41.5%，这在一定程度上显示出志愿服务的官僚化气息，值得警惕。

第二节　研究价值与展望

一、研究价值与贡献

本书在知识与理论、政策与实务上有以下价值和贡献。

（一）知识与理论

第一，本书使用多元、丰富的资料立体呈现出我国志愿服务发展过程的精彩故事，如学雷锋活动与志愿服务的历史渊源、中山“慈善万人行”历史遗产、北京奥运会与汶川地震等重大事件对志愿服务的意义等。虽然这些志愿服务历史事件在已有文献中均零散地存在，但是缺少系统化、结构化的梳理与阐释，而本书将其放置于志愿服务制度化这一主题中予以梳理和整理，凸显它们对志愿服务的文化—认知、志愿服务治理结构等的影响。因此，本书在志愿服务知识生产上具有一定的贡献。

第二，本书以整合性分析框架来考察我国志愿服务制度化过程，在纵向维度上，考察国家与地方志愿服务场域形成、演变与互动过程；在横向维度上，注重考察文化—认知性、规制性与规范性的志愿服务制度要素的形成和发展，特别是文化—认知性的志愿服务制度要素的来源与传播。而现有研究在考察志愿服务制度化这一主题时，要么仅从规制性制度角度来分析志愿服务政策法规的不健全，进而提出健全政策法规的建议，在分析路径上遵循“现况→问题或不足→建议”的逻辑，缺乏明确的理论分析框架；要么从历史角度来分析我国志愿服务的发展阶段或模式；要么就是对特定城市志愿服务发展进行案例分析。因此，以整合性的分析框架对志愿服务制度化进行分析是本书在理论上的贡献之一。

第三，本书在理论上的另一贡献是对志愿服务制度化的两种机制进行了探讨：一是重大事件是志愿服务场域的形塑机制，汶川地震、北京奥运会、慈善万人行等重大事件虽然在性质上有所不同，但它们对于形塑志愿服务的文化—认知、衍生志愿服务组织、开启志愿服务政策之窗等都具有形塑作用。本书对重大事件的分析扩展和丰富了场域设定事件指涉的范围，在 Meyer 等（2005）和 Lampel 等（2008）的观点中，常见的场域设定事件是会议、节庆与颁奖典礼等，而本书进一步将场域设定事件拓展到诸如大型体育赛事与自然灾害等，这些重大事件同样有助于聚集不同社会组织的人员，从而以有意识的集体目标来建构一个组织场域，但是这些重大事件持续的时间一般较长，并非几个小时或几天。二是激励竞争是志愿服务发展的动员机制，这表现在中央对地方政府的激励以及地方之间的竞争上，如全国文明城市的评比表彰；还表现在对个体的激励竞争上，如志愿服务积分入学，通过积分排名激励流动人口参与志愿服务。

（二）政策与实务

第一，从规制性制度要素角度来看，我国志愿服务制度框架已基本成型，然而许多国家的志愿服务政策法规并没有得到有力执行，缺乏相应的政策配套措施。例如，政策法规中虽然有设置专项志愿服务基金、优待优秀志愿者等规定，但这些规定并没有得到实际执行。虽然其中有诸多原因，如跨部门协调与部门利益、可信的志愿服务记录等，但归根结底是由于人们在文化—认知上对志愿服务的理解仍存在偏差，这一点在前文中已有讨论。因此，在推进志愿服务制度化过程中，除了要有政策配套措施外，更重要的是要进一步加强社会公众对志愿服务的认知与理解。

第二，本书发现合规性—关系性志愿服务管理有助于留住志愿者持续提供志愿服务。因此，对志愿服务组织而言，不仅要落实好政策法规的相关规定，更要重视维护与志愿者的关系，注重以价值回报来激励志愿者，推广由社工或资深志愿者督导普通志愿者的做法，有助于实现这一目标。对志愿服务主管部门而言，要做好志愿服务政策法规的宣传与执法检查，促使志愿服务组织合规、合法地开展志愿服务活动，保障志愿者权益。此外，就是要对志愿服务给予资源支持。

二、研究展望

依据本书的发现与讨论，未来可以就以下研究方向继续探讨：

第一，本书对“学雷锋志愿服务”观念进行了初步的诠释，然而“学雷锋志愿服务”观念的内涵仍需要从不同学科角度进行深入诠释，如伦理学、社会学、历史学等。更重要的是社会公众对“学雷锋志愿服务”是如何认识与理解的，这需要进行一些实证研究。

第二，本书对志愿服务制度化中的一些作用机制进行了初步探讨，如重大事件的形塑机制，全国文明城市评比表彰与志愿服务积分入学的激励竞争机制等，然而对这些作用机制的原理、过程与效果的探讨并不深入，未来可以进一步对这些作用机制进行理论阐释与经验研究。

第三，本书对以志愿服务联合会为中心的志愿服务伞状治理结构进行了初步探讨，志愿服务联合会借助政府行政力量快速完成了伞状治理结构的搭建，然而志愿服务联合会在伞状治理结构中发挥何种功能，既是一个需要探讨的理论问题，更是一个需要证据支撑的经验问题。

参考文献

[1] 丁勇，谭建光. 以中山市为例看志愿服务的创新发展［J］. 中国社会组织，2015（12）：50－53.

[2] 丁元竹，江汛清. 志愿活动研究：类型、评价与管理［M］. 天津：天津人民出版社，2001.

[3] 丁元竹，魏娜，谭建光. 北京奥运志愿服务研究［M］. 北京：北京出版社，2008.

[4] 万咏梅. 中山慈善万人行之探究（1988—2010）［D］. 江西：江西师范大学，2011.

[5] 上海市审计局. 中国2010年上海世博会跟踪审计结果公告［EB/OL］.（2011－09－30）［2021－11－28］. http：//sjj. sh. gov. cn/n414/20110930/0029－29483. html.

[6] 王忠平. 用和众泽益促建志愿服务生态体系［N/OL］. 中国青年报，（2019－09－05）［2021－11－28］. http：//zqb. cyol. com/html/2019－09/05/nw. D110000zgqnb_20190905_5－05. htm.

[7] 王爱声. 志愿服务组织管理模式的立法选择［M］//丁元竹，魏娜，谭建光. 北京奥运志愿服务研究. 北京：北京出版社，2008：33－52.

[8] 王焕清，谭建光. 广州亚运会志愿服务研究［M］. 广州：广东人民出版社，2010.

[9] 王名. 社会组织与社会治理［M］. 北京：社会科学出版社，2014.

[10] 本书编委会. 泉源：大栅栏街道“综合包户”志愿服务30年［M］. 北京：人民出版社，2015.

[11] 王全友. 永恒的丰碑：学习雷锋活动四十年纵横谈［J］. 党史纵览，2003（3）：12－16.

［12］王振川．中国改革开放新时期年鉴（1981 年）［M］．北京：中国民主法制出版社，2015.

［13］王丽荣．试论毛泽东的榜样教育：从学习雷锋好榜样谈起［J］．毛泽东思想研究，2003（6）：28－30.

［14］王瑾．“伞状结构化”及其基础上的专业化：法国第三部门经验对中国 NGO 发展路径的启示［J］．行政论坛，2012（2）：63－66.

［15］王平．信息系统迭代与志愿服务专业化发展：基于数字时代治理的探索［J］．中国志愿服务研究，2021（1）：130－148.

［16］文宏，林斌．“多任务竞逐”：中国地方政府间竞争激励的整体性解释：以粤港澳区域治理为例［J］．江苏社会科学，2020（1）：75－85.

［17］中国志愿服务联合会．中国志愿服务发展报告（2017）［M］．北京：社会科学文献出版社，2017.

［18］中山市红十字会．博爱基因［M］．广州：广东人民出版社，2018.

［19］中山市统计局．2020 年中山市统计年鉴［Z/OL］．（2020－10－30）［2021－11－28］．http：//stats.zs.gov.cn/gkmlpt/content/1/1856/mpost_1856956.html#405.

［20］中山市统计局．2018 年中山市统计年鉴［Z/OL］．（2018－10－31）［2021－11－28］．http：//stats.zs.gov.cn/gkmlpt/content/0/340/post_340034.html#405.

［21］友成企业家扶贫基金会．从 2008 到 2018：中国志愿服务的过去、现在和未来［EB/OL］．（2018－05－10）［2021－11－28］．https：//www.sohu.com/a/231090302_415781.

［22］古允文．从福利国家发展谈民营化下国家角色的挑战［J］．社区发展季刊，1997（80）：70－78.

［23］北京奥运会志愿者工作协调小组办公室，共青团北京市委员会，北京奥组委志愿者部，等．奥运先锋：志愿者的微笑是北京最好的名片［M］．北京：人民出版社，2009.

［24］北京志愿者协会．志愿组织建设与管理［M］．北京：中国国际广播出版社，2006.

［25］北京奥运会志愿者工作协调小组．北京奥运会志愿者读本［M］．北京：中国人民大学出版社，2006.

［26］北京志愿服务发展研究会．中国志愿服务大辞典［M］．北京：中国大百科全书出版社，2004.

[27] 民政部. 志愿服务基本术语：MZ/T 148—2020 [S]. (2020-03-24) [2021-11-28]. http://xxgk.mca.gov.cn:8011/gdnps/n164/n230/n240/c12955/attr/87763.pdf.

[28] 民政部. 我国志愿服务信息化建设领域第一个全国性行业标准：《志愿服务信息信息系统基本规范》解读 [J]. 中国民政，2015 (18)：36-38.

[29] 托克维尔. 论美国的民主 [M]. 董果良，译. 北京：商务印书馆，1997.

[30] 任海. 北京奥运：我国志愿者事业发展的契机 [G] // 北京奥运会志愿者工作协调小组办公室. 志愿北京：2005 “志愿服务与人文奥运” 国际论坛成果集. 北京：人民出版社，2005：39-43.

[31] 朱旭峰，吴冠生. 中国特色的央地关系：演变与特点 [J]. 治理研究，2018 (2)：50-57.

[32] 朱健刚，王超，胡明. 责任·行动·合作：汶川地震中 NGO 参与个案研究 [M]. 北京：北京大学出版社，2009.

[33] 朱健刚，赖伟军. “不完全合作”：NGO 联合行动策略：以 “5·12” 汶川地震 NGO 联合救灾为例 [J]. 社会，2014，34 (4)：187-209.

[34] 朱金鹤，王雅莉，侯林岐. 文明城市评比何以促进劳动力流入?：来自地级市的准自然实验证据 [J]. 产业经济研究，2021 (3)：43-56.

[35] 朱伯儒. 弘扬雷锋精神是时代的需要 [N/OL]. 人民日报，(1990-03-09) [2021-11-28]. http://data.people.com.cn/rmrb/19900309/5.

[36] 朱莉玲，王媛媛，谭建光. 国际视野下的中国志愿组织发展 [J]. 中国青年政治学院学报，2012，31 (5)：72-76.

[37] 伊文. 中华志愿者协会在京成立 [J]. 中国减灾，2011 (11)：61.

[38] 鲍威尔，迪马吉奥. 组织分析的新制度主义 [M]. 姚伟，译. 上海：上海人民出版社，2008.

[39] 吴刚. 中国社区志愿服务发展分析 [M] //袁媛，谭建光. 中国志愿服务：从社区到社会. 北京：人民出版社，2011：42-59.

[40] 吴江. 1994—2007 中国志愿服务的文献研究 [J]. 中国青年研究，2008 (1)：85-89.

[41] 吴昊. 雷锋 “户口问题” [N/OL]. 人民日报，(1990-05-28) [2021-11-28]. http://data.people.com.cn/rmrb/19900528/5.

[42] 吴春燕，张景华. 中山慈善万人行缘何长盛不衰 [N/OL]. 光明日报，(2010-02-26) [2021-11-28]. https://epaper.gmw.cn/gmrb/html/

2010-02/26/nw. D110000gmrb_20100226_6-01. htm.

[43] 沈杰. 志愿行动：中国社会的探索与践行 [M]. 北京：人民出版社，2009.

[44] 汪彩霞，谭建光. 改革开放40年与志愿组织的发展变迁 [J]. 青年探索，2017 (5)：32-40.

[45] 汶川特大地震四川抗震救灾志编纂委员会. 汶川特大地震四川抗震救灾志：总述大事记 [M]. 成都：四川人民出版社，2017.

[46] 李芝兰. 跨越零和：思考当代中国的中央地方关系 [J]. 华中师范大学学报（人文社会科学版），2004 (6)：117-124.

[47] 李芳. 准确把握《志愿服务条例》的立法重点 [EB/OL]. (2017-09-11) [2021-11-28]. http：//www. mca. gov. cn/article/gk/jd/shflhcssy/201709/20170915005876. shtml.

[48] 李炳华. 遵循国际规则 体现中国特色 全面推进北京奥运会志愿者工作：在"志愿服务与人文奥运"国际论坛主论坛上的演讲 [G] //北京奥运会志愿者工作协调小组办公室. 志愿北京：2005"志愿服务与人文奥运"国际论坛成果集. 北京：人民出版社，2005：14-21.

[49] 李玉琦. 学雷锋活动40年回眸 [J]. 中国青年研究，2003 (3)：34-38.

[50] 李天宇. 上海世博园志愿者将超过200万人 [N/OL]. 新京报，(2010-04-14) [2021-11-28]. http：//dailynews. sina. com/bg/chn/exponews/sinacn/20100414/23331349254. html.

[51] 李宗克，郝翔. 治理能力现代化与社区枢纽型社会组织：上海街镇社区社会组织服务中心研究 [J]. 中国社会组织，2015 (18)：53-55.

[52] 李振. 作为锦标赛动员官员的评比表彰模式：以"创建卫生城市"运动为例 [J]. 上海交通大学学报（哲学社会科学版），2014 (5)：54-62.

[53] 佚名. 雷锋永远是我们学习的榜样 [N/OL]. 人民日报，(1990-03-05) [2021-11-28]. http：//data. people. com. cn/rmrb/19900305/1.

[54] 吕伟雄. 我生命的夏天：中山改革腾飞亲历者口述回忆 [M]. 广州：广东人民出版社，2015.

[55] 吕婧. 中山：创文形势十分严峻，力争拿下"六连冠" [N/OL]. 南方都市报，(2020-06-23) [2021-11-28]. https：//www. 163. com/dy/article/FFR04JT205129QAF. html.

[56] 周红. 深圳市义务工作的回顾与思考 [J]. 青年探索，1993 (6)：15-18.

[57] 周秋光，贺永田，等. 中山慈善万人行研究（1988—2010）[M]. 北京：中国社会出版社，2011.

[58] 周黎安. 中国地方官员的晋升锦标赛模式研究 [J]. 经济研究，2007 (7)：36 -50.

[59] 林可. 毛泽东同志为雷锋题词经过 [N/OL]. 人民日报，(1993 -03 -05) [2021 -11 -28]. http：//data. people. com. cn/rmrb/19930305/3.

[60] 柯政. 理解困境：课程改革实施行为的新制度主义分析 [M]. 北京：教育课程出版社，2011.

[61] 姚迈新. 枢纽型社会组织的建设与发展：以广州个案为例 [J]. 地方治理研究，2016 (4)：54 -60.

[62] 纪文晓. 志愿服务与社会工作差异互动分析 [J]. 中国青年研究，2010 (10)：18 -20.

[63] 殷存毅，夏能礼. “放权”或“分权”：我国央地关系初论 [J]. 公共管理评论，2012，12 (1)：23 -42.

[64] 西塞罗. 论老年 论友谊 论责任 [M]. 徐奕春，译. 北京：商务印书馆，2003.

[65] 徐辉. 5·12 汶川大地震 NGO 联合投入赈灾 [J]. 学会，2008 (5)：3 -4.

[66] 徐柳. 我国志愿者组织发展的现状、问题与对策 [J]. 北京青年工作研究，2008 (5)：4 -7.

[67] 徐宇珊. 美国非营利组织社会网络结构及其对中国的启发：以美国印第安纳州门罗县为例 [J]. 中国非营利评论，2016，18 (2)：54 -70.

[68] 徐若兰. 志愿服务管理机制探索：以福建省为例 [J]. 福建论坛（人文社会科学版），2016 (9)：122 -127.

[69] 陈丽欣，魏希圣，王慧琦. 运用德菲法建构台中市志愿服务评鉴指标 [J]. 朝阳学报，2007 (12)：333 -349.

[70] 陈晓运. 1949 年以来中国志愿服务的变迁逻辑 [J]. 青年探索，2018 (4)：63 -74.

[71] 陈东升. 制度学派理论对正式组织的解析 [J]. 社会科学论丛，1992 (40)：111 -133.

[72] 陈原. 弘扬雷锋精神　开展志愿服务 [N/OL]. 人民日报，(2012 -03 -02) [2021 -11 -28]. http：//data. people. com. cn/rmrb/20120302/4.

[73] 高嵘. 当代中国志愿服务发展历程与特征 [J]. 理论学刊，2013 (5)：

68－71.

［74］华东方."学雷锋志愿服务"的文化解读［J］. 雷锋，2016（12）：14－16.

［75］陶东风，吕鹤颖. 雷锋：社会主义伦理符号的塑造及其变迁［J］. 学术月刊，2010，42（12）：103－116.

［76］夏征农，陈至立. 辞海（彩图本）［M］. 6版. 上海：上海辞书出版社，2009.

［77］陆士桢，张晓红，郭新保. 北京志愿服务模式研究［M］. 北京：北京出版社，2009.

［78］高和荣，赵春雷. 志愿服务发展插上"信息化"之翼：《志愿服务条例》志愿服务信息系统建设条款释义［J］. 中国社会工作，2017（10）：18－19.

［79］张天舒，王子怡. 荣誉称号影响官员晋升的信号机制研究：来自全国文明城市评比的证据［J］. 中国行政管理，2020（9）：121－127.

［80］张胜康. 关于志愿者行动的价值探讨：以"5.12"汶川大地震志愿者行动为例［J］. 广东社会科学，2010（3）：151－156.

［81］张网成. 中国民间组织志愿服务发展分析［M］//袁媛，谭建光. 中国志愿服务：从社区到社会. 北京：人民出版社，2011：102－135.

［82］张网成. 中国公民志愿行为研究（2011）：现状、特点及政策启示［M］. 北京：知识产权出版社，2012.

［83］张网成，曹仕涛. 注册而不参加志愿服务的原因分析：基于北京"志愿家庭"调查数据［J］. 中国社会科学院研究生院学报，2019，230（2）：137－144.

［84］张英阵. 社区型宗教组织之社会服务［J］. 台湾社区工作与社区研究学刊，2015，5（1）：35－83.

［85］张荆红，丁宇. 互依联盟何以可能?：中国枢纽型社会组织与国家之关系及其改革走向［J］. 北京师范大学学报（社会科学版），2018（6）：131－140.

［86］张小劲，陈波. 中国城市积分入户制比较研究：模块构成、偏好类型与城市改革特征［J］. 华中师范大学学报（人文社会科学版），2017（6）：1－10.

［87］张科，彭巧胤. 高校青年志愿服务专业化研究［J］. 中国青年研究，2010（2）：43－46.

［88］张莉萍，慎荣翔. 青年志愿服务信息系统的发展现状、问题及对策：基于"志愿中国"和"志愿汇"平台的研究［J］. 北京印刷学院学报，2019，

27（3）：76－82.

[89] 梁绮桦. 江门：35.8 万义工约 65% 服务时长为零［N/OL］. 江门日报，（2015－05－04）［2021－11－28］. http：//jm. southcn. com/content/2015－05/04/content_123497984. htm.

[90] 梁绿琦. 我国青年志愿服务的兴起、主要成就和发展前景［M］//余逸群，纪秋发. 中国志愿服务：历史、实践与发展. 北京：北京理工大学，2016：1－8.

[91] 许志杰. 学雷锋不能“三月来，四月走”［N/OL］. 人民日报，（1990－04－16）［2021－11－28］. http：//data. people. com. cn/rmrb/19900416/1.

[92] 许莲丽. 新时代中国志愿服务理论与实践的新探索［M］. 北京：人民出版社，2018.

[93] 曹刚，任重远. 为己与利他的中道：志愿精神的伦理解读［J］. 广西民族大学学报（哲学社会科学版），2009，31（3）：132－135.

[94] 国务院. 志愿服务条例［EB/OL］.（2017－09－06）［2021－11－28］. http：//www. gov. cn/zhengce/content/2017－09/06/content_5223028. htm.

[95] 国务院新闻办公室. 中国的减灾行动［EB/OL］.（2009－05－11）［2021－11－28］. http：//www. gov. cn/zhengce/2009－05/11/content_2615771. htm.

[96] 国务院新闻办公室. “国际志愿者年”、中国志愿服务事业及“中国 2001 国际志愿者年委员会”情况介绍［EB/OL］.（2001－08－22）［2021－11－28］. http：//www. scio. gov. cn/xwfbh/xwbfbh/wqfbh/2001/0822/Document/327665/327665. htm.

[97] 第 29 届奥林匹克运动会组织委员会. 走向成功：北京奥运会组织与运行工作报告［M］. 北京：北京体育大学出版社，2010.

[98] 深圳市审计局. 关于深圳大运会财务收支及场馆建设项目审计结果公告［EB/OL］.（2012－12－27）［2021－11－28］. http：//audit. sz. gov. cn/zwxx/sjxx/sjyw/201212/t20121227_2095721. htm.

[99] 叶边，罗洁，丁元竹，等. 中国志愿者：进步与差距［J］. 世界知识，2008（14）：50－56.

[100] 冯华. 汶川地震后的志愿者团队转型方向探讨［J］. 社会工作，2013（1）：71－76.

[101] 贺志峰，谢文中，蔡贞慧. 多源流分析框架下我国慈善立法议程设置考察：基于 2004—2014 年立法进程［J］. 中共福建省委党校学报，2018

(6)：74 - 83.

[102] 贺照田. 如果从儒学传统和现代革命传统同时看雷锋 [J]. 开放时代, 2017 (6)：119 - 144.

[103] 彭华民. 论志愿服务的社会工作督导模式 [J]. 中国青年研究, 2010 (4)：31 - 35.

[104] 彭庆红, 崔晓丹. 学雷锋活动的发展演变及其规律初探：基于《人民日报》1963—2018 年"学雷锋"报道的文献分析 [J]. 中国青年研究, 2020 (1)：84 - 93.

[105] 傲腾. 学雷锋不能一阵风 [N/OL]. 人民日报, (1990 - 03 - 24) [2021 - 11 - 28]. http：//data. people. com. cn/rmrb/19900324/4.

[106] 黄相怀. 当代中国中央与地方关系模式述评 [J]. 中共中央党校学报, 2013, 17 (1)：75 - 79.

[107] 黄金结. 近代以来中国志愿服务的变迁研究 [J]. 青年探索, 2016 (4)：25 - 32.

[108] 黄凯峰, 马丽雅. 新时期传承、延伸与发展雷锋精神：以 50 年学雷锋活动发展历程为对象的考察 [J]. 思想理论教育, 2013 (5)：21 - 27.

[109] 董碧水. 杭州百万志愿者服务 G20 [N/OL]. 中国青年报, (2016 - 08 - 03) [2021 - 11 - 28]. http：//zqb. cyol. com/html/2016 - 08/03/nw. D110000zgqnb_20160803_5 - 01. htm.

[110] 黄小希, 崔静. 中央及地方严控评比达标表彰评估活动 [EB/OL]. (2013 - 09 - 11) [2021 - 11 - 28]. http：//politics. people. com. cn/n/2013/0911/c70731 - 22889203. html.

[111] 黄煜升. 中山慈善万人行凭什么风行 23 年 [N/OL]. 南方日报, (2010 - 03 - 02) [2021 - 11 - 28]. https：//wap. cnki. net/baozhi - NFRB20100302A120. html.

[112] 童敏. 社会工作的专业地位、基本策略以及与志愿服务的关系：历史回顾与反思 [J]. 华东理工大学学报 (社会科学版), 2011 (2)：17 - 23.

[113] 杨善华, 孙飞宇. 作为意义探究的深度访谈 [J]. 社会学研究, 2005 (5)：53 - 68.

[114] 杨团. 关于中山慈善万人行的社会意义和社会学分析 [N/OL]. 中山时报, (2007 - 05 - 08) [2021 - 11 - 28]. https：//xuewen. cnki. net/CCND - ZSRB20070508A041. html.

[115] 杨传春．怎样建立社会主义人际关系？[N/OL]．人民日报，(1991-05-12) [2021-11-28]．http：//data. people. com. cn/rmrb/19910512/1.

[116] 新华社．第 16 届亚运会志愿者上岗誓师大会在广州举行 [EB/OL]．(2010-11-06) [2021-11-28]．http：//www. gov. cn/jrzg/2010-11/06/content_1739455. htm.

[117] 新华社．习近平致信祝贺中国志愿服务联合会第二届会员大会召开 [EB/OL]．(2019-07-24) [2021-11-28]．http：//www. gov. cn/xinwen/2019-07/24/content_5414383. htm.

[118] 赵定东，王倩，赵涓淇．中国志愿服务研究综述：基于中国知网的统计分析 [J]．观察与思考，2018 (2)：105-112.

[119] 邓小平．提倡深入细致的工作 [M] //邓小平文选 (第 1 卷)．北京：人民出版社，1993：285-290.

[120] 邓小平．在扩大的中央工作会议上的讲话 [M] //邓小平文选 (第 1 卷)．北京：人民出版社，1993：297-317.

[121] 邓国胜．中国志愿服务发展的模式 [J]．社会科学研究，2002 (2)：108-110.

[122] 邓国胜．响应汶川：中国救灾机制分析 [M]．北京：北京大学出版社，2009.

[123] 郑云．学雷锋重实效 [N/OL]．人民日报，(1990-04-13) [2021-11-28]．http：//data. people. com. cn/rmrb/19900413/5.

[124] 广东省社工与志愿者合作促进会．红领公益　民生共享：广东中山“博爱 100”公益志愿服务调查报告 [R/OL]．(2020-12-30) [2021-11-28]．http：//www. chinasocialwork. cn/content/7752.

[125] 广东青年职业学院社工系，中山市民政局社会工作科．中山市“社工+志愿者”联动机制调研报告 [J]．广东青年职业学院学报，2013，92 (2)：9-13.

[126] 潘淑满．质性研究：理论与应用 [M]．台北：心理出版社，2003.

[127] 刘开宸．美国国民志愿服务 [N/OL]．人民日报，(1989-04-04) [2021-11-28]．http：//data. people. com. cn/rmrb/19890404/7.

[128] 刘巨才，王绍华，潘树平．时代潮：中国学雷锋活动 30 年简史 [M]．北京：红旗出版社，1991.

[129] 刘轩．关于“枢纽型”社会组织建设的思考 [J]．学习与实践，2012

（10）：104 – 108.

［130］刘思宇．“评比表彰”的激励逻辑：基于创建全国文明城市的考察［J］．中国行政管理，2019（2）：72 – 78.

［131］刘锐，袁艳．社交网络与数据监控：志愿者服务平台的管理模式研究［J］．电子政务，2018（10）：32 – 37.

［132］范明林，茅燕菲，曾鸣．枢纽型社会组织与社区分层、分类治理研究：以上海市枢纽型社会组织为例［J］．社会建设，2015，2（3）：11 – 19.

［133］欧钦平．北京亚运会志愿者制度首次试水［N/OL］．京华时报，（2009 – 09 – 18）［2021 – 11 – 28］．http：//www. zjwmw. com/07zjwm/system/2009/09/18/015833800. shtml.

［134］卢喜兰．汶川救灾十年后，公益慈善行业集体反思［M］//杨团．中国慈善发展报告（2019）．北京：社会科学文献出版社，2019：390 – 398.

［135］卢建，杨沛龙，马兴永．北京市构建社会组织“枢纽型”工作体系的实践与策略［J］．社团管理研究，2011（9）：26 – 29.

［136］卢磊．基层枢纽型社会组织的现状检视与发展建议：以北京市 X 区为例［J］．中共福建省委党校学报，2018（6）：84 – 92.

［137］姜洁，郭正光．志愿服务与雷锋精神［N/OL］．人民日报，（2003 – 03 – 04）［2021 – 11 – 28］．http：//data. people. com. cn/rmrb/20030304/11.

［138］澡雪轩．慈善万人行：文化属性及其启示［N/OL］．中山时报，（2013 – 02 – 26）［2021 – 11 – 28］．https：//kns. cnki. net/kns8/defaultresult/index.

［139］魏娜．经验·价值·影响：2008 北京奥运会、残奥会志愿者工作成果转化研究［M］．北京：中国人民大学出版社，2010.

［140］魏娜．我国志愿服务发展：成就、问题与展望［J］．中国行政管理，2013（7）：64 – 67.

［141］韩俊魁．NGO 参与汶川地震紧急救援研究［M］．北京：北京大学出版社，2009.

［142］韩兆柱，马文娟．数字治理理论研究综述［J］．甘肃行政学院学报，2016（1）：23 – 35.

［143］蓝煜昕，张雪．社区韧性及其实现路径：基于治理体系现代化的视角［J］．行政管理改革，2020（7）：73 – 82.

［144］聂阳阳．中国志愿者组织的发展状况、主要问题及对策［M］//穆青．志愿服务理论与实践研究．北京：北京理工大学出版社，2010.

［145］谭建光．中国志愿服务发展的十大趋势分析［J］．广东青年干部学院学报，2005，19（62）：7－13．

［146］谭建光，朱莉玲．中国社会志愿服务体系分析［J］．中国青年政治学院学报，2008（3）：19－25．

［147］谭建光，周宏峰．中国志愿者：从青年到全民—改革开放30年志愿服务发展分析［J］．中国青年研究，2009（1）：76－81．

［148］谭建光．中国公众参与志愿服务的政策分析［J］．广东工业大学学报（社会科学版），2012（4）：17－23．

［149］谭建光．中国志愿服务发展的十大趋势：兼论“十三五”规划与志愿服务新常态［J］．青年探索，2016（2）：29－35．

［150］谭建光．志愿服务：理念与行动［M］．北京：人民出版社，2014．

［151］谭建光．改革开放以来我国志愿服务的发展历程［J］．社会治理，2018a（7）：24－36．

［152］谭建光．中国青年志愿服务十大品牌及其价值：改革开放40年的社会创新案例分析［J］．青年发展论坛，2018，28（2）：55－63．

［153］谭建光．中国珠三角：志愿服务制度化的多样创新［J］．社会工作与管理，2015（3）：30－37．

［154］谭建光．中国特色的志愿服务理论体系分析［J］．青年探索，2015（1）：29－35．

［155］苏雁．创建文明城市工作年度测评动真格［N/OL］．光明日报，（2017－04－08）［2021－11－28］．https：//epaper. gmw. cn/gmrb/html/2017－04/08/nw. D110000gmrb_20170408_2－04. htm？div＝－1．

［156］帕特南．独自打保龄：美国社区的衰落与复兴［M］．刘波，祝乃娟，张孜异，等译．北京：北京大学出版社，2011．

［157］党秀云．论志愿服务的常态化与可持续发展［J］．中国行政管理，2011（3）：50－54．

［158］顾朝辉．全面贯彻《志愿服务条例》开创志愿服务事业发展新局面［J］．中国民政，2018（5）：26－27．

［159］龚万达．志愿服务20年：中国志愿服务研究综述［J］．思想理论教育，2010（11）：87－91．

［160］ALFORD．好研究怎么做：从理论、方法、证据构思研究问题［M］．王志弘，译．台北：群学，2011．

[161] KING G，KEOHANE R O，VERBA S. 好研究如何设计：用量化逻辑做质化研究［M］. 盛智明，韩佳，译. 台北：群学，2012.

[162] PUNCH K F. 社会科学研究法：量化与质化取向［M］. 林世华，译. 台北：心理，2005.

[163] 斯科特，戴维斯. 组织理论：理性、自然与开放系统的视角［M］. 高俊山，译. 北京：中国人民大学出版社，2011.

[164] 斯科特. 制度与组织：思想观念与物质利益［M］. 3 版. 王黎芳，译. 北京：中国人民大学出版社，2010.

[165] ALFORD. The Craft of Inquiry：Theories，Methods，and Evidence［M］. Oxford：Oxford University Press，1998.

[166] ATSUMI T. Against the drive for institutionalization：Two decades of disaster volunteers in Japan［M］//SHRODER J F，COLLINS A E，SAMANTHA J. Hazards，Risks and Disasters in Society. Pittsburgh：Academic Press，2015：19－32.

[167] BROWN L D. Bridging organizations and sustainable development［J］. Human Relations，1991，44（8）：807－831.

[168] BERGER P L，LUCKMANN T. The Social Construction of Reality：A Treatise in the Sociology of Knowledge［M］. UK：Penguin，1991.

[169] BURGESS R G. In the Field：An Introduction to Field Research［M］. London：Routledge，2002.

[170] BABBIE E R. The Practice of Social Research（12ed）［M］. Beverly：Wadsworth Publishing Company，2010.

[171] BUTCHER J，EINOLF C J. Volunteering：a complex social phenomenon［M］// BUTCHER J，CHRISTOPHER J E. Perspectives on Volunteering：Voices from the South. Berlin：Springer，2017：3－26.

[172] CNAAN R A，HANDY F，WADSWORTH M. Defining who is a volunteer：Conceptual and empirical considerations［J］. Nonprofit and Voluntary Sector Quarterly，1993，25（3）：364－383.

[173] DEKKER P，HALMAN L. The Values of Volunteering：Cross－cultural Perspectives［M］. Berlin：Springer Science & Business Media，2003.

[174] DE WAELE E，HUSTINX L. Governing through volunteering：The discursive field of government－initiated volunteering in the form of workfare volunteering

[J]. Nonprofit and Voluntary Sector Quarterly, 2018, 48 (2): 72 - 102.

[175] DENZIN N K. The Research Act in Sociology [M]. Chicago: Aldine, 1970.

[176] DIMAGGIO P, POWELL W W. The iron cage revisited: Institutional isomorphism and collective rationality in organizational fields [J]. American Sociological Review, 1983, 48 (2): 147 - 160.

[177] GLYNN M A. Configuring the field of play: How hosting the Olympic Games impacts civic community [J]. Journal of Management Studies, 2008, 45 (6): 1117 - 1146.

[178] GIL - LACRUZ A I, MARCUELLO C, SAZ - GIL I. Individual and social factors in volunteering participation rates in Europe [J]. Cross - Cultural Research, 2017, 51 (5): 464 - 490.

[179] HASKI - LEVENTHAL D, MEIJS L C, HUSTINX L. The third - party model: Enhancing volunteering through governments, corporations and educational institutes [J]. Journal of Social Policy, 2010, 39 (1): 139 - 158.

[180] HUSTINX L, CNAAN R A, HANDY F. Navigating theories of volunteering: A hybrid map for a complex phenomenon [J]. Journal for the Theory of Social Behaviour, 2010, 40 (4): 410 - 434.

[181] HOFFMAN A J. Institutional evolution and change: Environmentalism and the US chemical industry [J]. Academy of Management Journal, 1999, 42 (4): 351 - 371.

[182] HOFFMAN A J. Linking organizational and field - level analysis: The diffusion of corporate environmental practices [J]. Organization & Environment, 2001, 14 (2): 133 - 156.

[183] HOFFMAN A J, VENTRESCA M J. Organizations, Policy and the Natural Environment: Institutional and Strategic Perspectives [M]. Palo Alto: Stanford University Press, 2002.

[184] INTERNATIONAL LABOUR OFFICE. Manual on the measurement of volunteer work [R/OL]. (2011 - 03 - 23) [2021 - 11 - 28]. http://www.ilo.org/wcmsp5/groups/public/dgreports/stat/documents/meetingdocument/wcms_100574.pdf.

[185] JONES C. Archival data: Advantages and disadvantages for research in psychology [J]. Social and Personality Psychology Compass, 2010, 4 (11): 1008 - 1017.

[186] KRAMER R M. Voluntary agencies and the contract culture: "Dream or night-

mare?" [J]. Social Service Review, 1994, 68 (1): 33-60.

[187] KING G, KEOHANE R O, VERBA S. Designing Social Inquiry: Scientific Inference in Qualitative Research [M]. Princeton: Princeton University Press, 1994.

[188] LAMPEL J, MEYER A D. Field - configuring events as structuring mechanisms: How conferences, ceremonies, and trade shows constitute new technologies, industries, and markets [J]. Journal of Management Studies, 2008, 45 (6): 1025-1035.

[189] LOCKE M, ELLIS A, SMITH J D. Hold on to what you've got: The volunteer retention literature [J]. Voluntary Action, 2003, 5 (3): 81-99.

[190] LORENTZEN H, HENRIKSEN L S. The invention and institutionalization of volunteer centers: A comparative analysis of Norway and Denmark [J]. Nonprofit and Voluntary Sector Quarterly, 2014, 43 (3): 589-608.

[191] MALLUM K. Volunteers/volunteering [G/OL]. The International Encyclopedia of Organizational Communication, (2016-06-08) [2021-11-28]. https://onlinelibrary.wiley.com/doi/epdf/10.1002/9781118955567.wbieoc217.

[192] MCBRIDE A M, LEE Y. Institutional predictors of volunteer retention: the case of AmeriCorps national service [J]. Administration & Society, 2012, 44 (3): 343-366.

[193] MEYER A D, GABA V, COLWELL K A. Organizing far from equilibrium: Nonlinear change in organizational fields [J]. Organization Science, 2005, 16 (5): 456-473.

[194] MEIJS L C, HANDY F, CNAAN R A, et al. All in the Eyes of the Beholder? [M] // The Values of Volunteering: Cross - cultural Perspective. Boston: Springer, 2003: 19-34.

[195] MOLOTCH H, FREUDENBURG W, PAULSEN K E. History repeats itself, but how? City character, urban tradition, and the accomplishment of place [J]. American Sociological Review, 2000, 65 (6): 791-823.

[196] PLAGNOL A C, HUPPERT F. Happy to help? Exploring the factors associated with variations in rates of volunteering across Europe [J]. Social Indicators Research, 2010, 97 (2): 157-176.

[197] ROCHESTER C, PAYINE A E, HOWLETT S, et al. Making sense of volun-

teering: Perspectives, principles and definitions [M] //Volunteering and Society in the 21st Century. London: Palgrave Macmillan, 2010: 9 –23.

[198] SALAMON L M, SOKOLOWSKI S W, ASSOCIATES. Global Civil Society: Dimensions of the Nonprofit Sector [M]. Bloomfield: Kumarian Press, 2004.

[199] SMITH J D. International Volunteering Toolkit: A Draft [M]. The Institute for Volunteering Research, 2000.

[200] STUDER S, VON SCHNURBEIN G. Organizational factors affecting volunteers: A literature review on volunteer coordination [J]. VOLUNTAS: International Journal of Voluntary and Nonprofit Organizations, 2013, 24 (2): 403 –440.

[201] SCOTT W R, MEYER J W. The organizations of societal sector: Propositions and the early evidence [M] //POWELL W W, DIMAGGIO P J. The New Institutionalism in Organizational Analysis. Chicago: University of Chicago Press, 1991: 108 –140.

[202] SCOTT W R. Conceptualizing organizational fields: Linking organizations and societal systems [M] //DERLIEN H U, GERHARDT U, SCHAPF F W. Systemrationalität und partialinteresse. Baden: Nomos Verlagsgesellschaft, 1994: 203 –221.

[203] SCOTT W R, MARTIN R, PETER J M. Institutional change and health care organizations: From professional dominance to managed care [M]. Chicago: University of Chicago Press, 2000.

[204] SCOTT W R. Approaching adulthood: The maturing of institutional theory [J]. Theory and Society, 2008, 37 (5): 427 –442.

[205] SHI S J. The bounded welfare pluralism: Public –private partnerships under social management in China [J]. Public Management Review, 2017, 19 (4): 463 –478.

[206] SINGLETON R A JR, STRAITS B C. Approaches to social research [M]. New York: Oxford University Press, 2005.

[207] SMITH D H. Determinants of voluntary association participation and volunteering: A literature review [J]. Nonprofit and Voluntary Sector Quarterly, 1994, 23 (3): 243 –263.

[208] SANYAL P. Capacity building through partnership: Intermediary nongovernmental organizations as local and global actors [J]. Nonprofit and Voluntary Sector

Quarterly, 2006, 35 (1): 66 -82.

[209] SNYDER M, OMOTO A M. Volunteerism: Social issues perspectives and social policy implications [J]. Social Issues and Policy Review, 2008, 2 (1): 1 -36.

[210] THOITS P A, HEWITT L N. Volunteer work and well - being [J]. Journal of Health and Social Behavior, 2001, 42 (2): 115 -131.

[211] TOLBERT P S, ZUCKER L G. The institutionalization of institutional theory [M] //CLEGG S, HARDY C, NORD W. Handbook of Organization Studies . London: Sage, 1996: 175 -190.

[212] GENERAL ASSEMBLY. Resolution adopted by the General Assembly: Recommendations on support for volunteering [A/OL]. (2002 -01 -10) [2021 -11 -28]. https: //www. unv. org/sites/default/files/A%20RES%2056%2038. pdf.

[213] UNITED NATIONS VOLUNTEERS. State of the World's Volunteerism Report [R/OL]. (2011 -08 -15) [2021 -11 -28]. https: //www. tr. undp. org/content/turkey/en/home/library/mdg/SWVRen/.

[214] VAN TIL J, 2005. Nonprofit organizations and social institutions [M] //ROBERT D H, ASSOCIATES. The Jossey - Bass Handbook of Nonprofit Leadership and Management. 2nd. New York: John Wiley & Sons, 2005: 44 -64.

[215] WALKER A, ACCADIA R, COSTA B M. Volunteer retention: The importance of organisational support and psychological contract breach [J]. Journal of community psychology, 2016, 44 (8): 1059 -1069.

[216] WAGNER C, GARNER M, KAWULICH B. Teaching Research Methods in the Social Sciences [M]. London: Routledge, 2009.

[217] WENGRAF T. Qualitative Research Interviewing: Biographic Narrative and Semi - structured Methods [M]. London: Sage, 2011.

[218] WEBB E J, CAMPBELL D T, SCHWARTZ R D, et al. Unobtrusive Measures: Nonreactive Measures in the Social Sciences [M]. Chicago: Rand McNally, 1966.

[219] WILSON J. Volunteering [J]. Annual Review of Sociology, 2000, 26 (1): 215 -240.

[220] WILSON J. Volunteerism research: A review essay [J]. Nonprofit and Voluntary Sector Quarterly, 2012, 41 (2): 176 -212.

[221] WOOTEN M, HOFFMAN A J. Organizational fields: Past, present and future [M] // GREENWOOD R, OLIVER C, LAWRENCE T, et al. The Sage Handbook of Organizational Institutionalism. London: Sage, 2017: 55-74.

[222] ZUCKER L G. The role of institutionalization in cultural persistence [J]. American Sociological Review, 1977, 42 (5): 726-743.

[223] ZHUANG J. Volunteering for the Beijing 2008 Olympic Games: Visions, policies and capitals [D]. London: University of Bedfordshire, 2011.

附　录

附录 A　中山市志愿者基本情况调查问卷

第一部分（A）

A1. 您的年龄（周岁）：________岁

A2. 您的性别：

(1) 男　　(2) 女

A3. 您的政治面貌：

(1) 中共党员　　(2) 共青团员

(3) 民主党派成员　　(4) 普通群众

A4. 您的宗教信仰：

(1) 佛教徒　　(2) 道教徒　　(3) 基督教徒

(4) 伊斯兰教徒　　(5) 其他宗教信仰　　(6) 无信仰人士

A5. 您的学历：

(1) 初中及以下　　(2) 高中/中专

(3) 大专　　(4) 本科及以上

A6. 婚姻状态：

(1) 已婚及事实婚姻　　(2) 未婚

(3) 离异　　(4) 丧偶

A7. 您的家庭照料状况（可多选）：

(1) 无人需要照料

（2）有需要照顾的老人

（3）有需要照顾的未成年人

（4）有需要照料的残疾人

（5）其他（请注明）：________

A8. 您目前的就业状况：

（1）全职工作　（2）兼职工作　（3）失业/正在找工作

（4）退休在家　（5）在校上学

（6）其他（请注明）：________

A9. 您个人的月收入情况：

（1）无收入　（2）1000 元以下

（3）1001～2000 元　（4）2001～4000 元

（5）4001～6000 元　（6）6001～8000 元

（7）8001～10000 元　（8）10000 元以上

A10. 您居住的地理位置属于：

（1）城区　（2）镇区　（3）农村地区

第二部分（B）

B1. 您主要通过什么方式寻找志愿服务工作？【可多选】

（1）志愿中山 App　（2）中山志愿服务网

（3）朋友/亲戚介绍　（4）志愿服务机构招募

（5）媒体宣传广告　（6）单位组织安排

（7）社区居委会宣传

（8）其他（请注明）：________

B2. 您一般什么时候提供志愿服务？

（1）双休日　（2）工作之余/课余时间

（3）节假日　（4）只要需要，任何时间都可以

（5）其他（请注明）：________

B3. 您提供志愿服务的频率怎样？

（1）至少每周一次　（2）至少每两周一次

（3）至少每月一次　（4）一年有几次

（5）偶然参加

B4. 您通过哪些机构或部门提供过志愿服务？【可多选】

（1）政府部门

（2）企业（国营、民营、三资）

（3）人民团体（工青妇）

（4）事业单位（学校/医院/科研机构等）

（5）同学会/同乡会/联谊会

（6）行业协会/商会/职业协会

（7）社会工作服务机构

（8）社会福利机构（老人院、孤儿院等）

（9）基金会

（10）社区组织

（11）宗教组织

（12）志愿者协会

（13）网络组织

（14）其他（请注明）：________

B5. 您通过机构或组织提供过哪些方面的志愿服务？【可多选】

（1）文化/艺术/场馆服务

（2）商业/专业/联合会

（3）社区发展/福利服务

（4）人群服务（妇女、儿童、老人、残疾人）

（5）教育/培训

（6）应急救援服务（救灾、消防等）

（7）环境保护/宣传

（8）卫生健康/医院

（9）体育/休闲娱乐

（10）法律咨询与援助

（11）心理咨询与辅导

（12）其他（请注明）：________

B6. 您提供志愿服务的动机或理由有哪些？【可多选】

（1）帮助他人

（2）改善社区环境

（3）做些有价值的事

（4）社会交往

（5）行善积德

（6）获得志愿服务积分

（7）保持积极的生活态度

（8）宗教信仰

（9）发挥自己的经验和技能

（10）给孩子树立榜样

（11）积累工作经历

（12）学习新知识/技能

（13）感恩/回报社会

（14）公民社会人人有责

（15）保护自然环境

（16）是单位/学校的要求

（17）其他（请注明）：________

B7. 当您打算提供志愿服务时，您还会考虑以下哪些因素？【可多选】

（1）每周志愿服务的时数

（2）志愿服务的总时长（如短期的或长期的）

（3）志愿服务的时间安排

（4）志愿服务所要求的训练/专业知识水平

（5）实际要付出的金钱

（6）法律监管要求/组织管理情况

（7）以上都不会考虑

（8）其他（请注明）：________

第三部分（C）

C1. 在您服务过的志愿服务机构中，签订志愿服务协议的情况是：

（1）每个都签了　　（2）大多数都签了

（3）少数签了　　（4）从未签过

C2. 在您服务过的志愿服务机构中，购买人身意外伤害保险的情况是：

（1）每个都买了　　（2）大多数都买了

（3）少数买了　　（4）从未买过

C3. 您通过机构提供志愿服务的过程中，对志愿服务工作内容与职责是否清楚？

（1）非常清楚　　（2）清楚

（3）有点清楚　　（4）不清楚

（5）非常不清楚

C4. 您通过机构提供志愿服务之前接受过哪些培训？【可多选】

（1）没有任何培训　（2）志愿服务理念

（3）志愿服务技能　（4）团队意识

（5）项目开发能力　（6）资金筹集技巧

（7）相关法规政策　（8）安全知识

（9）项目管理能力　（10）志愿者的权利与义务

（11）经验分享　（12）其他（请注明）：________

C5. 您如何评价您经历的志愿者培训与技能发展？

（1）不适用，就跟没有培训一样

（2）提供了必要的技能培训来履行志愿者职责

（3）提供了对目前/未来就业很有用的技能

（4）帮助我获得了一份资格证明

（5）对我个人没有用

C6. 您在志愿服务过程中是否接受过专职社工的督导？

（1）有　　（2）没有

C7. 近 3 个月内，您因志愿服务产生了哪些个人费用？

（1）电话费 （2）邮资费

（3）制服费 （4）车旅费

（5）餐费 （6）训练费

（7）保险费 （8）其他费用

C8. 您所服务的机构是否对您的上述费用进行过补偿？

（1）补偿全部 （2）补偿大部分

（3）补偿小部分 （4）未得到任何补偿

C9. 在志愿服务上付出的个人费用，对您继续做志愿者有何影响？

（1）非常大 （2）有一些

（3）有一点 （4）几乎没有

（5）完全没有

C10. 您从志愿服务活动中获得的收益有哪些？【可多选】

（1）因自愿付出的时间而获得薪水

（2）获得交通补贴或免费交通

（3）个人的志愿服务开支得到报销

（4）因志愿服务而获得生活津贴

（5）获得一份长期健康或意外保险

（6）获得餐食或住宿

（7）以上皆非

（8）其他（请注明）：________

C11. 在未来 1 年（不考虑生活重大变故），您会在目前的机构继续提供志愿服务吗？

（1）非常肯定 （2）肯定

（3）看情况 （4）不肯定

（5）非常不肯定

第四部分（D）

D1. 您熟悉国务院《志愿服务条例》的相关规定吗？

（1）非常熟悉 （2）熟悉

（3）一般熟悉　　　　　　　　　　　　（4）不熟悉

（5）非常不熟悉

D2. 您认为中山市志愿服务事业发展存在的主要问题有哪些？【可多选】

（1）大多数居民对志愿服务不了解

（2）志愿者、机构与服务对象的权利与义务不明确

（3）缺少适用的志愿者教育与培训

（4）志愿服务工作形式主义严重，效果差

（5）近距离的志愿服务机会太少

（6）志愿服务中存在太多意外与风险（疾病、伤害等）

（7）志愿者的贡献得不到社会承认

（8）志愿服务要求太多、管理太烦琐

（9）缺少有影响的志愿服务品牌或机构

（10）志愿服务的形式太单调，没有吸引力

（11）其他（请注明）：________

D3. 您认为中山市志愿服务事业发展应该加快以下哪方面建设？【可多选】

（1）加大志愿服务精神、理念的宣传力度

（2）加大志愿服务监督与执法力度

（3）加大志愿服务事业的投入力度

（4）打造志愿服务品牌项目或机构

（5）加大对志愿者的表彰与激励

（6）提升机构志愿者管理水平

（7）开发更多的志愿者岗位

（8）加大对志愿服务事业的科学研究

（9）建立志愿服务投诉与反馈机制

（10）完善志愿服务的供需信息平台

（11）其他（请注明）：________

附录B　中山市志愿服务组织访谈提纲

第一部分：受访者基本信息

姓名；性别；年龄；职务；学历；志愿服务相关经历

第二部分：受访机构基本信息

1. 发起情况；注册登记时间；业务范围；各类项目情况
2. 工作人员构成（全职员工、志愿者、持证社工人数）
3. 与政府以及其他组织的关系（资金、政策、场地、人力支持）
4. 是否承接政府志愿服务项目（社工义工联动项目）

第三部分：志愿者组织与管理

1. 志愿者招募途径、管道与效果
2. 志愿者培训内容（谁来培训、效果如何）
3. 志愿服务中的安全风险防范（意外伤害、疾病等）
4. 志愿者流动情况（流失比例多大、什么原因、如何应对）
5. 志愿服务成本（成本包括哪些、如何筹资）

第四部分：志愿服务困难与建议

1. 贵组织在志愿服务工作方面的主要问题、障碍与困难
2. 贵组织对中山市进一步发展志愿服务事业的意见/建议

附录C 研究访谈对象一览表

编号	访谈对象信息	所属组织信息
FT01－01	LM，男，秘书长，曾在中山市青年志愿者协会任职多年	中山市慈善总会，成立于2007年，接受市民政局指导，具有公开募捐资格
FT01－02	WG，女，团市委专职团干，副秘书长	中山市青年志愿者协会，成立于1996年，接受市团委指导
FT01－03	XH，男，项目主任，专职社工	中山市慈善总会承接的“专业社工 全民义工”项目
FT01－04	ZY，女，服务总监，有多年一线社工经验	中山市博睿社会工作服务中心，承接“博爱100”公益创投活动运营工作
FT01－05	FT，女，副主任，有十多年的义工管理经验	小榄镇公益事业发展中心，政府重点扶持枢纽型组织，致力于搭建资源募集推广平台与孵化培育平台
FT11－06	11位机构社工，均为女性，主要负责机构志愿者工作，领域涉及社区、老人、儿童、妇女、残障人士等	来自扬帆、启创、博瑞、源助、益群、启航、同益、萤火虫、汇能和北达博雅10家社工机构
FT02－07	JM，男，秘书长，市文明办科室负责人	中山市志愿者联合会，成立于2010年，接受市文明办指导，全市志愿服务协调组织
	ZF，女，副总干事，“志愿中山”购买项目负责人	
FT02－08	XQ，女，项目主管，专职社工	三乡镇社工综合服务中心，在社工与志愿者联动方面做得有特色
	TB，男，负责机构地区统筹，专职社工	
FT02－09	ZP，男，团干兼职秘书长	火炬开发区青年志愿者协会，在志愿服务领域做得有特色
	MJ，女，团干兼职秘书长	
FT02－10	LY，男，应急副队长，资深志愿者	中山市青年志愿者协会下属应急志愿服务总队与绿映志愿服务总队
	XD，女，绿映队长，资深志愿者	
FT02－11	LH，男，常务副会长	中山市红十字会，成立于1988年，承担中山“慈善万人行”组织工作
	LM，男，专职秘书长	

注：编码规则，FT01－02代表一场访谈，FT01代表一场访谈的人数，02代表访谈场次序号。

附录 D　地方志愿服务立法一览表（1999—2021 年）

序号	年份	名称
1	1999	广东省青年志愿服务条例
2	2001	山东省青年志愿服务规定
3	2002	宁波市青年志愿服务条例
4	2003	福建省青年志愿服务条例
5	2003	黑龙江省志愿服务条例
6	2003	杭州市志愿服务条例
7	2004	抚顺市志愿服务条例
8	2004	银川市青年志愿服务条例
9	2005	深圳市义工服务条例
10	2005	成都市志愿服务条例
11	2005	南京市志愿服务条例
12	2005	吉林省志愿服务条例
13	2006	宁夏回族自治区志愿服务条例
14	2006	湖北省青年志愿服务条例
15	2006	济南市志愿服务条例
16	2007	江苏省志愿服务条例
17	2007	北京市志愿服务促进条例
18	2007	浙江省志愿服务条例
19	2007	江西省青年志愿服务条例
20	2007	天津市青年志愿服务条例
21	2008	青岛市志愿服务条例
22	2008	广州市志愿服务条例
23	2008	淄博市志愿服务条例
24	2009	新疆维吾尔自治区志愿服务条例
25	2009	上海市志愿服务条例
26	2009	海南省志愿服务条例
27	2009	四川省志愿服务条例

续表

序号	年份	名称
28	2009	唐山市志愿服务条例
29	2010	汕头市青年志愿服务促进条例
30	2010	昆明市志愿服务条例
31	2010	广东省志愿服务条例
32	2010	南宁市志愿服务条例
33	2010	陕西省志愿服务条例
34	2011	宁波市志愿服务条例
35	2012	黑龙江省志愿服务条例（2012 年修正本）
36	2012	湖南省志愿服务条例
37	2012	珠海经济特区志愿服务条例
38	2012	合肥市志愿服务条例
39	2013	山西省志愿服务条例
40	2014	大连市志愿服务条例
41	2014	包头市志愿服务条例
42	2014	福州市志愿服务条例
43	2015	西藏自治区志愿服务条例
44	2015	鞍山市志愿服务条例
45	2015	重庆市志愿服务条例
46	2015	吉林省志愿服务条例
47	2015	湖北省志愿服务条例
48	2015	广州市志愿服务条例（修正）
49	2016	抚顺市志愿服务条例（修正）
50	2016	武汉市志愿服务条例
51	2016	河北省志愿服务条例
52	2017	天津市志愿服务条例（修订）
53	2017	辽宁省志愿服务条例
54	2018	浙江省志愿服务条例（修订）
55	2018	河南省志愿服务条例
56	2019	宁夏回族自治区志愿服务条例（修订）
57	2019	山西省志愿服务条例（修订）
58	2019	安徽省志愿服务条例

续表

序号	年份	名称
59	2019	上海市志愿服务条例（修正）
60	2019	海口市志愿服务条例
61	2019	辽宁省志愿服务条例（修正）
62	2020	广东省志愿服务条例（修订）
63	2020	厦门经济特区志愿服务条例
64	2020	鞍山市志愿服务条例（修正）
65	2020	广西壮族自治区志愿服务条例
66	2020	北京市志愿服务促进条例（修订）
67	2021	江西省志愿服务条例
68	2021	河北省志愿服务条例（修正）
69	2021	山东省志愿服务条例
70	2021	福建省志愿服务条例

来源：整理自北大法宝法律法规数据库（https：//www. pkulaw. com/）。

附录 E　中山市青年志愿者协会发展历程大事记

时间	事　件
1988 年	团市委学习港、澳地区先进经验，为中山市首届“88 敬老万人行”（次年改名为“慈善万人行”）招募了 300 名青年义工（志愿者），向大会提供后勤保障、秩序维持等志愿服务，青年志愿服务开始萌芽
20 世纪 90 年代初	中山市共青团积极响应上级号召，广泛动员青年团员开展“学雷锋树新风”活动
1996 年	中山市青年志愿者协会正式成立，同年“心声”热线开通，开始社会化招募志愿者，常态化接听市民来电
2001 年	协会聘请了首批 2 名专职人员协助日常管理工作
2002 年	1. 协会在中山市儿童福利院成立了青年志愿者服务站，坚持每周派青年志愿者到该院协助照顾孤儿 2. 市政府划拨了 300 多平方米的办公场地归协会使用，并为团市委配置了两名事业编制专事青年提供志愿服务
2003 年	1. 协会首次获得市财政拨付的专项经费用于日常管理 2. 团市委、市司法局联合在协会成立了青少年维权中心，开通青少年维权热线电话，通过模拟法庭、讲座、图片展览等形式在学校、工厂大力开展普法和禁毒教育，为青少年提供法律援助 3. 协会制定了《中山市青年志愿注册制度实施细则（试行）》，400 名青年志愿者经过严格的考核，成为中山市首批注册青年志愿者
2004 年	1. 协会承办了“两岸四地义务工作发展论坛” 2. 协会出版《“人间友爱　温馨社会”——广东省中山市青年志愿服务研究报告》
2005 年	1. 青年志愿者为博鳌亚洲论坛 2005 国际文化产业会议提供志愿服务 2. 市委召开全市进一步加强基层志愿组织建设工作，推广市级协会的“三专”模式 3. 协会改名为“中山市青年志愿者协会（中山市义务工作者联合会）” 4. 协会推动成立全市首支亲子义工服务队——东区雍景园小学亲子义工服务队

续表

时间	事件
2006 年	1. 协会召开中山市青年志愿者协会成立十周年纪念大会 2. 协会搬迁到竹苑市场 6 楼、总面积达 1000 平方米的总部 3. 市政府拨出专款，资助协会赴我国香港地区举办为期一周的中山市志愿服务香港高级研修班，这是协会针对志愿者开展的首次专业化、系统化、规模化培训 4. 联合市民政局，借助“六好平安和谐社区”创建之机，启动社区（农村）志愿者（义工）服务站建设
2007 年	1. 协会成立了中山市首个社会企业——中山市慈善爱心店 2. 正式出版《和谐社区与志愿服务——广东省中山市社区志愿服务报告》 3. 社区（农村）志愿事业发展基金举行第一期竞标会 4. 励志会成立
2008 年	1. 中山市青年志愿者参与北京奥运会志愿服务工作 2. 中山市大学生志愿工作委员会成立 3. 协会分 10 批组织全市社区（农村）志愿者（义工）服务站站长、学校亲子义工队队长赴香港、深圳学习
2009 年	1. 协会组织 12 名青年志愿者赴非洲塞舌尔开展为期一年的服务，中山市由此成为首个承接援外志愿服务的地级市 2. 协会推出形象代言公仔——爱心宝宝 3. 中山市助残志愿者（义工）服务总队成立
2010 年	1. 中山市志愿者向广州亚运会提供志愿服务 2. 朝阳行动——中山市关爱农民工子女志愿服务荣获“中国青年志愿者优秀项目奖”
2011 年	中山市首支制服团队——中山市应急志愿服务总队成立
2012 年	全市 24 个镇区青年志愿者（义工）服务总队全部升级为青年志愿者协会
2013 年	为第二届海峡两岸中山论坛提供志愿服务
2014 年	1. 协会被认定为全市首批枢纽型社会组织 2. 全国网络文明志愿者队伍——中山市网络文明志愿者总队成立 3. 粤港澳社工义工合作试验区落成
2015 年	中山市青年志愿者阳光服务总队成立，为协会首支以社工 + 志愿者直属队伍
2016 年	1. 成立中山市青年志愿者艺术团、长者服务总队、环保服务总队、助学服务总队，开启青年志愿服务精准化步伐 2. 中山市红领巾亲子义工联盟成立

来源：根据网络资料与访谈内容自行整理。

后 记

本书的出版是对我博士学习阶段的一个总结与交代。2014 年 9 月，在学校与学院的大力支持下，我以脱产学习的方式赴台湾大学求学，师从古允文教授，开始了社会政策与社会工作的学习与研究。历经课程学习、学科资格考试、出国访学、期刊发表、博士论文撰写等“闯关”环节，终于在 2021 年夏天获得社会工作博士学位。

回头看，最难忘的环节就是博士论文的“生产”过程。从本质上看，这种“生产”是一系列自我选择的精巧组合：选择一个感兴趣的研究主题，选择一个有解释力的理论视角，选择一种擅长的研究方法，进而将三者巧妙地磨合在一起。其中，研究主题最不容易做出抉择。对青年研究者而言，感兴趣的研究主题经常不止一个，且随着个人经验与学识的增进，感兴趣的研究主题还会发生很大变化。在申请博士时我拟定的研究议题是“社会工作服务机构发展”，而非“志愿服务”，然而后来的课程修读与科研经历，让我对志愿服务领域有了更深入的认识，且积累了丰富的一手素材，在与导师进行了多轮的沟通交流后，我最终确定了“志愿服务制度化”这一研究主题。

本研究离不开许多良师益友的指导与帮助。首先要感谢我的导师古允文教授，老师的宽容鼓励、学业督促与开放讨论，让我能够在学业、工作与家庭三者之间寻得平衡并顺利完成学业。感谢老师施世骏教授、张英阵教授、詹宜璋教授、魏希圣教授对本论文的细心指导与帮助。感谢宣兆凯教授、张网成教授、韩俊魁教授的指点与鼓励。感谢 Jun Young LEE 教授的访学邀请，让我有机会近距离了解韩国志愿服务发展历程。感谢于风政教授、肖杰教授、范时杰博士和沈淑珍老师的大力支持与激励鞭策。感谢师兄谢文中、同事向羽老师一路走来的陪伴与协助。感谢知识产权出版社蔡虹老师的精心协助。

最后，感谢父母的照顾、妻子的分担与儿女的体谅，让我能够顺利完稿付梓。

贺志峰

2022 年 3 月 21 日